中俄农业发展研究

朱玉春 编著

中国财经出版传媒集团
中国财政经济出版社

图书在版编目（CIP）数据

中俄农业发展研究／朱玉春编著．－－北京：中国财政经济出版社，2022.7
ISBN 978－7－5095－9423－0

Ⅰ．①中… Ⅱ．①朱… Ⅲ．①农业发展－研究报告－中国、俄罗斯－2019 Ⅳ．①F323②F351.23

中国版本图书馆 CIP 数据核字（2019）第 239496 号

责任编辑：张怡然　　　　责任印制：张　健
封面设计：陈宇琰　　　　责任校对：李　丽

中国财政经济出版社 出版

URL：http://www.cfeph.cn
E－mail：cfeph@cfemg.cn

（版权所有　翻印必究）

社址：北京市海淀区阜成路甲 28 号　邮政编码：100142
营销中心电话：010－88191537
北京中兴印刷有限公司印刷　各地新华书店经销
成品尺寸：170mm×240mm　16 开　16 印张　221 000 字
2022 年 7 月第 1 版　2022 年 7 月北京第 1 次印刷
定价：62.00 元
ISBN 978－7－5095－9423－0
（图书出现印装问题，本社负责调换）
本社质量投诉电话：010－88190744
打击盗版举报热线：010－88191661　QQ：2242791300

《中俄农业发展研究》编委会

编撰人员：

朱玉春　刘天军　魏　凤　王永强　徐家鹏

阮俊虎　冀　昊　赵殷钰　胡华平

顾 问 组：

（俄）科谢列夫·谢尔盖·维克托罗维奇（Kiselev Sergey Viktorovich）

（俄）罗曼希金·罗曼·阿纳托利耶维奇（Romashkin Roman Anatolyevich）

（俄）谢里科夫·斯维塔斯拉夫·谢尔盖耶维奇（Serikov Svyatoslav Sergeevich）

（俄）卡兹杜布·尼娜·格里戈里耶夫纳（Kazydub Nina Grigoryevna）

霍学喜　李崇光　周应恒　黄祖辉

主　　编：朱玉春
副 主 编：冀　昊　徐家鹏　魏　凤　阮俊虎
　　　　　赵殷钰　王永强　刘天军　胡华平

序言

俄罗斯是世界上国土面积最大的国家,也是中国"一带一路"倡议下重要的合作国家。近年来,中俄全面战略协作伙伴关系深入发展,逐渐形成了多领域的务实合作关系。俄罗斯和中国都是传统的农业大国,中俄农业在贸易和科技等领域合作潜力巨大。

《中俄农业发展研究》一书,通过查找和参考大量资料,系统整理和分析众多权威数据,从多个角度梳理比较中俄两国在农业资源、贸易关系、农业政策、农业科技等领域的特点,并指出了未来中俄农业发展与农业合作的机遇和趋势。全书共包括六章,其中第一章为"中俄农业发展状况",第二章为"中俄农产品国际贸易",第三章为"中俄农业和农村政策",第四章为"中俄农业发展与国民经济",第五章为"中俄农业科技发展状况",第六章为"中俄农业合作发展趋势"。

《中俄农业发展研究》的编写和顺利出版,是对"一带一路"倡议的积极响应,也是大学智囊机构在中俄双边农业合作发展研究领域的一次重要探索与创新。中国科学技术协会中俄农业科技发展政策研究中心(简称"中俄中心"),于2016年在陕西(杨凌)正式成立,并得到中国科学技术协会和西北农林科技大学的经费资助。中俄中心主要开展中俄科技创新及机制、中俄农业发展与合作等领域的相关研究,并致力于搭建中俄科教组织国际合作交流平台。

中俄中心的研究人员和部分研究生参与了《中俄农业发展研究》的资料整理和内容编写工作,并付出了大量精力和心血。同时,书稿编写工作还得到了西北农林科技大学"丝绸之路农业教育科技创新联盟"、西北农林科技大学"中俄农业教育科技创新联盟"、西北农林科技大学"哈萨克斯坦研究中心"等机构的大力支持和帮助，在此表示衷心感谢！当然，由于国别农业对比研究内容范围广泛，涉及因素较多，研究视角多样，加之研究时间有限，尽管编者付出了很大的努力，但仍难免有纰漏之处，恳请读者批评指正，以便我们进一步改进和提高。

最后，《中俄农业发展研究》一书的编写和出版工作获得如下机构项目资助：中国科学技术协会"一带一路"国际科技组织合作平台项目（CASTBR201614）；中国科学技术协会（中俄）双边科技人文交流项目（KXPT-2019-004）。

朱玉春

2022 年 5 月

目录

第1章 中俄农业发展状况 … 1
1.1 总体状况 … 1
1.2 农业生产情况 … 14
1.3 农产品价格与市场 … 28

第2章 中俄农产品国际贸易 … 41
2.1 总体情况 … 41
2.2 中俄农产品贸易分析 … 55
2.3 农产品贸易政策 … 75

第3章 中俄农业和农村政策 … 87
3.1 总体情况 … 87
3.2 中俄农业政策 … 97
3.3 中俄农村政策 … 117
3.4 中俄农业政策支持水平分析 … 126

第4章 中俄农业发展与国民经济 … 146
4.1 总体情况 … 146
4.2 农业对国民经济的贡献 … 150

4.3 农业与国民收入分配 ··· 158
4.4 工农业发展关系 ··· 181
4.5 中俄居民消费差异 ··· 189
4.6 区域经济发展差异 ··· 199

第5章 中俄农业科技发展状况 ··· 210

5.1 总体情况 ··· 210
5.2 科技资源和条件 ··· 211
5.3 科技产出成果 ··· 224
5.4 经济效益 ··· 229

第6章 中俄农业合作发展趋势 ··· 236

6.1 发展目标和任务 ··· 236
6.2 发展条件与面临挑战 ··· 237
6.3 发展趋势判断 ··· 240

参考文献 ··· 244

第1章 中俄农业发展状况

1.1 总体情况

1.1.1 农业自然资源状况

1.1.1.1 气候资源

我国地域辽阔,东西南北气候、土地等自然条件差别很大。农业气候资源是农作物、林果、牧草等植物生长的重要能量和原料来源,主要包括光、气、水(降水)及热量等。中国南北相距 5500 多公里,跨近 50 个纬度,大部分地区位于北纬 20°~50° 的中纬度地带。全年太阳辐射总量一般西部大于东部,高原大于平原。除分别占国土面积 1.2% 和 26.7% 的寒温带以及青藏高原多属高寒气候外,其余 72.1% 的地区处于温带(占国土面积 25.9%)、暖温带(占 18.5%)、亚热带(占 26.1%)以及热带和赤道带(占 1.6%)。因此,如仅就热量条件而言,夏季都可种植多种喜温作物,大部地区可复种,一年种二熟或三熟。全国各地的干湿状况大体可以 400 毫米等雨量线为界,分为东南和西北两大部分。东南部为湿润、半湿润区,西北部为半干旱和干旱区,约各占国土面积的一半。东南部受太平洋季风环流影响,雨水较充沛,年降雨量随纬度高低和距海远近变化于 400~2400 毫米,干燥度一般低于 1.5,且雨热同期,80% 以上的雨水集中在作物活跃生长期内,90% 以上的农区和林区都分布在东南部。

俄罗斯国土面积广大,跨北寒带、亚寒带、北温带、亚热带四种气候带，各地气候千差万别。俄罗斯大部分地区所处纬度较高，属于温带和亚寒带大陆性气候，冬天漫长、干燥而寒冷，夏季短暂而温暖，春秋时节转眼即逝，气温年较差大。气温由南向北逐渐降低。东欧平原深受盛行西风和来自大西洋的暖湿气流影响，使这里的气候极为温和。7月平均气温为20℃～25℃，1月平均气温为-10℃～-9℃。波罗的海沿岸属海洋性气候，夏季温暖，冬无严寒。俄罗斯南部，特别是黑海沿岸一带为地中海式气候。

1.1.1.2 土地资源

中国土地总面积约960万平方公里，约占世界土地总面积的7.3%。耕地面积约13499.9万公顷，约为世界耕地总面积的7%。林地面积1.15亿公顷，占世界森林总面积的3%。牧草面积约231942.1万公顷。山地多、平地少，海拔3000米以上的高山和高原占国土的25%。此外还有约19%难以利用的土地和3.5%为城市、工矿、交通用地。人均耕地面积仅约0.1公顷，为世界平均数0.3公顷的三分之一，是人均占有耕地最少的国家之一。人均林地面积约0.12公顷，森林覆盖率为12.7%，而世界平均分别为0.91公顷和31.3%。人均草地面积0.33公顷，也仅为世界平均数0.69公顷的一半。

俄罗斯国土面积1700多万平方公里，是世界上国土面积最大的国家。它拥有全球10%的可耕地，大约4亿公顷，其中优良肥沃的黑土占世界黑土的55%。俄罗斯人均可耕地为0.85公顷，位列全球人均可耕地面积的前五，是世界平均水平的近3倍。实际被用作农业生产的用地只有一半，约2亿公顷。由于自然因素的限制，俄罗斯农业活动的范围大约仅占全国土地面积的12.9%，其中约60%用于农作物生产，剩余的大部分为牧场和草地。

俄罗斯主要农业生产活动区，按区域可以划分为五部分：①远东南部以及东西伯利亚农业区。草甸和灰色森林是该地区土壤主要构成部分。以黑麦、燕麦以及小麦为主要农作物，畜牧业生产居于次要地位。②南西伯利亚农业区。该地区包括伏尔加河流域的东北部、西西伯利亚南部乌拉尔区南部。该地区以肥力较高的黑钙土和栗钙土为主,为俄罗斯主要的畜牧业基地之一。③黑海沿岸亚热带地区农业区。该地区位于外高加索西部黑海沿岸地区,农业专门化水平较高。④西北部地区农业区。该地区是俄罗斯谷物、奶牛、亚麻、马铃薯的主要产区,属于非黑土地区,农业生产潜力较大,是俄罗斯土地资源潜力较大的地区。⑤西部地区农业区。该地区位于欧洲森林草原区,土壤以黑土为主,是甜菜、谷物、畜牧业生产主要地区,土壤肥力高,是俄罗斯重要农牧业生产区之一。

1.1.1.3 水资源

我国水资源总量十分丰富,河流山川径流总量很大,水资源总量约27266.9亿立方米,其中地表水资源约26263.9亿立方米,地下水资源约7745亿立方米。水资源的地域分布不均,长江流域及长江以南耕地占全国总耕地的37.8%,拥有的径流量占全国的82.5%;黄河、淮河、海河三大流域径流量占全国的6.6%,而耕地占全国的38.4%。长江流域每亩耕地平均占有水量达2800万立方米左右,黄河流域为260万立方米,海河流域仅为160万立方米。水量在时间分配上也极不平衡,年际间变幅很大,全国有相当大的地区易受洪、涝、旱、渍等自然灾害的侵扰。

俄罗斯水资源十分丰富,拥有12000条河流,200万个湖泊和5亿公顷的各类湿地。俄罗斯的四大淡水和三大海洋生态系统在全球占有重要的地位,它们是伏尔加河、勒拿河三角洲、俄罗斯西部地区的河流和湿地、贝加尔湖、白令海峡以及巴伦支海和鄂霍次克海。俄罗斯拥有巨大的可再生淡水资源,大约为4312立方千米。淡水资源储量中的大部分被发现于国家的偏远地区,被人们利用的水资源还未达到2%。

俄罗斯远东南部以及东西伯利亚农业区,年降水量达到250~500毫米,雨季集中在夏季;俄罗斯南西伯利亚农业区,降水量由北往南从450毫米递减至250毫米,旱灾频繁、风蚀严重;俄罗斯黑海沿岸亚热带地区农业区,年降水量为1200~1300毫米;俄罗斯西北部地区农业区,降水为

600~800毫米,旱灾危害少,农业生产潜力较大;俄罗斯西部地区农业区,年降水量为500~600毫米,水分较充足。

1.1.1.4 生物资源

广义的生物资源包括作物资源,森林资源,饲料资源,野生生物资源和家养动物资源,主要牧场、水产资源以及遗传种质资源,还有可供捕、捞、采、挖的兽、鸟、鱼,药用植物,食用苗,珍稀动植物,农业的益虫、益鸟,蛙和有益的微生物等。生物资源具有很高的经济价值,也是农业生产经营的对象。人类生存离不开周围的生物资源。

我国不同地区自然条件复杂,生物资源多样化,生物种属繁多,群落类型丰富。

俄罗斯生物资源丰富,主要包括草原资源、森林资源、野生动物资源、野生植物资源等。其中,俄罗斯森林储量居世界第一,占世界森林总储量的近四分之一,约820亿立方米。此外,俄罗斯拥有11400种植物、269种哺乳动物、628种鸟类、58种爬行类动物、41种两栖类物种以及约400种沿海和290种内河渔业资源(刘纪稳,2013)。

1.1.2 农业经济资源状况

1.1.2.1 农业人口及就业情况

自实行计划生育政策以来,我国人口增长率明显降低,总人口不断趋于稳定。截至2016年底,我国人口13.78亿,城市人口占56.78%,农村人口占43.22%。整体上看,我国农业人口增长率、农村人口总数呈现下降趋势,农村人口增长率持续为负,新增人口多集中在城镇,如表1-1所示。

表1-1 中国人口数量

年份(年)	总人口(万人)	人口增长率(%)	农村人口(万人)	农村人口增长率(%)	城镇人口(万人)	城镇人口增长率(%)
2007	131788.5	0.52	72221.42	-1.88	59567.08	3.51
2008	132465.5	0.51	70817.38	-1.96	61648.12	3.43
2009	133126.0	0.50	69385.27	-2.04	63740.73	3.34
2010	133770.5	0.48	67920.63	-2.13	65849.87	3.26
2011	134413.0	0.48	66436.31	-2.21	67976.69	3.18
2012	135069.5	0.49	64983.29	-2.21	70086.21	3.06
2013	135738.0	0.49	63568.82	-2.20	72169.18	2.93
2014	136427.0	0.51	62197.07	-2.18	74229.93	2.82
2015	137122.0	0.51	60862.97	-2.17	76259.03	2.70
2016	137866.5	0.54	59588.66	-2.12	78277.84	2.61

数据来源：世界银行数据库。

改革开放以来特别是近些年来，中国农业农村经济加快发展，现代农业建设取得积极进展，大量的农村劳动力不断从农业向非农产业转移。在农业现代化进程中，农村劳动力转移是农民追求自身利益最大化的理性选择的结果，也是一个国家由农业社会向工业社会转化的必经过程。

1990—2017年，中国农业就业人口数量占比不断降低，由55.3%下降到17.51%。1990年我国农业就业人数占比最大，超过50%，第三产业的就业比重低于第二产业，体现出明显的发展中国家的就业特点；2008年，农业就业人数占比下降至30%，虽然第一产业的就业比重仍然很高，但已经下降到三分之一以下，而第二产业和第三产业的就业比重有明显提高，反映出我国的城市化进程正在迅速推进；2017年，中国经济活动中农业从业人员占比下降至17.51%。但相对其他国家农业经济活动中从业人数，我国农业从业人员占比仍然过高，说明中国仍是农业大国的发展中国家这一国情。就目前我国产业结构和税收结构来看，中国即将成为一个工业化的国家，但从就业结构来看，中国还没有摆脱农业社会的基本特点。

俄罗斯人口增长趋于稳定，远东地区劳动力短缺问题表现尤为突出。

俄罗斯就业人口的平均年龄为40岁，初步显现出老龄化特征。截至2016年年底，俄罗斯人口1.443亿，城市人口占74.10%。整体上看，俄罗斯农业人口呈现下降趋势。造成这一现象的原因之一是俄罗斯近年来人口死亡率大于人口增长率，且直至2009年俄罗斯人口增长率才由负转正；另一重要原因是农村人口增长率持续为负，新增人口多集中在城镇，如表1-2所示。

表1-2　　　　　　　　　　俄罗斯人口数量

年份（年）	总人口（万人）	人口增长率（%）	农村人口（万人）	农村人口增长率（%）	城镇人口（万人）	城镇人口增长率（%）
2007	14280.51	-0.17	3776.77	-0.34	10503.74	-0.11
2008	14274.24	-0.04	3768.68	-0.21	10505.55	0.02
2009	14278.53	0.03	3763.54	-0.14	10515.00	0.09
2010	14284.94	0.04	3758.8	-0.13	10526.15	0.11
2011	14296.09	0.08	3755.3	-0.09	10540.79	0.14
2012	14320.17	0.17	3753.89	-0.04	10566.28	0.24
2013	14350.69	0.21	3752.56	-0.04	10598.13	0.30
2014	14381.97	0.22	3750.24	-0.06	10631.73	0.32
2015	14409.69	0.19	3745.37	-0.13	10664.32	0.31
2016	14434.24	0.17	3738.32	-0.19	10695.92	0.30

数据来源：世界银行数据库。

2008年国际金融危机以来，俄罗斯经济活动中农业从业人员占比低于10%。据统计，2000—2017年，俄罗斯农业就业人口数量占比由15%下降到6.8%。相对其他经济活动中从业人数来说，农业从业人员占比过低，凸显了俄罗斯农业劳动力不足问题（娜达利亚，2008）。此外，由于俄罗斯农村地区在教育、医疗等领域的改革缓慢，教育质量差、人文发展环境条件差，也是农业劳动力流失的原因之一。

1991—2017年，中国与俄罗斯农业就业人数占总就业人数的比重的变化情况如图1-1所示。

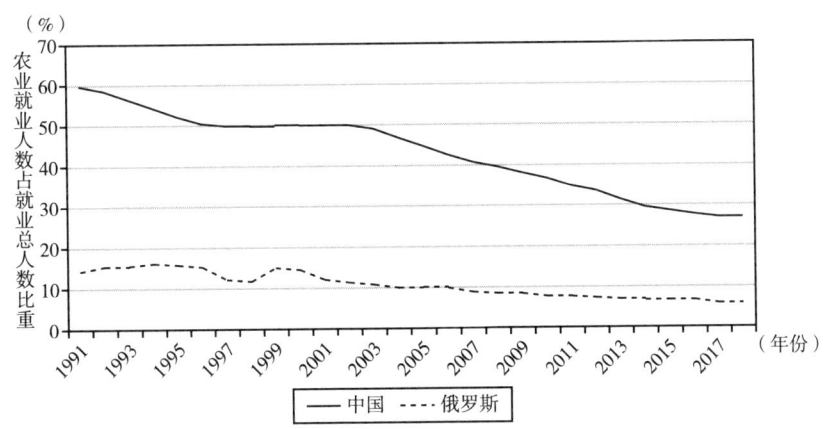

图1-1 1991—2017年中俄农业就业人员变化情况

数据来源：世界银行数据库。

1.1.2.2 农业机械情况

据世界银行显示，我国农业机械化发展速度非常快，20世纪60年代每100平方公里农业机械不足10台，80年代已增长至每100平方公里80台，1982—1996年农业机械数有所下降，1996年下降至每100平方公里60台，减幅25%，之后开始出现增长态势。

随着我国社会经济的不断发展，我国主要农作物生产机械化水平正逐渐提高，逐渐实现机械耕地、机械播种、机械收获等全程机械化。相关调查表明，我国小麦的机械化已经达到90%以上，在一定程度上已经实现了全程机械化的目标。而水稻、玉米、大豆等主要农作物机械化水平也达到了比较高的水平。但是，我国花生、油菜、棉花等农作物的机械化水平还相对比较低。这其中还存在一些问题，例如农机发展结构不合理，主要机械设施多为小型机械，大中型机械较少；农业种植类机械多，但是用于畜牧养殖类的加工机械很少；种植类机械中大多数为粮食生产类机械，种植生产经济作物的机械少；等等。此外还有农业机械工业产品技术含量不高、工业生产规模较小、设备结构不够合理、新设备和新技术的推广力度不够、农机设备生产企业缺乏自主创新能力等情况存在，需要我国大力发展农业机械化,增加农业科技投入,提高科研能力。

俄罗斯幅员辽阔,农业区地势平坦、土壤肥沃,非常有利于机械化的作业。2002—2008年,俄罗斯农业机械量(俄罗斯每100平方公里耕地拥有的拖拉机总量)几乎呈直线下降状态,1992年农业机械量平均每100平方公里97.7台,2009年农业机械量下降为27.1台,降幅达72.26%。为了不断提高农业生产力,俄罗斯近年来坚定推行农业机械化战略,大力提升农业机械化水平。

目前,俄罗斯农业机械设备陈旧是影响其农业发展的重要因素。部分集体农场由于历史原因,生产管理水平低,技术改造资金缺乏,与市场经济环境不太适应。随着俄罗斯农业机械化的推进,这些集体农场的农机设备已不能满足未来大规模农业生产的需要,必须更新,因此,集体农场是未来大型农机的主力用户。依靠土地股份和少量农机设备发展起来的私人农场大多数以家庭为主,偏向于中小型农业机械需求。企业化经营的农业企业是俄罗斯农业发展中的主导力量,对普及运用先进农机技术的意愿相对积极,是农机新技术的推广者和实践者。俄罗斯65%以上农业人口具有中等以上文化程度,具有使用、维护农业机械的技术基础和推广条件。

中国与俄罗斯农业机械量对比情况以每100平方公里耕地拥有的拖拉机数量表示,如图1-2所示。

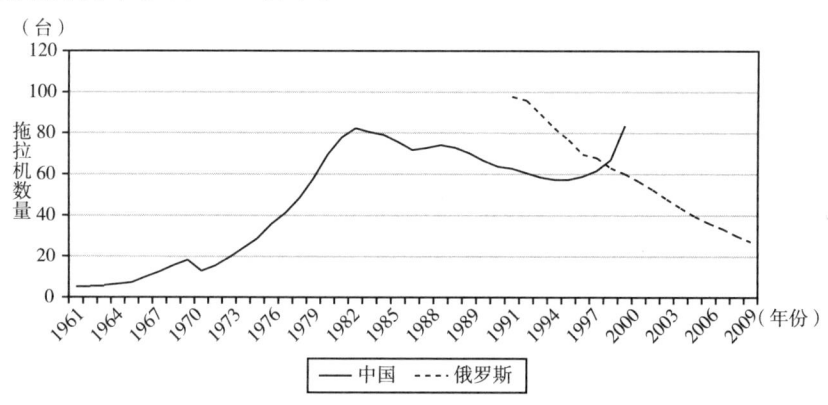

图1-2 中俄农业机械量对比情况

说明:农机情况表示每100平方公里耕地拥有的拖拉机数量。
数据来源:世界银行数据库。

1.1.3 农业在国民经济中的地位

人类发展历史揭示，农业在国民经济中所占比重下降是世界经济发展的客观规律。中国和俄罗斯的农业发展也证实了这一规律。

自 1978 年以来，中国第一产业总产值绝对数量呈上升态势，第一产业增加值在国民经济中所占比重总体呈波动下降趋势。第一产业总产值从 1978 年的 1397 亿元增长到 2016 年的 112091.26 亿元，40 年间产值增长了将近 80 倍，发展极为迅速。这显然与中国渐进的转轨方式有紧密联系，即从农村改革开始，实行联产承包责任制，极大地调动了农民生产积极性，农业生产取得了历史性的发展。中国政府历来高度重视"三农"工作，党的十八大以来，出台了一系列强农、惠农、富农政策，有力促进了粮食和种植业持续稳定发展，取得了巨大成就，农业生产能力稳步提升。

中国第一产业增加值占国内生产总值的比例从 1982 年的峰值 32.75% 下降到 2016 年的 8.84%，40 年间下降了 23.9%，平均每年下降 0.6%。第一产业对 GDP 的贡献率基本上也呈逐年下降趋势，这与中国工业化不断推进，第三产业蓬勃发展是密切相关的。虽然第一产业的发展也相当迅速，但相对于第二、第三产业其发展相对缓慢，导致其在国民经济中的比重越来越小。1978—2018 年我国第一产业在国民经济中地位的变化如图 1-3 所示。

1990—2014 年俄罗斯的经济历史可以划分三个的阶段：第一个是苏联解体后的阶段，从 1990 年到 1999 年经济衰落，俄罗斯经历了社会经济转轨和生产危机。俄罗斯在 1992 年农业产值比重急剧下降，反映出俄罗斯激进式转轨初期农产品生产遭受重大冲击的情况。从 1999 年开始俄罗斯进入经济稳定阶段，国家这样的比较稳定发展情况持续了 9 年。从 21 世纪开始，俄罗斯进入经济高涨的阶段，俄罗斯经济结构开始渐渐恢复。进入 2008 年，俄罗斯经济又开始受世界金融危机影响。俄罗斯农业经济的发展

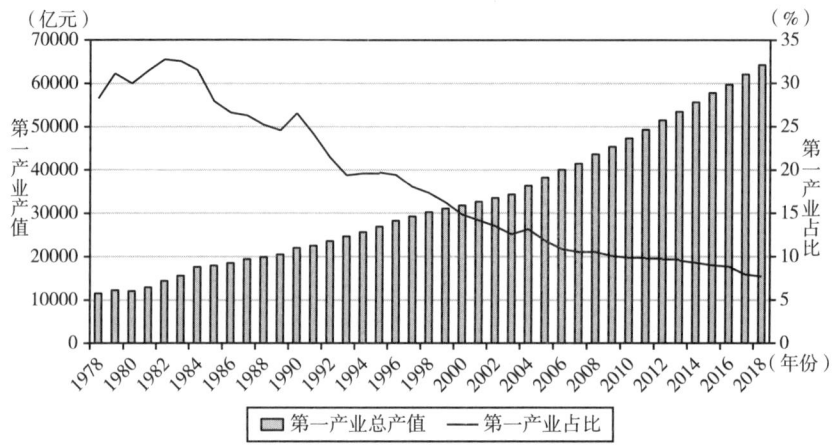

图1-3 中国第一产业在国民经济中的地位

数据来源：世界银行数据库。

趋势与其宏观经济发展趋势是保持一致的。

与中国相比，俄罗斯的农业发展规模相对较小，发展速度比较稳定。从图1-4可以看出，2002年俄罗斯第一产业总产值为32970.56亿卢布，之后呈波动下降趋势，至2010年下降至17699.69亿卢布，之后呈上升趋

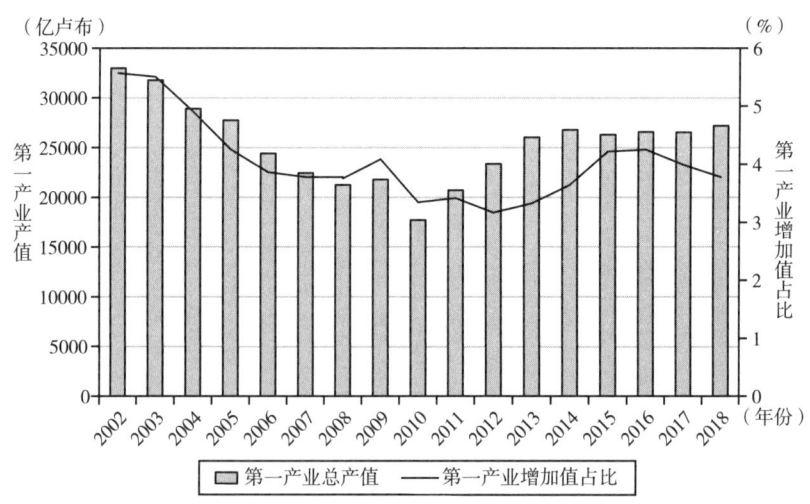

图1-4 俄罗斯第一产业在国民经济中的地位

数据来源：世界银行数据库。

势。第一产业在国民经济所占比重总体变化趋势较平稳，从 2002 年的 5.56% 降低至 2012 年的 3.16%，2012 年后该比重出现回升，在 2015 年增加至 4.2%，上升了 1 个百分点。2008 年国际金融危机暴发后，俄罗斯农业生产增长出现下降的趋势，经过 2009 年与 2010 年的调整以及俄罗斯于 2012 年 8 月正式加入 WTO 后，农业生产出现了较大幅度增长（郭晓琼，2011）。从俄罗斯整体农业发展情况看，俄罗斯农业的发展仍处于中低端水平。

通过中俄的对比可以看出，中国第一产业的地位在整个演进过程中均较俄罗斯高，至 2018 年中国第一产业占比接近 10%，而俄罗斯仅为 3.78%，这体现出了我国与俄罗斯在产业结构高度化方面的差距。如果同美国等发达国家相比，我国农业产值的比重偏高。

1.1.4 农业产业结构

农业产业结构是一个多层级的复合体，由多个部门和多个类别来组成。农业产业结构从一个地区考察一般可以划分为种植业、林业、畜牧业和渔业四个层次。本节所研究的农业产业结构主要指此种分类结构。

1.1.4.1 中国农业产业结构

在农业总产值中，农林牧渔各分项产值的变化是不同的。图 1-5 为我国农业总产值中种植业、林业、畜牧业、渔业各项产值的变化过程，图 1-6 为我国农业总产值中种植业、林业、畜牧业、渔业占农业总产值的比重及其变化过程。

改革开放以来，农林牧渔各部门的产值绝对数都是显著上升的。其中，种植业产值在四项产值中最大，增长速度最快，增长脉络较为清晰；种植业产值占农业总产值的比重发生了较大的变化，1978—2004 年，种植

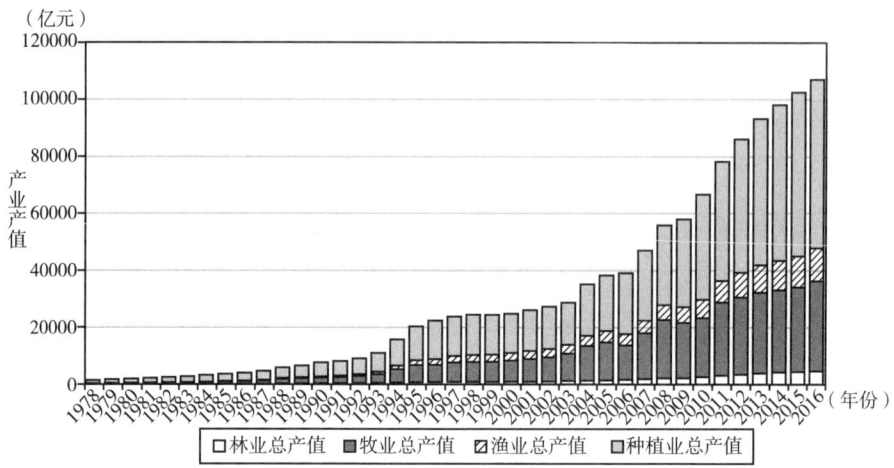

图1-5 1978—2016年中国种植业、林业、牧业、渔业产值变化情况
数据来源：世界粮农组织数据库（FAOSTAT）。

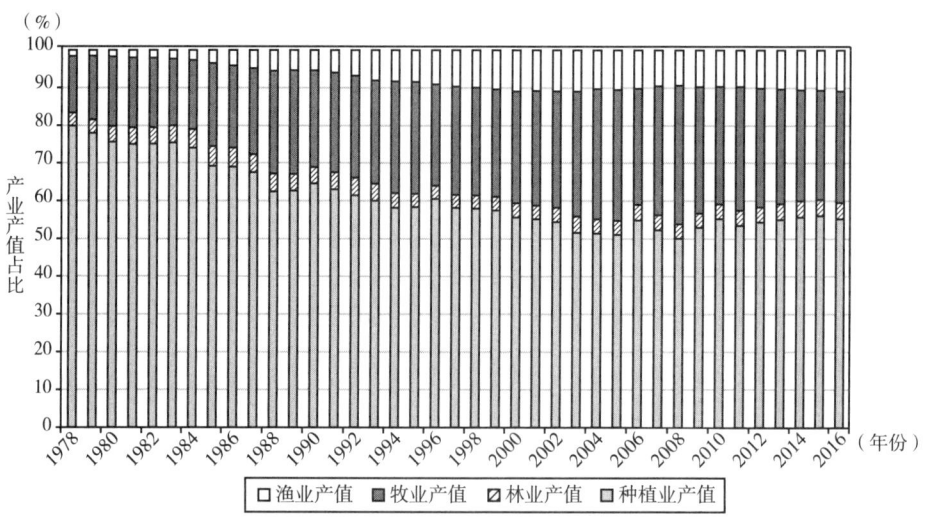

图1-6 1978—2016年中国种植业、林业、牧业、渔业产值占农业总产值比重变化情况
数据来源：世界粮农组织数据库（FAOSTAT）。

业占农业总产值的比重呈现出波动下降的趋势；2004年之后，其占农业总产值的比重基本稳定在53%。

畜牧业产值是逐年增加的，从2003年后增加速度开始加快，但是比较特殊的是，2006年畜牧业产值出现了较大幅度的下降，下降了1272.5亿元,这种情况的出现主要是由于禽流感暴发造成人们对养殖行业食品需求的大幅下降;1978 年畜牧业产值只有农业总产值的 17.8%,2008 年畜牧业占比达到最大值 36.77%,2008 年之后呈现出小幅度波动,基本稳定在 31%。

渔业和林业产值呈现出平稳上升的状态,增长速度缓慢,且在农业总产值中占比很小。渔业产值从 1978 年的 22.1 亿元上升到 2017 年 12320.06 亿元,渔业产值每年平均上升 300 多亿元。林业产值从 1978 年的 48.1 亿元上升到 2017 年的 4987.14 亿元。2000 年以后林业产值、渔业产值在农业总产值中的占比基本没有变化,分别稳定在 4% 和 9.65%。

1.1.4.2 俄罗斯农业产业结构

从各部门产值角度看,俄罗斯农业内部产业结构中,种植业与畜牧业地位相当,渔业和林业对其农业经济发展贡献较小。2016 年以来,各部门产值比例变化比较稳定,均在 50% 左右波动,如表 1-3 所示。

表 1-3　　2007—2016 年俄罗斯农业总产值构成变化情况

年份	农业总产值（百万美元）	种植业产值（百万美元）	比重（%）	畜牧业及其他产值（百万美元）	比重（%）
2007	46215.09	22543.55	48.78	23671.54	51.22
2008	50559.91	25721.11	50.87	24838.80	49.13
2009	50854.07	25068.34	49.29	25785.73	50.71
2010	45516.45	18789.99	41.28	26726.46	58.72
2011	54837.05	27445.56	50.05	27391.49	49.95
2012	53069.13	24330.30	45.85	28738.82	54.15
2013	56635.92	27167.49	47.97	29468.43	52.03
2014	58536.93	28910.93	49.39	29626.00	50.61
2015	59745.98	30029.72	50.26	29716.26	49.74
2016	62475.20	32653.35	52.27	29821.85	47.73

数据来源:世界粮农组织数据库(FAOSTAT),以 2004—2006 年美元计价。

1.2 农业生产情况

1.2.1 种植业

1.2.1.1 中国种植业发展状况

中国粮食作物种类多、分布广、地域差异大,生产水平不平衡而发展潜力大。我国栽培较普遍的粮食作物共有20余种,其中有些还有春播、夏播、秋种和冬种之分,而每种作物又有不同的品种,世界各种主要粮食作物几乎都见于中国。中国经济作物具有广泛的地理分布特点。经济作物生产遍及全国各省、市、自治区,生产规模较大的棉花、油料、糖料等分布很普遍,但地域差异明显。东部集中了中国经济作物播种面积的90%以上,是棉花、油料、糖、烟叶、茶叶、蚕茧、麻类、水果的主要产区。热带地区主要栽培橡胶、咖啡、可可、胡椒、椰子、油棕、香蕉、龙眼、荔枝、菠萝和特种药材等;亚热带地区主要栽培甘蔗、茶树、油桐、柑橘等;温带地区多种植棉花、苹果、梨、葡萄,是棉花及温带水果的集中产区;中温带地区以种植甜菜为主,为甜菜的主产区。

表1-4展示了2007—2016年中国种植业主要作物种植面积和产量变化情况。

根据联合国粮农组织数据,2016年中国粮食播种面积10304.64万公顷,比上年减少236.17万公顷,比2007年的播种面积8577.63万公顷增长了20.13%;粮食总产量61625.05万吨,比上年减少518.87万吨,相比2007年总产量增长35.05%,2015年实现中华人民共和国成立以来首次连续12年增产,2016年粮食总产量有所降低(见图1-7)。2007—2015年,三大粮食作物基本实现连续增产,但2016年稻谷和玉米产量比上年

表1-4　2007—2016年中国种植业发展情况

年份	2007	2008	2009	2010	2011	2012	2013	2014	2015	2016
					种植面积（十万公顷）					
粮食作物	8577.63	8624.90	8840.07	8983.68	9100.68	9258.82	9376.87	9460.77	10540.81	10304.64
稻谷	2891.90	2924.11	2962.70	2987.34	3005.70	3013.71	3031.18	3030.99	3078.40	3074.60
小麦	2372.10	2361.72	2429.10	2425.60	2427.04	2426.83	2411.73	2406.94	2459.60	2469.60
玉米	2947.75	2986.37	3118.26	3250.01	3354.17	3502.98	3631.84	3712.34	4496.80	4417.80
高粱	50.00	48.98	55.94	54.77	50.02	62.32	58.23	61.92	57.40	43.06
大麦	77.26	79.37	62.64	57.97	51.16	48.99	46.55	46.88	44.66	31.18
大豆	875.38	912.71	918.98	851.58	788.85	717.11	679.05	679.99	650.61	709.27
马铃薯	436.08	451.81	484.52	488.57	501.13	503.08	502.58	491.04	478.56	480.24
花生	394.49	424.58	437.65	452.73	458.14	463.85	463.30	460.39	438.60	444.80
油菜籽	564.22	659.36	727.80	737.00	734.74	743.19	751.94	758.79	702.80	662.30
芝麻	48.58	47.16	47.59	44.71	43.70	43.70	41.85	42.91	42.17	27.98
棉花	592.61	575.41	495.18	484.90	503.78	468.81	434.56	422.23	376.69	337.61
亚麻	6.67	5.67	1.77	0.87	0.61	0.69	0.47	0.95	0.29	0.30
甘蔗	21.59	24.65	18.63	21.87	22.66	23.58	18.18	13.88	9.60	15.40
甜菜	158.58	174.35	169.75	168.63	172.12	179.47	181.65	176.05	147.60	140.20
蔬菜	1989.90	1986.03	2044.02	2108.62	2168.86	2190.65	2196.39	2237.03	2324.96	2351.94
水果	1262.84	1279.94	1312.03	1359.70	1421.06	1452.91	1489.87	1515.05	1548.09	1538.86

续表

年份	2007	2008	2009	2010	2011	2012	2013	2014	2015	2016
					产量（万吨）					
粮食作物	45632.11	47854.69	48156.33	49634.32	51937.39	53934.68	55269.18	55741.73	62143.92	61625.05
稻谷	18603.40	19189.57	19510.30	19576.10	20100.09	20423.59	20361.22	20650.74	21214.20	21109.40
小麦	10929.80	11246.40	11511.50	11518.10	11741.00	12102.32	12192.64	12620.84	13263.90	13327.10
玉米	15230.00	16591.40	16397.40	17742.50	19278.10	20561.41	21848.90	21564.63	26499.20	26361.30
高粱	192.40	183.70	167.66	245.60	205.09	255.55	289.15	288.50	275.20	195.14
大麦	278.51	282.32	231.83	197.22	163.71	162.58	169.90	181.20	186.80	132.46
大豆	1272.50	1554.16	1498.15	1508.33	1448.53	1301.09	1195.10	1215.40	1178.50	1278.89
马铃薯	6377.30	6857.35	6983.45	7653.15	8157.30	8435.85	8587.95	8415.55	8261.84	8492.85
花生	1302.75	1428.61	1470.79	1564.40	1604.60	1680.00	1697.22	1648.17	1596.10	1636.10
油菜籽	1057.26	1210.17	1365.70	1308.20	1342.60	1400.73	1445.80	1477.22	1385.90	1312.80
芝麻	55.72	58.63	62.20	58.70	60.50	63.94	62.35	62.99	45.00	35.20
棉花	2287.20	2247.60	1913.10	1791.00	1976.69	2052.00	1893.00	1853.50	1683.00	1602.90
亚麻	28.99	25.70	8.55	4.46	3.94	3.81	2.41	4.70	1.25	1.50
甘蔗	893.12	1004.38	717.90	929.62	1073.08	1174.04	925.98	800.04	508.80	854.50
甜菜	11295.05	12415.24	11558.67	11078.87	11443.46	12311.39	12820.15	12561.13	10706.40	10321.50
蔬菜	40840.30	43065.94	44314.68	45743.53	47537.86	48388.54	49342.17	50429.12	53101.58	54061.08
水果	16811.31	17944.93	18717.29	19604.56	20563.44	21580.79	22293.50	22852.98	23084.63	23347.23

数据来源：世界粮农组织数据库（FAOSTAT），以2004—2006年美元计价。

有所下降，较 2015 年分别下降了 0.49% 和 0.52%。其中，2016 年稻谷产量 21109.40 万吨，比 2007 年增加 2506 万吨，增产 13.47%；玉米产量 26361.30 万吨，比 2007 年增加 11131.30 千吨，增产 73.09%；小麦产量 13327.10 万吨，比 2007 年增加 2397.30 万吨，增产 21.93%。

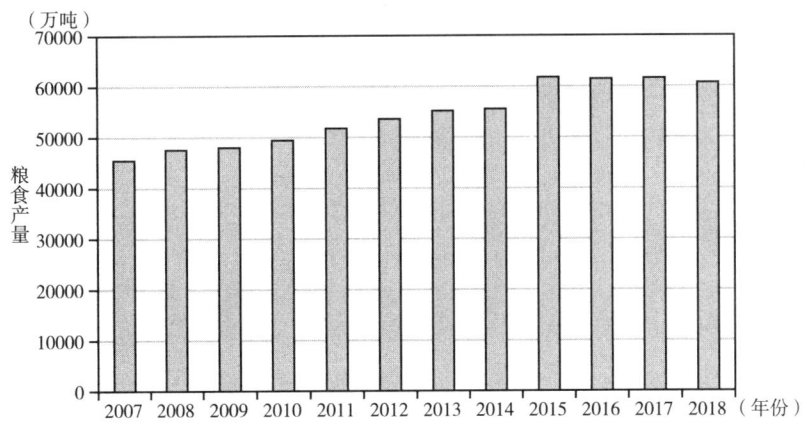

图 1-7　2007—2018 年中国粮食作物总产量变化情况

数据来源：世界粮农组织数据库（FAOSTAT）。

2007 年以来，我国油料作物生产稳定发展，棉糖生产有下滑趋势。根据联合国粮农组织数据，2016 年，主要油料作物播种面积 1844.36 万公顷，总产量 4262.99 万吨，较 2007 年种植面积减少 2.04%，总产量增长 15.58%（见图 1-8）。其中，大豆的种植面积自 2009 年逐年减少，2016 年有所回升，年产量波动较大，2008 年达到产量最大值 1554.16 万吨后不断下降，2016 年产量为 1278.89 万吨，与峰值相比减少了 275.27 万吨；花生和油菜的种植面积和产量均有增加，2016 年两种作物的产量较 2007 年分别增长了 25.58% 和 24.17%。

受种植收益下降影响，棉花和糖料作物生产持续下滑。根据联合国粮农组织数据，2016 年棉花种植面积 337.61 万公顷，相较 2007 年减少 255 万公顷，减幅达 43.03%。2016 年棉花总产量 1602.90 万吨，相较 2007 年减少 684.3 万吨。2016 年糖料作物种植面积 155.6 万公顷，相较 2007 年，

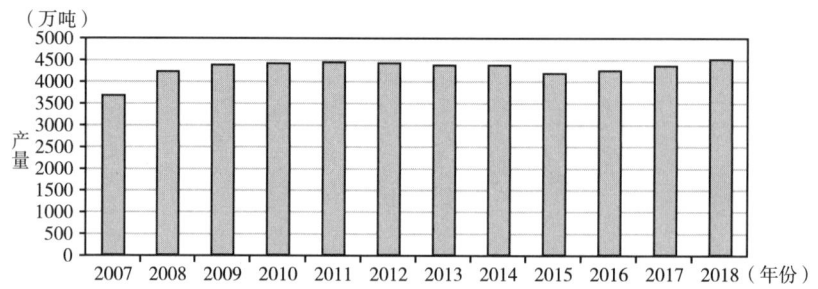

图 1-8　2007—2018 年中国主要油料作物总产量

数据来源：世界粮农组织数据库（FAOSTAT）。

减少 24.57 万公顷，减幅 13.64%；糖料总产量 11176 万吨，相较 2007 年减少 8.31%（见图 1-9）。

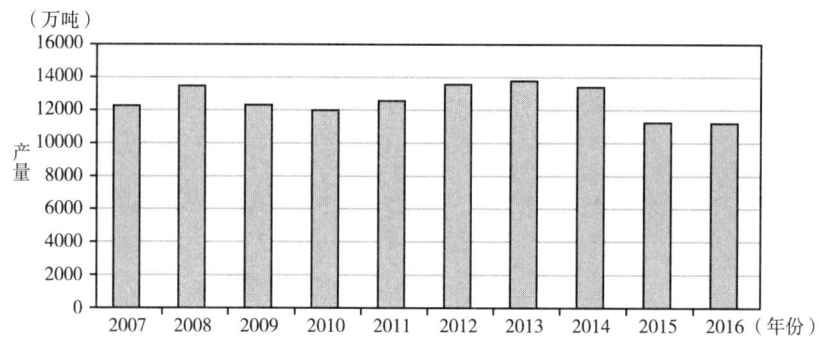

图 1-9　2007—2016 年中国糖料作物总产量变化

数据来源：世界粮农组织数据库（FAOSTAT）。

蔬菜、水果等园艺作物生产稳中有升。2016 年，蔬菜种植面积、产量双增，全年蔬菜产量 54061.08 万吨，较 2007 年增产 32.37%。2016 年，水果产量 23347.23 万吨，较 2007 年增产 38.89%。

1.2.1.2　俄罗斯种植业发展状况

俄罗斯主要有以下 5 个农业区：东西伯利亚和远东南部地区，该区是俄罗斯甜菜与亚麻的主要产区，粮食种植以春小麦、黑麦和燕麦为主。南西伯利亚地区，该区包括伏尔加河流域区的东北部、乌拉尔区的南部、西西伯利亚的南部，土壤为肥力较高的黑钙土和栗钙土，是俄罗斯主要的商品粮基地之一。黑海沿岸亚热带地区，位于外高加索西部黑海沿岸地区，湿润温暖的气候条件，使其成为茶树、柑橘类（柠檬、橘、甜橙）和油桐树等亚热带作物的主产区。西北部地区，该区大部分属于非黑土地带，是俄罗斯谷物、亚麻、马铃薯的重要产区。西部地区，该区土壤以肥力较高的黑钙土为主，是俄罗斯主要的黑土区，是主要的甜菜、谷物生产基地。

俄罗斯种植业主要分布在森林草原带和草原带内。其中，春小麦主要分布在西西伯利亚南部和伏尔加河东岸地区，冬小麦、玉米和甜菜主要分布在中央黑土区和北高加索地区，马铃薯主要产区为欧洲部分中部，向日葵主要分布在北高加索、伏尔加河中下游地区和中央黑土区，亚麻则主要分布在欧洲部分中部、西部、西北部的非黑土区。2007年以来，俄罗斯种植业产量整体上保持了增长势头。同时，种植业受气候条件和自然灾害影响严重，产量极不稳定。2008年和2011年，俄罗斯种植业产量增长迅速，2009年和2010年又出现了不同程度的下降。俄罗斯主要农作物生产情况（见表1-5）呈现出以下几个生产特点：①粮食作物产量起伏不定，但整体呈增长趋势；②油料作物产量呈现快速增长态势；③亚麻产量波动较大，受国际市场影响严重；④其他作物（甜菜、马铃薯和蔬菜）产量迅速上升，超过1990年水平。

粮食作物是俄罗斯农业的主要作物。2008年，俄罗斯粮食产量10641万吨，与1999年相比差不多翻了一番。除2014年、2015年、2016年粮食产量超1亿吨外，其他年份粮食产量都低于9000万吨。根据图1-10显示，2008—2010年、2011—2012年这两个时间段的粮食总产量有较大幅度下降，2012年之后粮食总产量开始逐渐回升，原因是1999—2011年俄罗斯受干旱低温的影响，农作物产量变化起伏不定，而2012年俄罗斯成功加入WTO，为其农业生产和贸易带来新的契机。2016年，俄罗斯粮食作物种植面积为4442.791万公顷，占总种植面积的56.84%。由于俄罗斯粮食

表 1-5　2007—2016 年俄罗斯种植业发展情况

种植面积（万公顷）

年份	2007	2008	2009	2010	2011	2012	2013	2014	2015	2016
粮食作物	4030.93	4457.61	4192.62	3235.38	4060.64	3698.64	4032.37	4220.55	4283.97	4442.35
大麦	836.96	942.08	772.20	493.96	768.94	764.11	801.10	900.25	823.18	813.38
荞麦	119.32	100.80	62.60	57.01	84.32	103.03	90.59	71.20	90.50	112.17
玉米	129.63	173.17	112.22	102.52	160.26	193.75	232.19	259.95	267.01	277.70
燕麦	331.14	340.95	302.07	222.76	293.74	285.22	299.79	309.07	283.00	274.54
水稻	15.70	16.04	17.75	20.09	20.72	19.16	18.90	19.56	19.89	20.38
黑麦	203.78	213.10	209.52	136.75	152.41	142.27	177.44	185.84	125.06	124.98
高粱	2.72	6.45	1.37	0.87	6.81	4.33	11.98	14.95	15.62	21.05
黑小麦	—	—	18.67	14.07	22.20	22.29	24.11	24.76	24.45	22.31
小麦	2350.05	2607.03	2663.29	2163.98	2483.55	2127.79	2337.14	2390.78	2587.03	2731.28
经济作物										
向日葵	500.25	598.05	559.79	557.51	722.10	615.85	679.50	644.34	654.49	729.36
油菜	53.37	62.44	55.64	60.74	83.95	97.61	111.17	106.24	90.33	91.18
大豆	70.99	71.25	79.42	103.63	118.74	137.52	120.01	191.59	208.44	212.00
甜菜	98.78	80.00	77.02	92.38	121.62	110.20	88.95	90.54	100.65	109.20
水果	85.58	60.83	59.19	58.20	62.09	57.36	58.25	60.69	61.32	64.27
蔬菜	61.38	63.41	64.30	64.13	67.81	66.53	65.66	67.13	67.97	55.30
亚麻	6.58	6.74	6.36	4.32	4.82	5.02	4.60	4.11	4.96	4.40
马铃薯	206.05	209.72	218.24	210.91	220.26	219.72	208.78	210.15	211.16	142.56

续表

年份	2007	2008	2009	2010	2011	2012	2013	2014	2015	2016
					产量（万吨）					
粮食作物	8020.75	10641.79	9561.55	5961.91	9178.09	6875.35	9036.50	10313.85	10244.76	11775.55
大麦	1555.91	2314.85	1788.08	835.00	1693.80	1395.17	1538.87	2044.43	1754.62	1796.72
荞麦	100.44	92.41	56.40	33.93	80.04	79.66	83.39	66.18	86.12	118.73
玉米	379.80	668.23	396.34	308.44	696.24	821.29	1163.49	1133.21	1317.33	1528.16
燕麦	538.35	583.49	540.12	321.96	533.21	402.73	493.18	527.38	453.56	476.59
水稻	70.45	73.83	91.30	106.07	105.56	105.19	93.49	104.86	110.98	108.09
黑麦	390.94	450.51	433.31	163.56	297.07	213.15	335.99	328.08	208.67	254.79
高粱	4.02	7.56	1.35	0.92	6.00	4.52	17.20	21.98	19.38	31.21
黑小麦	—	—	50.80	24.92	52.26	46.43	58.15	65.41	56.46	61.96
小麦	4936.80	6376.51	6173.98	4150.76	5624.00	3771.96	5209.08	5971.14	6178.58	7334.57
经济作物										
向日葵	567.14	735.02	645.43	534.48	906.20	749.47	984.24	847.53	928.03	1101.51
油菜	63.03	75.22	66.68	67.01	95.64	94.51	125.92	133.79	101.22	100.08
大豆	65.02	74.60	94.37	122.24	164.10	168.31	151.72	236.36	270.82	314.27
甜菜	2883.62	2899.53	2489.20	2225.59	4764.33	4505.69	3932.12	3351.34	3903.05	5132.50
水果	521.13	404.03	447.44	361.53	449.12	437.31	478.78	493.67	502.86	552.93
蔬菜	1151.49	1296.67	1340.76	1213.18	1470.08	1463.11	1469.81	1546.58	1612.02	1319.05
亚麻	4.75	5.25	5.23	3.52	4.35	4.61	3.90	3.72	4.52	4.12
马铃薯	2719.52	2884.64	3113.40	2114.05	3268.15	2953.25	3019.91	3150.14	3364.58	3110.78

数据来源：世界粮农组织数据库（FAOSTAT）。

的消费结构以小麦为主（钟欣，2017），小麦的种植面积占粮食作物种植面积的一半以上，其产量的变化趋势与粮食作物种植面积的总体趋势保持一致，亦有所增长。2016年，黑麦、燕麦的种植面积和总产量比2007年分别下降了35%、11%，荞麦、玉米的产量较不稳定，但总体发展趋势是较快增长。

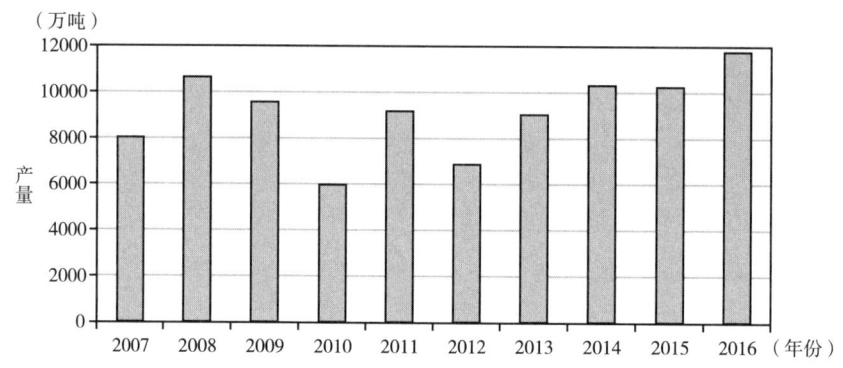

图1-10 2007—2016年俄罗斯粮食作物产量变化

数据来源：世界粮农组织数据库（FAOSTAT）。

俄罗斯油料作物生产集中在油菜、向日葵、大豆的种植。油料作物种植面积和产量在2007年之后呈快速增长状态，一方面是由于俄罗斯生活水平的提高增加了对食用油的需求，另一方面是国际市场对生物能源的需求提高。向日葵生产在俄罗斯油菜作物生产中比例最大，2007年占全部油料作物产量的80.09%，该比例变化呈波动下降状态，2016年降至64.6%。向日葵产量绝对值持续不断增长，由2007年的567.14万吨上升至2016年的1101.51万吨，增长近1倍。在2007年政府指定的农工综合体国家发展规划中，俄罗斯制定了扶持油菜生产的计划，因此，油菜种植面积由2007年的53.37万公顷增加至2016年的91.18万公顷，产量也持续上升。同样，大豆种植面积和产量也成快速增长状态，种植面积由70.99万公顷增加至212万公顷，在油料作物产量中的比重由9.74%上升至20.53%（见图1-11）。

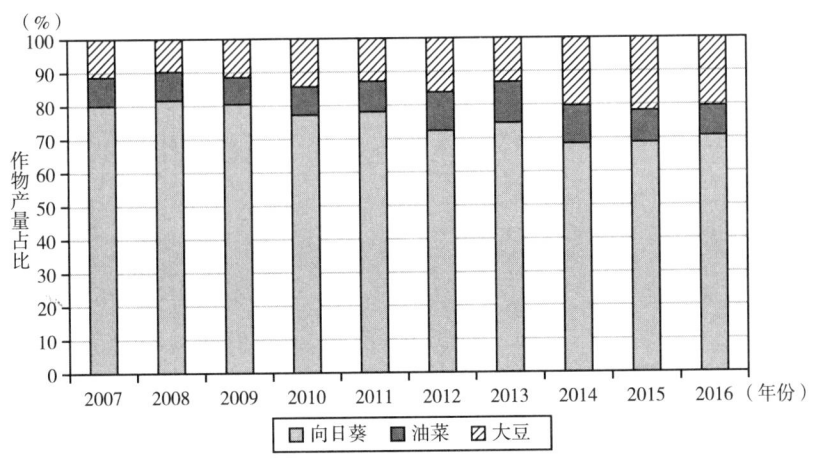

图1-11　2007—2016年俄罗斯油料作物生产分布

数据来源：世界粮农组织数据库（FAOSTAT）。

2007年以来，俄罗斯亚麻种植面积和产量总体来看呈波动下降趋势。只有2008年、2009年俄罗斯亚麻产量在5万吨以上，分别为5.25万吨、5.23万吨，其余年份都在5万吨以下。国际市场需求下降导致亚麻产量急剧下滑，相应亚麻种植面积持续下降。尽管亚麻供需呈现大幅度波动特征，但其生产集约化程度不断提高，单位产量仍在提高。

俄罗斯是甜菜、马铃薯生产贸易大国，自2007年来，甜菜、马铃薯的产量均有提升（见图1-12）。甜菜产量大幅上升的原因是种植面积扩大和种植技术提升引起的单产增加。甜菜种植积极性的提高源自俄罗斯对国内糖业的保护政策。2003年俄罗斯征收进口食糖关税，国内甜菜产量因此迅速提高。2007年俄罗斯甜菜产量为2883.62万吨，到2016年增长至5132.50万吨，增长幅度高达78.99%。2007—2016年，俄罗斯马铃薯种植面积变化幅度不大，产量有明显波动，2010年较上年马铃薯产量的3113.40万吨减少了约1000万吨，之后产量出现回升趋势，稳定在3000万吨左右。

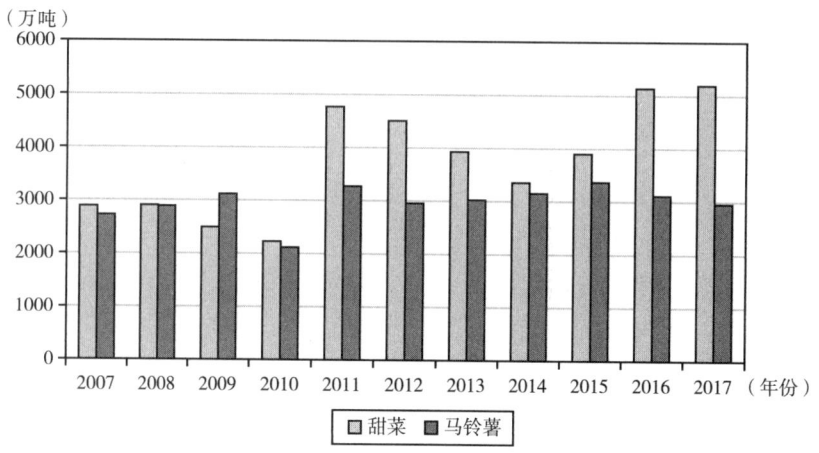

图1-12 2007—2017年俄罗斯甜菜、马铃薯产量变化

数据来源：世界粮农组织数据库（FAOSTAT）。

1.2.2 畜牧业

1.2.2.1 中国畜牧业发展状况

中国是世界上畜牧业资源最丰富和畜牧业历史悠久的国家之一。自20世纪50年代以来，中国畜牧业虽已有很大发展，但速度缓慢，产量低而不稳，产品率和商品率均不高。至80年代，猪、牛、羊和大牲畜头数有了显著增加，肉、奶、蛋、毛等畜产品产量大为增长，商品率也有较大提高。生猪头数、猪肉总产量以及马、骡、山羊、兔的头（只）数均居世界首位，绵羊和黄牛头（只）数则分别居第3位和第5位。1991年中国的肉、蛋产量已跃居世界第一。畜牧业作为中国重要的产业组成部分，2007年以来其产值规模不断走高。2007年中国畜牧业总产值为28436亿元，2016年达到31703亿元，首次突破3万亿元。

从畜牧业存栏量情况看，2016年，中国畜牧业大牲畜（包括马、驴、骡、骆驼）的年末存栏量为1378.47万头，比2007年减少了443.63万头；猪年末存栏量为45112.5万头，比2007年增加了3262.1万头；牛年末存栏量为 10817.27 万头，比 2017 年增加 352.17 万头；羊年末存栏量为 31099.69 万头，比 2007 年增加了 2729.89 万头；家禽年末存栏量为 618844.4 万只，比 2007 年增加了 66844.4 万只；综合来看，2007—2016 年，除大牲畜存栏量有所降低外，猪、牛、羊、家禽存栏量均有小幅度增加（见表 1-6）。

表 1-6　　　　2007—2016 年中国畜牧业存栏量情况

年份	大牲畜（万头）	猪（万头）	牛（万头）	家禽（万只）	羊（万头）
2007	1822.10	41850.40	10465.10	552000.00	28369.80
2008	1714.60	43989.50	10594.80	595500.00	28564.70
2009	1674.70	46291.30	10576.00	617400.00	28084.90
2010	1631.00	46996.00	10726.50	631200.00	28452.20
2011	1612.10	46460.00	10626.40	555432.70	28087.90
2012	1605.80	46862.73	10360.46	580442.00	28235.79
2013	1548.33	47592.20	10343.41	571233.00	28504.13
2014	1468.06	47411.26	10385.14	546925.00	29036.26
2015	1444.85	46582.74	10578.04	609972.70	30314.92
2016	1378.47	45112.50	10817.27	618844.40	31099.69

数据来源：世界粮农组织数据库（FAOSTAT）。

从畜产品产量来看，2007—2016 年，我国主要畜产品肉、蛋、奶产量均有较快增长（见表 1-7）。2016 年肉类畜产品总产量 8598.72 万吨，相比 2007 年的 6870.47 万吨增加了 25.15%，年均增长 2.5%。其中，2016 年猪肉总产量达 5412.98 万吨，同比增长 26.24%，年均增长 2.62%；牛肉总产量达 735.06 万吨，同比增长 19.83%，年均增长 1.98%；羊肉总产量 461.50 万吨，同比增长 22.35%，年均增长 2.24%；禽肉总产量 1808.04 万吨，同比增长 24.9%，年均增长 2.5%。

1.2.2.2　俄罗斯畜牧业发展状况

俄罗斯疆域辽阔，草场面积广大，畜牧业发展具有优越的自然条件。

表1-7　　2007—2016年中国主要畜产品生产情况　　单位：万吨

年份	肉类畜产品					牛奶	鸡蛋	羊毛
	总产量	猪肉	羊肉	牛肉	禽肉			
2007	6870.47	4287.82	377.33	613.40	1447.60	3948.39	2529.20	36.35
2008	7285.40	4620.50	374.80	613.20	1533.60	3986.40	2702.20	36.77
2009	7656.22	4890.76	383.85	635.40	1594.90	4004.37	2742.50	36.40
2010	7938.56	5071.24	398.90	653.84	1656.10	4080.20	2762.70	38.68
2011	7974.90	5060.40	393.10	647.50	1708.80	4143.60	2811.41	44.40
2012	8375.03	5342.70	401.00	662.30	1803.26	4201.20	2861.20	43.71
2013	8568.86	5493.03	408.14	673.20	1826.49	3986.98	2876.00	47.11
2014	8708.35	5671.39	428.21	689.24	1750.16	4188.32	2893.89	—
2015	8524.81	5487.00	440.83	700.09	1725.00	4227.47	2999.22	—
2016	8598.72	5412.98	461.50	735.06	1808.04	4155.94	3200.00	—

数据来源：世界粮农组织数据库（FAOSTAT）。

20世纪90年代，俄罗斯畜牧业遭受严重滑坡，牲畜存栏量锐减，畜牧业产品产量也大幅下降。21世纪以来，俄罗斯畜牧业的发展状况开始逐渐扭转，由于受气候影响较小，产量保持了相对平稳的增长态势。2000—2016年，俄罗斯的畜牧业产值实现了3.6倍的增长。但是，相对来说，俄罗斯畜牧业仍然落后于种植业的发展。

1992年，俄罗斯大牲畜、猪、牛、羊的存栏量分别为262.16万、3538.43万、5469.97万、3538.43万头。此后，大牲畜存栏量持续下降，到2016年仅为139.15万头，下降幅度高达46.9%，2007—2016年存栏量基本稳定，波动幅度较小。牛的存栏量从1992年的5469.97万头减少至2016年的1899.82万头，下降了65.3%，总体上看仍处于小范围波动下降态势。猪存栏量、家禽存栏量、羊存栏量自2007年后不断增长。2007年猪存栏量为1618.49万头，2016年增加至2150.65万头，增长幅度达32.9%；家禽存栏量由2007年的37412.1万只增长至2016年的53952.1万只；羊存栏量由2007年的2019.45万头上升至2016年2488.11万头，仍有继续增长趋势（见表1-8）。

表1-8　　　　　　　2007—2016年俄罗斯畜牧业存栏情况

年份	大牲畜（万头）	猪（万头）	牛（万头）	家禽（万只）	羊（万头）
2007	132.80	1618.49	2157.73	37412.10	2019.45
2008	134.78	1634.00	2156.04	38588.50	2150.32
2009	137.88	1616.19	2105.08	40239.00	2177.02
2010	140.00	1723.10	2068.19	42945.70	2198.63
2011	136.45	1721.79	1997.66	44587.40	2181.99
2012	138.41	1725.83	2011.76	46960.30	2285.80
2013	140.00	1881.64	1993.64	49092.30	2418.00
2014	139.47	1908.14	1957.06	49231.50	2433.74
2015	139.22	1954.61	1927.06	52230.10	2468.27
2016	139.15	2150.65	1899.82	53952.10	2488.11

数据来源：世界粮农组织数据库（FAOSTAT）。

2008年金融危机以来，俄罗斯畜牧业的发展进入了相对稳定时期，各主要农畜产品肉类、牛奶、鸡蛋、羊毛的产量稳步增长，如表1-9所示。

表1-9　　　　　　　　俄罗斯主要畜产品产量　　　　　　　　单位：万吨

年份	肉类畜产品					牛奶	鸡蛋	羊毛
	总产量	猪肉	羊肉	牛肉	禽肉			
2007	570.517	192.970	16.790	169.920	180.081	3217.549	214.258	5.202
2008	626.806	204.206	17.416	176.872	200.066	3235.749	213.501	5.349
2009	671.946	216.948	18.265	174.063	231.338	3256.528	221.018	5.466
2010	716.681	233.081	18.464	172.731	256.347	3184.136	227.400	5.352
2011	751.946	242.764	18.902	162.547	289.549	3163.954	230.530	5.258
2012	809.032	255.948	19.039	164.152	329.950	3174.977	236.510	5.525
2013	854.420	281.618	18.997	163.326	345.664	3052.324	231.656	5.465
2014	907.031	297.393	20.390	165.414	376.969	3078.519	234.906	—
2015	956.519	309.868	20.449	164.937	408.756	3079.102	238.832	—
2016	989.918	336.824	21.308	161.897	414.137	3075.213	244.355	—

数据来源：世界粮农组织数据库（FAOSTAT）。

2007年以来，俄罗斯肉类畜产品产量由2007年的570.517万吨增长到2016年989.918万吨，增长率达到73.5%。在这10年间实现了肉类畜产品的高速增长，其中，牛肉产量一直稳定在160万~170万吨之间，有下降趋势，猪肉、羊肉、禽肉产量均有较大增长，增幅达74.5%、26.9%、129.9%。

相对于肉类畜产品产量的稳步快速增长，俄罗斯的牛奶产量略有降低，鸡蛋产量略有起伏，增长较为缓慢。2007—2016年，俄罗斯国内的牛奶产量在3000万~3200万吨浮动范围，牛奶生产居世界第5位。鸡蛋产量从2007年的214.26万吨增长到2016年的244.36万吨。羊毛产量相对比较稳定，总体呈波动上升趋势，2012年产量最大，达到5.53万吨，其余年份均在5.2~5.5万吨范围浮动。

1.3 农产品价格与市场

1.3.1 农产品生产者价格

2006年以来，中俄两国稻谷生产者价格指数均呈上涨态势，俄罗斯涨幅更为明显（见图1-13）。具体而言，中国2016年稻谷生产者价格指数较2006年累计上涨41.0%，俄罗斯则累计上涨74.8%（见图1-14）。

2014年以来，中俄两国玉米的生产者价格指数呈现反向变动（见图1-15、图1-16）。中国玉米的生产者价格指数开始下跌，2016年下

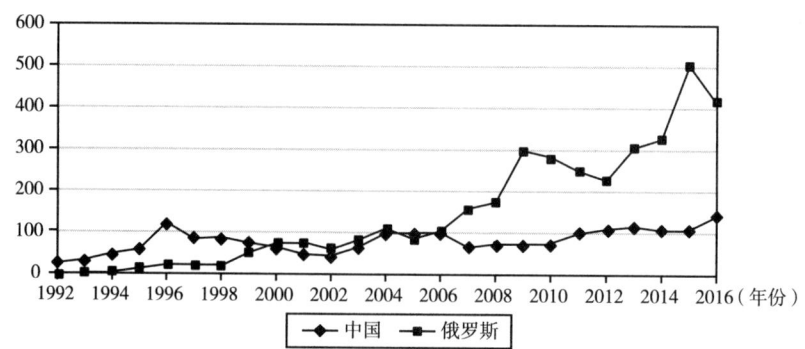

图1-13　1992—2016年中俄稻谷生产者价格指数变化情况（2004-2006=100）
数据来源：世界粮农组织数据库（FAOSTAT）。

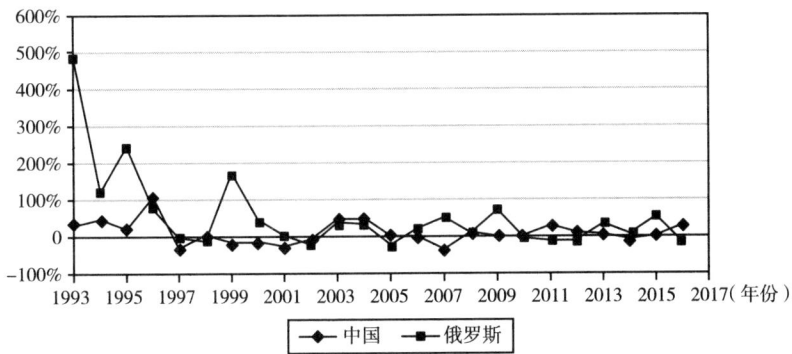

图 1-14　1993—2017 年中俄稻谷生产者价格指数涨跌幅度（2004-2006=100）
数据来源：世界粮农组织数据库（FAOSTAT）。

跌至 102.69，与 2010 年持平，2016 年玉米生产者价格指数较 2015 年下跌幅度达 34.8%。而俄罗斯玉米的生产者价格指数不降反升，2016 年较 2014 年累计上升 44.0%。

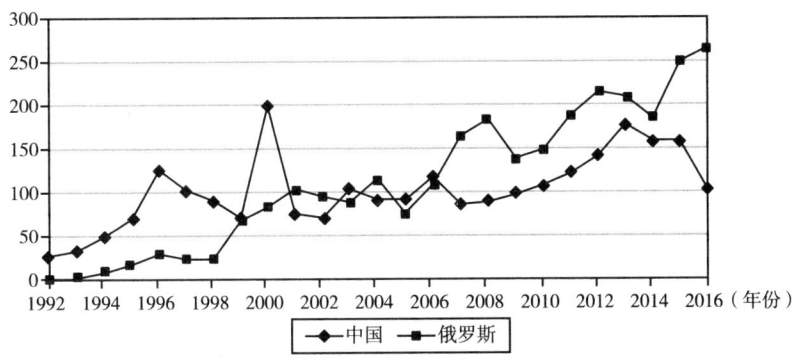

图 1-15　1992—2016 年中俄玉米生产者价格指数变化情况（2004-2006=100）
数据来源：世界粮农组织数据库（FAOSTAT）。

自 2000 年以来，中国小麦生产者价格指数持续攀升，2016 年达 187.11，比过去 25 年的峰值高 1 倍之多。而俄罗斯小麦生产者价格指数变动呈波浪形，总体来看呈上升态势。2010 年以来，中俄两国小麦生产者价格指数差距显著增大（见图 1-17）。自 2000 年以来，中俄两国小麦生产者价格指数变化幅度基本一致。2016 年中国小麦生产者价格指数上涨 5%，与 2015 年上涨幅度持平，而俄罗斯则无明显变动（见图 1-18）。

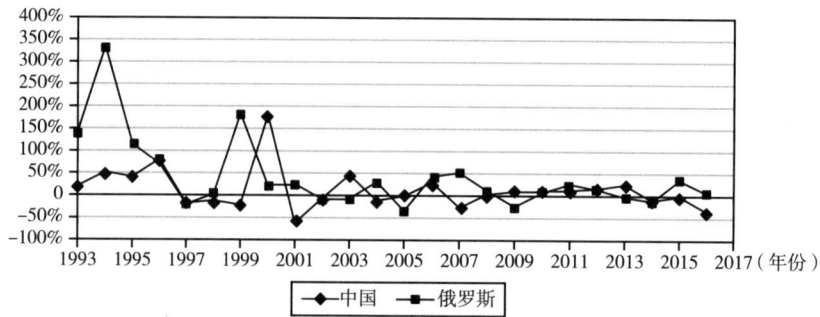

图 1-16　1993—2017 年中俄玉米生产者价格指数涨跌幅度 （2004-2006=100）
数据来源：世界粮农组织数据库（FAOSTAT）。

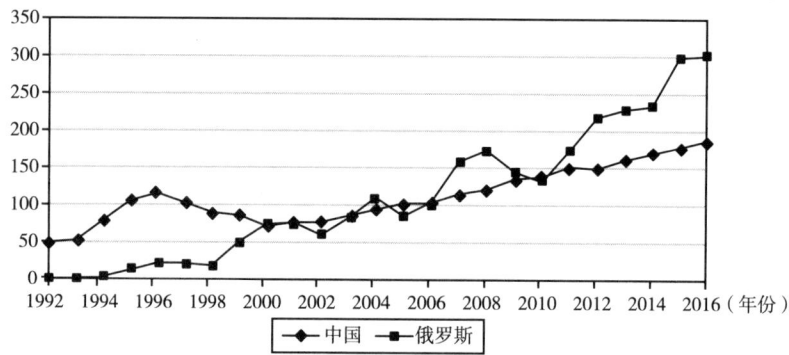

图 1-17　1992—2016 年中俄小麦生产者价格指数变化情况 （2004-2006=100）
数据来源：世界粮农组织数据库（FAOSTAT）。

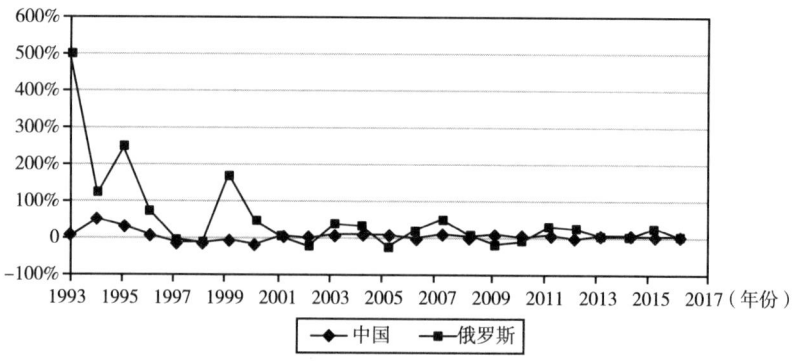

图 1-18　1993—2017 年中俄小麦生产者价格指数涨跌幅度 （2004-2006=100）
数据来源：世界粮农组织数据库（FAOSTAT）。

2006年以来，中俄两国大豆生产者价格指数差距逐步增大（见图1-19、图1-20）。近3年来，中国大豆生产者价格指数出现下滑，2016年下跌至112.22，基本与2006年持平，累计下跌幅度达27.7%，较上年下跌23.2%。而近3年来俄罗斯大豆生产者价格指数上涨速度进一步增加，2016年俄罗斯大豆生产者价格指数约为371.7，较2015年上涨23.3%，约为2006年该指数的3倍之多。

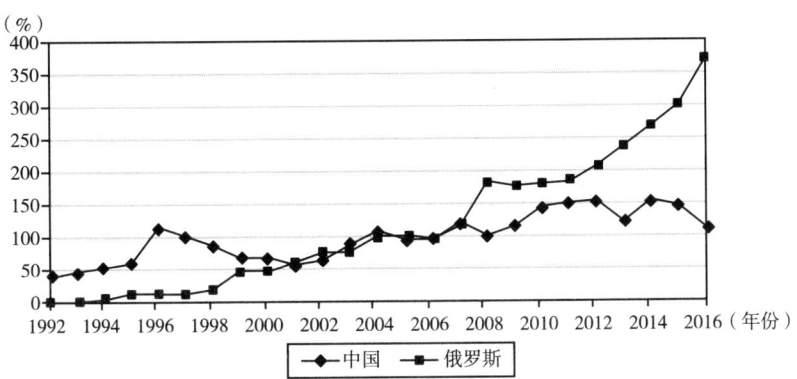

图1-19　1992—2016年中俄大豆生产者价格指数变化情况（2004-2006=100）
数据来源：世界粮农组织数据库（FAOSTAT）。

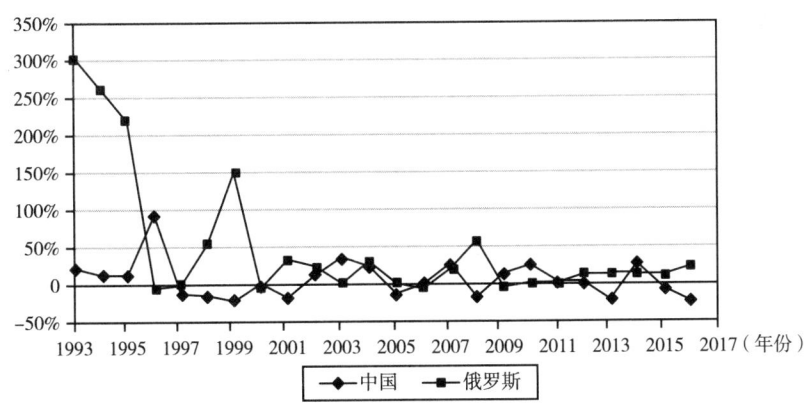

图1-20　1993—2017年中俄大豆生产者价格指数涨跌幅度（2004-2006=100）
数据来源：世界粮农组织数据库（FAOSTAT）。

2000年以来，中俄两国土豆生产者价格指数变动基本一致（见图1-21、

图1-22)。自2010年开始稍有出入,均呈波浪形变化。中国土豆生产者价格指数2016年较2015年有小幅下降,下降幅度为9%。俄罗斯土豆生产者价格指数2016年较2015年下降幅度相对较大,约为22.3%。

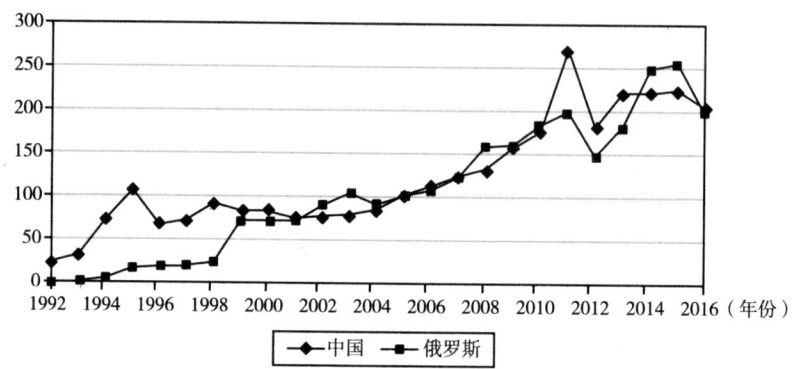

图1-21 1992—2016年中俄土豆生产者价格指数变化情况（2004-2006=100）
数据来源：世界粮农组织数据库（FAOSTAT）。

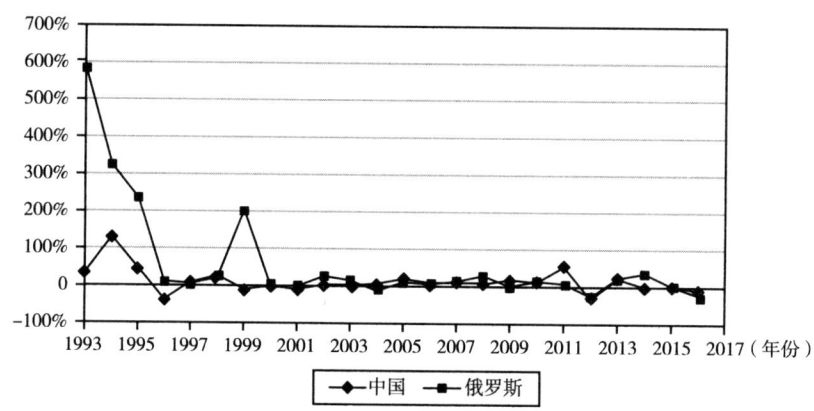

图1-22 1993—2017年中俄土豆生产者价格指数涨跌幅度（2004-2006=100）
数据来源：世界粮农组织数据库（FAOSTAT）。

近三年来,中俄两国油料生产者价格指数呈现明显的反向变动（见图1-23、图1-24）。中国油料生产者价格指数2014年较2013年上升34.4%,2014—2015年无明显变动,而2016年较2015年下降17.6%。俄罗斯油料生产者价格指数2014—2015年显著上涨,涨幅高达71.8%,

2015—2016年增速减缓，涨幅约为10%。

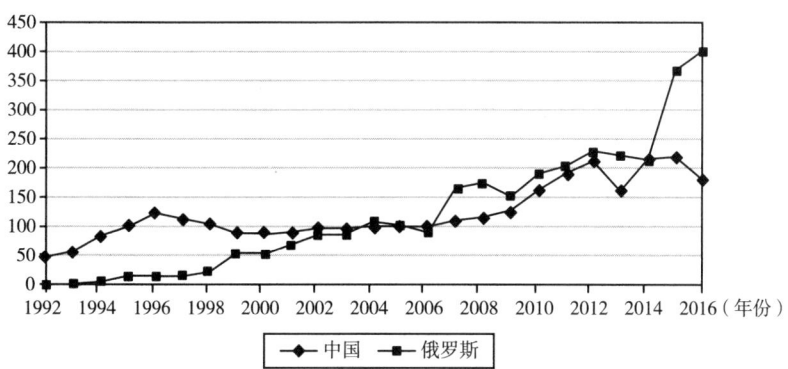

图1-23　1992—2016年中俄油料生产者价格指数变化情况（2004-2006=100）
数据来源：世界粮农组织数据库（FAOSTAT）。

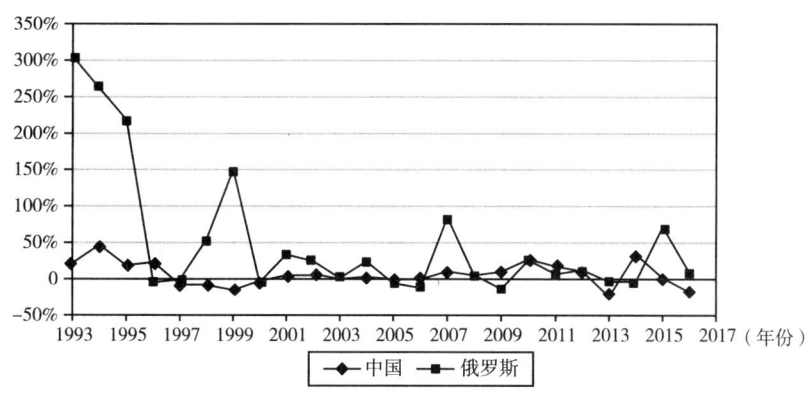

图1-24　1993—2017年中俄油料生产者价格指数涨跌幅度（2004-2006=100）
数据来源：世界粮农组织数据库（FAOSTAT）。

近5年以来，中俄两国甜菜的生产者价格指数差距逐步增加（见图1-25、图1-26）。中国甜菜的生产者价格指数基本无明显变动，2016年较2015年有所下降，下降幅度约为10%。俄罗斯甜菜的生产者价格指数则显著上升。2015—2016年开始出现小幅下降，下降幅度约为5%。

中国蔬菜生产者价格指数基本上一直呈现上升态势，近10年来上升幅度较大（见图1-27、图1-28）。其中，葱蒜类相较其他两类变化更为明

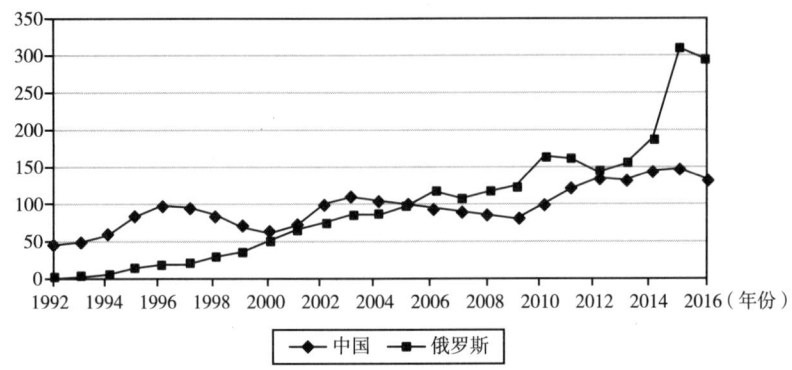

图1-25 1992—2016年中俄甜菜生产者价格指数变化情况（2004-2006=100）
数据来源：世界粮农组织数据库（FAOSTAT）。

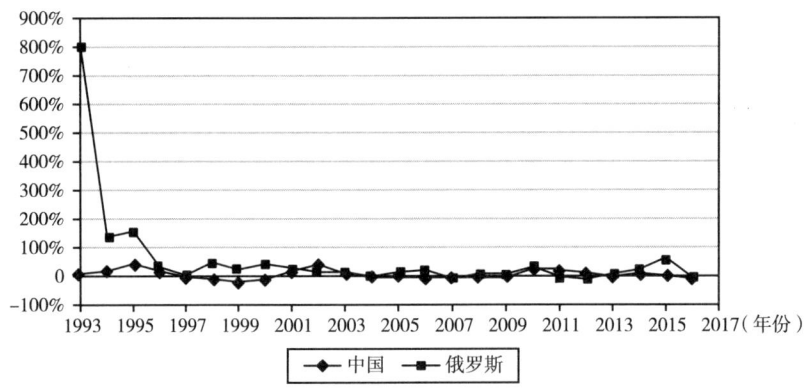

图1-26 1993—2017年中俄甜菜生产者价格指数涨跌幅度（2004-2006=100）
数据来源：世界粮农组织数据库（FAOSTAT）。

显，这与近年来社会上出现的"蒜你狠"等现象交相呼应。瓜菜类和菜用豆类的生产者价格指数变动基本一致，呈稳中有升的趋势，2016年较2015年上涨的幅度分别为17.1%和3.4%。

俄罗斯蔬菜生产者价格指数总体呈现上升态势（见图1-29、图1-30）。瓜菜类和菜用豆类的生产者价格指数变动基本同步，自2006年以后开始出现差距，但差距较小。此外，瓜菜类和菜用豆类的生产者价格指数自2012年起增速显著加快。瓜菜类的生产者价格指数2012—2015年累计上涨51.7%，菜用豆类上涨1倍之多。

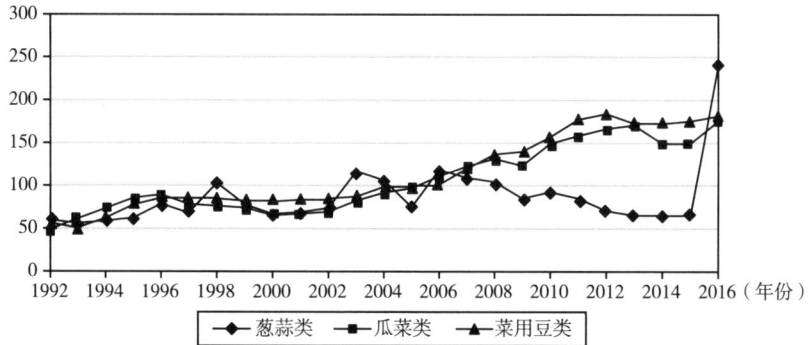

图 1-27　1992—2016 年中国蔬菜生产者价格指数变化情况（2004-2006=100）
数据来源：世界粮农组织数据库（FAOSTAT）。

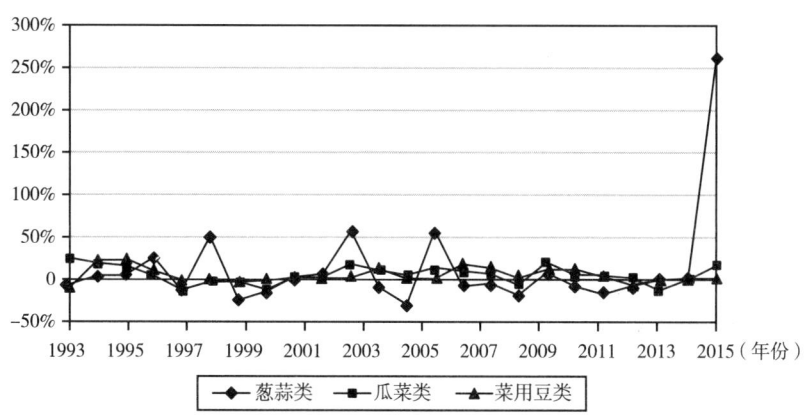

图 1-28　1993—2017 年中国蔬菜生产者价格指数涨跌幅度（2004-2006=100）
数据来源：世界粮农组织数据库（FAOSTAT）。

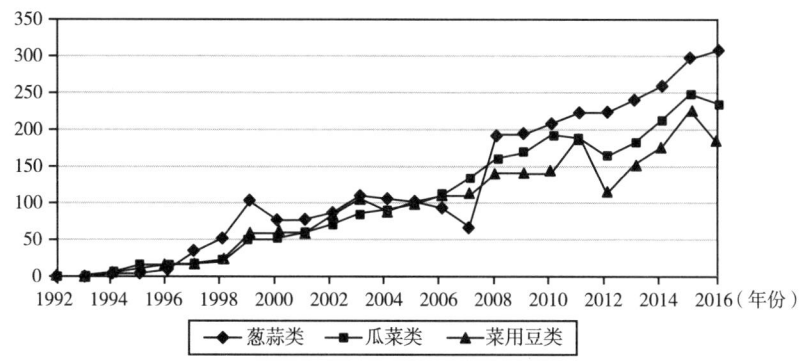

图 1-29　1992—2016 年俄罗斯蔬菜生产者价格指数变化情况（2004-2006=100）
数据来源：世界粮农组织数据库（FAOSTAT）。

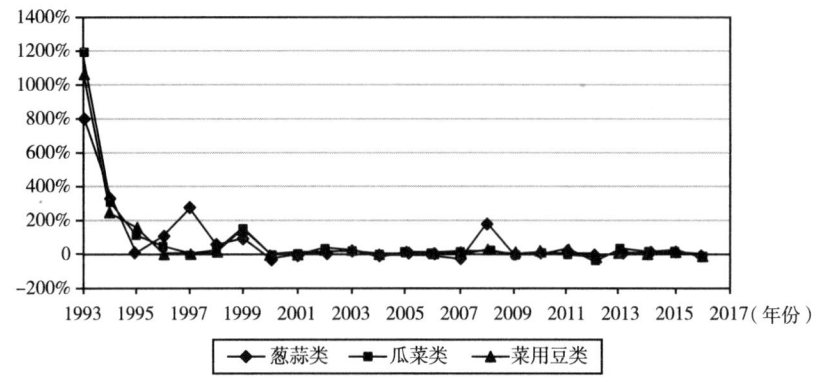

图1-30 1993—2017年俄罗斯蔬菜生产者价格指数变动情况涨跌幅度（2004-2006=100）
数据来源：世界粮农组织数据库（FAOSTAT）。

中国各类水果的生产者价格指数变动基本一致。自2012年开始逐年下降。其中，苹果和梨的生产者价格指数自2012年累计下跌约一半。俄罗斯苹果的生产者价格指数基本一直呈现上涨态势。2014年起涨速明显增加，2014—2016年累计上升60%（见图1-31、图1-32）。

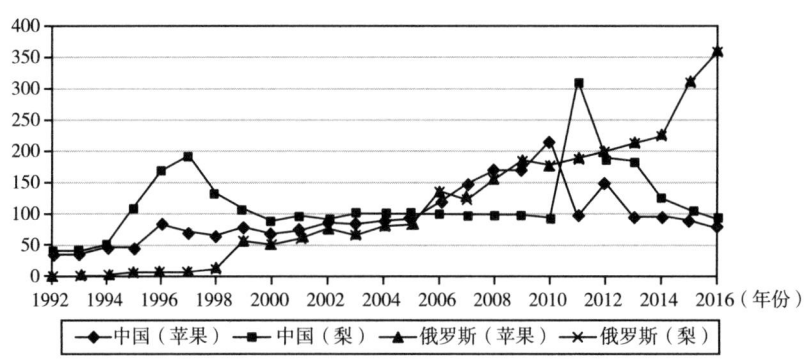

图1-31 1992—2016年中俄水果生产者价格指数变化情况（2004-2006=100）
数据来源：世界粮农组织数据库（FAOSTAT）。

2000年以来，中国活牲畜的生产者价格指数呈波浪形上升趋势，2015—2016年经短暂下跌之后开始回升，涨幅为12.8%；俄罗斯活牲畜的生产者价格指数则稳中有升，上升速度逐年加快，2015—2016年开始减缓，涨幅约为1.5%（见图1-33、图1-34）。

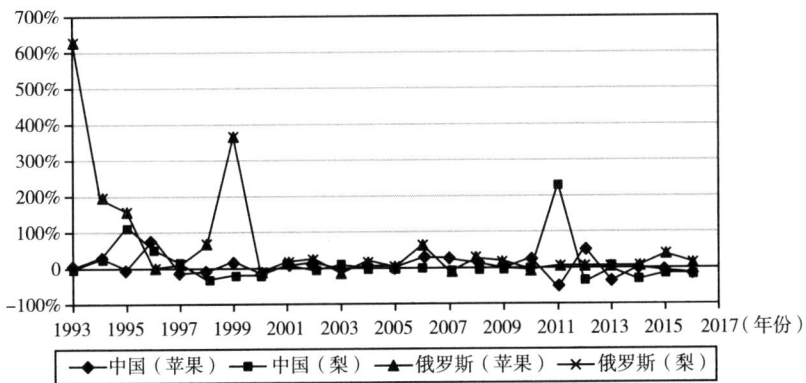

图 1-32 1993—2017 年中俄水果生产者价格指数变动情况涨跌幅度 (2004-2006=100)

数据来源：世界粮农组织数据库（FAOSTAT）。

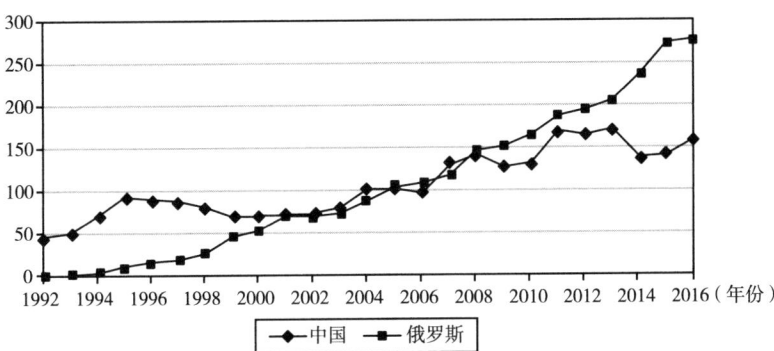

图 1-33 1992—2016 年中俄活牲畜生产者价格指数变化情况 (2004-2006=100)

数据来源：世界粮农组织数据库（FAOSTAT）。

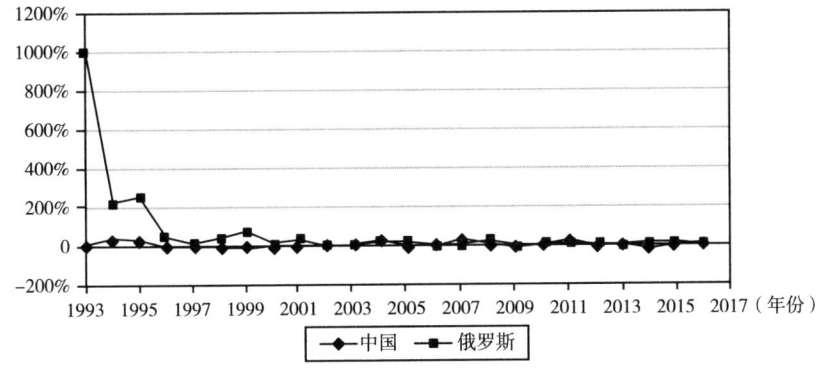

图 1-34 1993—2017 年中俄活牲畜生产者价格指数涨跌幅度 (2004-2006=100)

数据来源：世界粮农组织数据库（FAOSTAT）。

中俄两国蛋类的生产者价格指数经过 2004—2008 年同步增长之后，2009 年开始出现差距，2012 年之后差距显著增大，且呈反向变动的趋势（见图 1 - 35、图 1 - 36）。中国蛋类的生产者价格指数近 3 年持续下跌，2016 年触底之后回升，增长幅度约为 15.4%。俄罗斯蛋类的生产者价格指数持续攀升，2016—2017 年增长趋于缓和，生产者价格指数无明显变动。

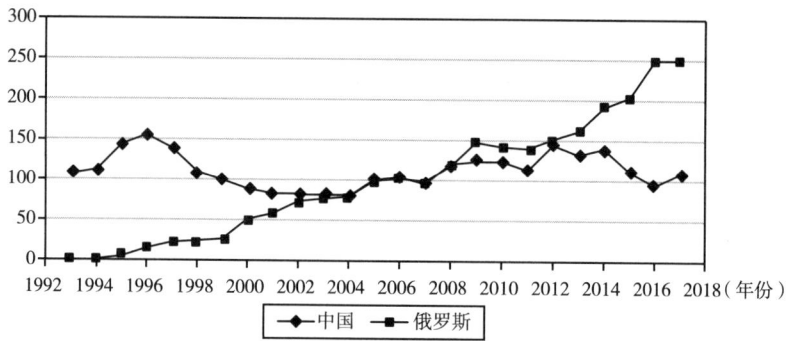

图 1 - 35　1992—2018 年中俄蛋类生产者价格指数变化情况（2004 - 2006 = 100）
数据来源：世界粮农组织数据库（FAOSTAT）。

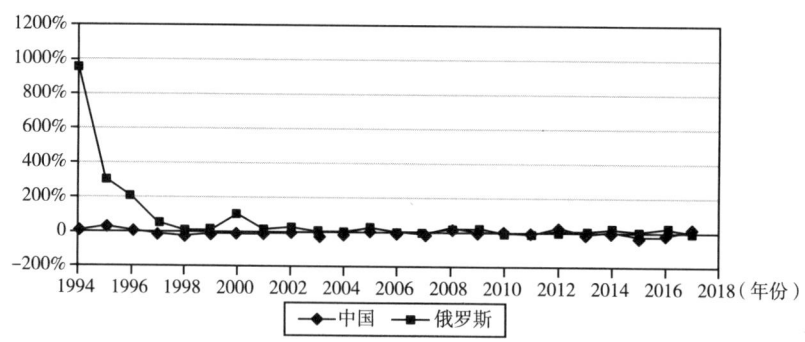

图 1 - 36　1994—2018 年中俄蛋类生产者价格指数涨跌幅度（2004 - 2006 = 100）
数据来源：世界粮农组织数据库（FAOSTAT）。

1.3.2　居民消费价格

2017 年各月，中国居民消费价格指数较 2016 年有所上升。总体来看，

2017年与2016年中国居民消费价格指数变动趋势基本同步,且呈上升态势(见图1-37)。

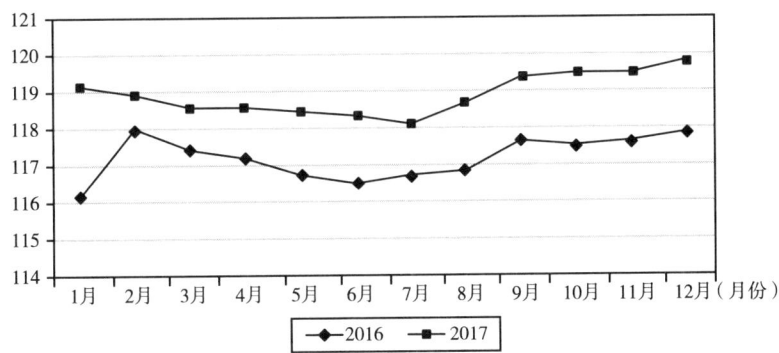

图1-37　2016年、2017年中国居民消费价格指数变动情况(2010年=100)
数据来源:世界粮农组织数据库(FAOSTAT)。

2017年各月,俄罗斯居民消费价格指数较2016年有所上升。总体来看,2017年相对于2016年而言,俄罗斯居民消费价格指数上涨较为缓和,全年波动较小。

2017年中国食品类居民消费价格指数较2016年有所下降。1—6月份,两年的食品类居民消费价格指数差距相对较大,后几月份趋于一致(见图1-38)。

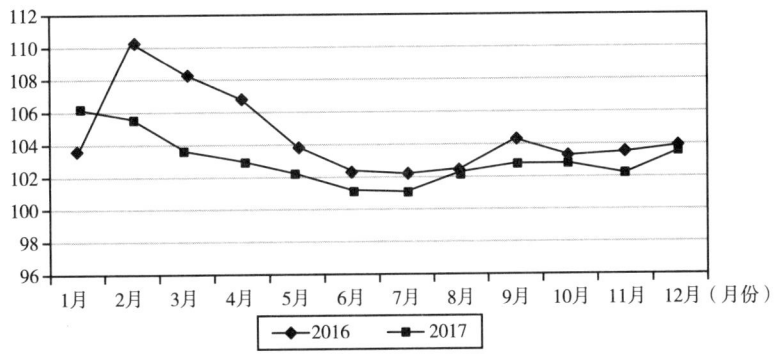

图1-38　2016年、2017年中国食品类居民消费价格指数变动情况(2010年=100)
数据来源:世界粮农组织数据库(FAOSTAT)。

2017年各月，俄罗斯食品类居民消费价格指数较2016年有所上升。1—9月份，两年的食品类居民消费价格指数差距较为明显，随后差距逐步减小。

本章编写：冀昊

第 2 章 中俄农产品国际贸易

2.1 总体情况

众所周知,作为世界主要的农产品生产国和消费国,中国和俄罗斯互为对方重要的农产品贸易伙伴。俄罗斯和中国农业在要素禀赋和产品方面,都具有极强的互补性和互通性,且有着长期的合作历史。习近平就任我国国家主席后,将俄罗斯作为出访首选国家,近年来两国元首的频繁会晤,使两国间的战略合作关系空前和谐。但中国和俄罗斯的农业合作尚未有大的突破,并且农产品贸易规模与两国的市场规模也还远不相称。中俄农业进出口规模远比不上中国与日本、韩国、欧盟、东盟、美国、巴西和阿根廷等经济体的农产品贸易规模,明显落后于两国在其他领域的合作。随着中俄合作关系的进一步加强、"一带一路"倡议构想的实施以及国际局势变化,两国农产品贸易政策、方式与结构正发生新的变化,有必要对中俄农产品贸易进行全方位回顾与深入分析,推动中俄农产品贸易的健康发展。

2.1.1 中俄农产品贸易规模

中俄农产品贸易额呈"升—降—升"变化趋势。1992 年中俄农产品贸易额为 7.89 亿美元,1993 年达到 10.78 亿美元,这是 2002 年之前中俄农产品贸易额的峰值,之后中俄农产品贸易额不断下降,在 1999 年降至谷底,仅为 5.24 亿美元;2000 年开始趋于平稳增长,2000—2017 年,中俄农产品贸易总额由 6.21 亿美元上升至 41.79 亿美元,年增长 12.33%,虽然在 2009 年、2015 年出现小幅下降，但中俄农产品贸易额整体上已步入稳定增长阶段。

1992—2017 年中国对俄罗斯农产品出口变化曲线呈"U"形。如图 2-1 所示，1992 年中国对俄罗斯农产品出口 6.77 亿美元，1993 年出口 9.89 亿美元，之后连续 7 年下降，降至 2000 年的 1.85 亿美元，年降幅 27.06%；2000—2014 年，中国对俄罗斯农产品出口保持稳定增长，2014 年达到 24.04 亿美元，年增长 20.10%；2014—2017 年，中国对俄罗斯农产品出口呈现一定幅度的下降，其中 2015 年为 18.31 亿美元，2016 年为 20.02 亿美元，2017 年为 20.46 亿美元。

中国从俄罗斯农产品进口呈整体增长趋势。如图 2-1 所示，1992—2000 年，中国从俄罗斯进口虽一直在快速增加，但进口额偏低，1992 年进口 1.12 亿美元，2000 年进口 4.36 亿美元，年增加 18.52%；2001—2017 年，中国从俄罗斯农产品进口额有了很大提升，2001 年进口 5.53 亿美元，2017 年进口 21.32 亿美元，年增长 7.03%，但在 2008 年、2009 年、2012 年及 2014 年均出现小幅下滑情况，说明中国从俄罗斯农产品进口的稳定性还不是很强。

中俄农产品贸易差额情况可以分为三个阶段。如图 2-1 所示，1992—1997 年，中俄农产品贸易一直处于顺差，但 1993 年后数额逐年减少，其中 1993 年贸易顺差 9 亿美元，1997 年降为 1.4 亿美元。1998—2010 年，一直处于逆差阶段，最大逆差为 2005 年的 4.02 亿美元。2011—2016 年，中俄农产品贸易处于顺差阶段，其中 2011—2014 年农产品贸易顺差越来越大，2014 年顺差达到最大，为 8.51 亿美元。2015 和 2016 年中俄农产品贸易顺差呈现较大幅度的下降，分别为 1.12 亿美元和 0.10 亿美元。到 2017 年中俄农产品贸易又出现逆差，为 0.85 亿美元。

2.1.2 中俄农产品贸易地位

从中国农产品世界市场的角度观察，2017 年中国农产品出口总额为

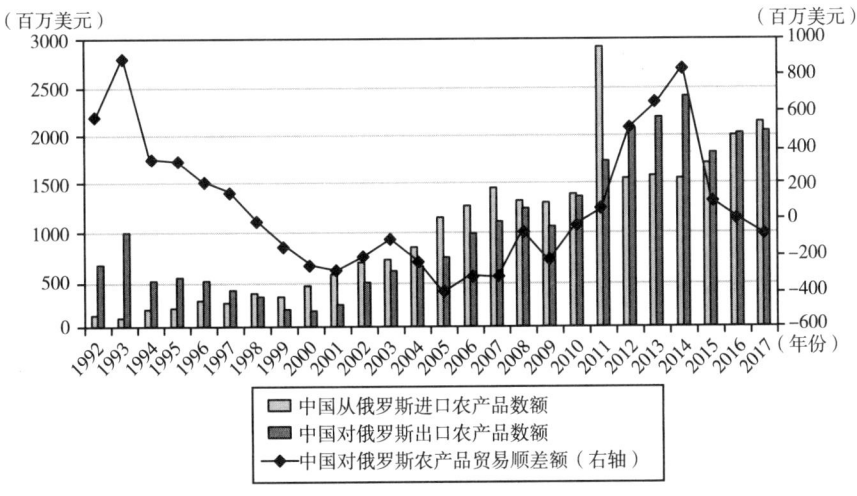

图 2-1 1992—2017 年中俄农产品贸易变化情况

数据来源：联合国商品贸易统计数据库（UNCOMTRADE）。

928.76 亿美元，出口俄罗斯农产品 20.46 亿美元；中国农产品进口总额为 1283.97 亿美元，进口俄罗斯农产品 21.32 亿美元。如图 2-2 所示，1992—2017 年中国对俄罗斯农产品出口占中国农产品出口总额的份额呈"降—升—降"趋势，最高年份是 2014 年，为 2.64%，最低年份是 2000 年，仅为 0.07%。2000—2010 年呈缓慢增长趋势，直到 2011 年为 2.18%；2012—2014 年中国对俄罗斯农产品出口占中国农产品出口总额的份额相对较大，保持在 2.51% ~ 2.64%；2015—2017 年再次呈下降趋势，分别是 2.06%、2.21% 和 2.2%。中国从俄罗斯农产品进口占中国农产品进口总额的份额呈"升—降—升"趋势，从 1992 年的 1.5% 增加至 1997 年的 1.95%，从 1998 年开始不断下降，至 2010 年降为 0.01%，俄罗斯农产品在中国农产品进口市场中的份额越来越低；2011—2016 年中国从俄罗斯农产品进口占中国农产品进口总额的份额再次上升，保持在 1.24% ~ 1.75%，到 2017 年中国从俄罗斯农产品进口占中国农产品进口总额的份额又略有下降，为 1.66%。总体来看，中俄农产品贸易额占中国与世界农产品贸易总额的份额在 0 ~ 2%，1998 年之后呈下降趋势，到 2011 年开始再次回升。上述分析说明在 2011 年之后，俄罗斯作为中国农产品世界贸易中的出口市场地位保持稳定，只是近两年有较小幅度的下降，作为进口市场地位也在不断上升，同时中俄农产品贸易额占中国与世界农产品贸易总额的份额近年来呈一定的增长趋势。

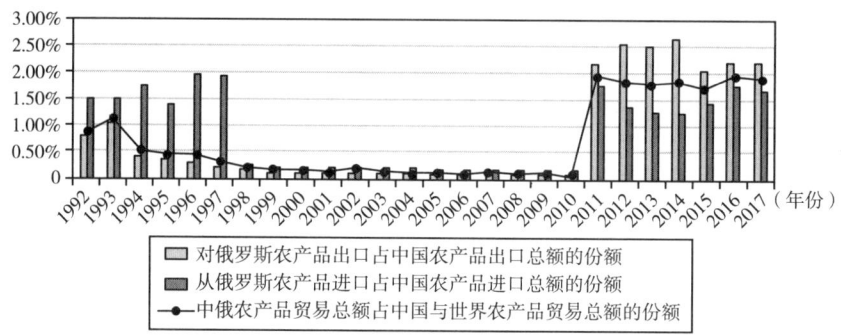

图 2-2　1992—2017 年中国对俄罗斯农产品贸易占中国农产品进出口的份额
数据来源：联合国商品贸易统计数据库（UNCOMTRADE）。

从俄罗斯农产品世界市场的角度观察，2017 年俄罗斯农产品出口总额为 208.03 亿美元，出口中国农产品 17.82 亿美元；俄罗斯农产品进口总额为 294.22 亿美元，进口中国农产品 18.76 亿美元，中国是俄罗斯重要的农产品贸易国。如图 2-3 所示，1996—2017 年，俄罗斯从中国农产品进口额稳步增加，但俄罗斯对中国农产品出口占俄罗斯农产品出口总额的份额却起伏不定，变化很大，最低时在 2008 年仅为 0.03%，最高时在 2016 年达到 9.49%。俄罗斯农产品出口中国市场还很不稳定。1996—2013 年，俄罗斯从中国农产品进口占俄罗斯农产品进口总额的份额则一直保持稳定，其中 2002 年以后一直保持在 3% 以上；2014—2017 年，俄罗斯从中国农产品进口占俄罗斯农产品进口总额的份额出现较大幅度增长，2016 年达到最高，为 6.69%，表明近年来中国农产品在俄罗斯市场占有率有明显提高。俄中农产品贸易额占俄罗斯与世界农产品贸易总额的份额处于先下降后上升的"U"形趋势。1996—2000 年，俄中农产品贸易额占俄罗斯与世界农产品贸易总额的份额呈下降趋势，从 1996 年的 3.53% 下降到 2000 年的

0.22%；2001—2010年，俄中农产品贸易额占俄罗斯与世界农产品贸易总额的份额一直处于较低值，均位于1%以下且没有明显增减变化；2011—2017年，俄中农产品贸易额占俄罗斯与世界农产品贸易总额的份额开始呈现大幅度上升趋势，2017年达到最高，为9.98%。可见俄中农产品贸易占俄罗斯与世界农产品贸易的份额仍有增加的空间。上述分析说明，中国作为俄罗斯农产品世界贸易中的出口市场地位起伏很大，作为进口市场地位则保持稳定，同时俄中农产品贸易占俄罗斯与世界农产品贸易的份额有较大增长空间。

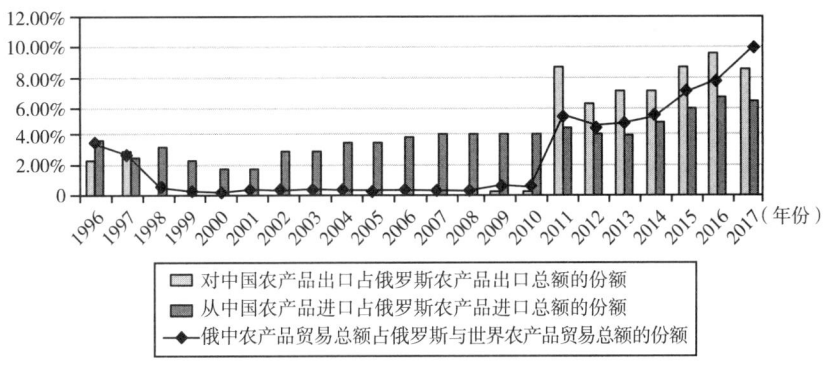

图2-3　1996—2017年俄罗斯对中国农产品贸易占俄罗斯农产品进出口的份额
数据来源：联合国商品贸易统计数据库（UNCOMTRADE）。

中俄农产品贸易在中俄整体贸易中的地位持续下降。如表2-1所示，1992年，中国对俄罗斯农产品出口占中国对俄罗斯出口总额的份额为28.97%，2000年为8.27%，2017年为4.78%，对俄罗斯农产品出口占中国对俄罗斯出口总额的份额在下降。1992年，中国从俄罗斯农产品进口占中国从俄罗斯进口总额的份额为3.17%，2000年为7.55%，2017年降为5.15%，可见近年来从俄罗斯农产品进口占中国从俄罗斯进口总额的份额也在下降。1992年，中俄农产品贸易额占中俄贸易总额的份额为13.45%，2000年为7.75%，2017年为3.96%，可见1992—2017年，中俄农产品贸易占中俄贸易总额的份额也在下降。上述分析说明，中俄农产品贸易在中俄贸易中的地位越来越弱。

表 2-1 1992—2017 年中俄农产品贸易额及在中俄总贸易额中所占份额

年份	1992	1995	2000	2005	2010	2015	2016	2017
中国对俄罗斯农产品出口（亿美元）	6.77	5.30	1.85	7.44	13.64	18.31	20.02	20.46
中国对俄罗斯出口总额（亿美元）	23.36	16.65	22.33	132.11	296.12	347.57	373.40	428.31
中国对俄罗斯农产品出口占中国对俄罗斯出口总额的份额（%）	28.97	31.81	8.27	5.63	4.61	5.27	5.36	4.78
中国从俄罗斯农产品进口（亿美元）	1.12	2.04	4.36	11.46	13.87	17.19	19.92	21.32
中国从俄罗斯进口总额（亿美元）	35.26	37.99	57.70	158.90	259.14	332.59	322.60	413.90
中国从俄罗斯农产品进口占中国从俄罗斯进口总额的份额（%）	3.17	5.38	7.55	7.21	5.35	5.17	6.17	5.15
中俄农产品贸易额（亿美元）	7.89	7.34	6.21	18.91	27.51	35.5	39.93	33.38
中俄贸易总额（亿美元）	58.62	54.63	80.03	291.01	555.26	680.16	696.00	842.21
中俄农产品贸易占中俄贸易的份额（%）	13.45	13.43	7.75	6.50	4.95	5.22	5.74	3.96

数据来源：联合国商品贸易统计数据库（UNCOMTRADE）。

2.1.3 中俄农产品贸易结构

中国对俄罗斯出口农产品以园艺产品、水产品为主，这两类农产品占出口的份额不断上升，2017 年达到 80.61%，如图 2-4 所示；中国从俄罗斯进口农产品以水产品为主，2005 年从俄罗斯进口水产品占中国从俄罗斯农产品进口总额的比例最高，达到 95.40%，2017 年有所降低，为 67.82%，如图 2-5 所示。

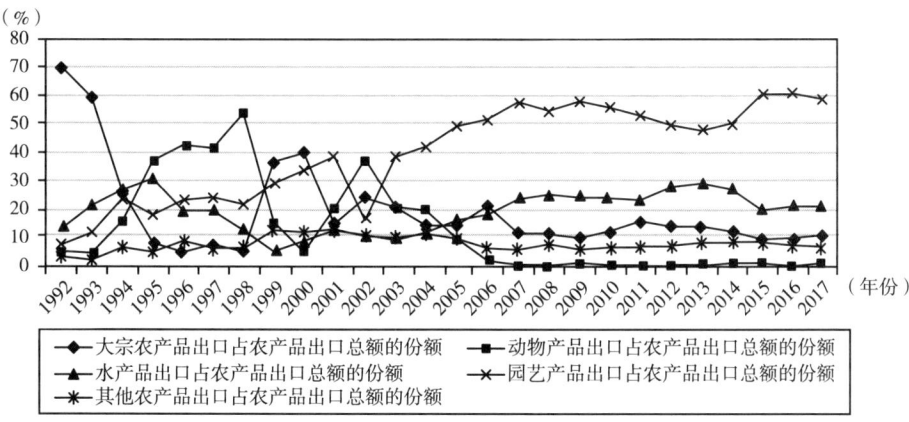

图 2-4　1992—2017 年中国对俄罗斯农产品出口结构变化

数据来源：联合国商品贸易统计数据库（UNCOMTRADE）。

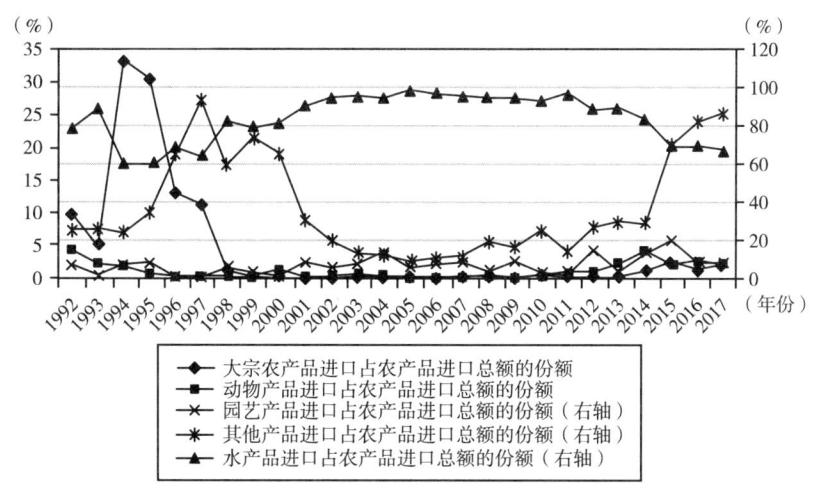

图 2-5　中国从俄罗斯进口农产品结构变化

数据来源：联合国商品贸易统计数据库（UNCOMTRADE）。

2.1.3.1　中国对俄罗斯农产品出口结构变化及趋势分析

园艺产品是中国对俄罗斯出口的第一大类农产品，近年来中国对俄罗斯园艺产品出口占对俄罗斯农产品出口的份额一直在 60% 左右，居主导地位。1992—1999 年，中国对俄罗斯园艺产品出口一直比较平稳，整体份额保持在20%左右。2001年中国加入WTO之后,中国对俄罗斯园艺产品出口开始快速增长,2001年出口额为0.93亿美元,2016年达到12.12亿美元,增长了12.03倍,年均增长率达18.67%。受2008年金融危机影响,2008年中国对俄罗斯园艺产品出口增长受阻,随后一直保持在50%~60%的水平,反映出中国对俄罗斯园艺产品出口具有一定的竞争力。对俄罗斯出口的园艺产品主要以食用蔬菜、食用水果和蔬菜、水果或植物其他部分的制品为主。

水产品是中国对俄罗斯出口的第二大类农产品,2017年中国对俄罗斯水产品出口占对俄农产品出口的份额为21.58%。1993—1995年,中国向俄罗斯出口水产品占对俄罗斯农产品出口的份额较高,均位于20%以上;1996—2006年,水产品占对俄罗斯农产品出口的份额稍有下降,在20%以下;2007年水产品占对俄罗斯农产品出口的份额为23.72%,之后水产品占对俄罗斯农产品出口的份额稳步提高,在2014年达到最大,水产品出口6.47亿美元,所占份额为27.10%。中国对俄罗斯水产品出口有继续保持稳定增长的趋势。

大宗农产品是中国对俄罗斯出口的第三大类农产品,2017年出口2.26亿美元,占11.05%的份额。中国向俄罗斯出口大宗农产品占对俄罗斯农产品出口的份额变动幅度比较大,主要分为三个阶段:1992年、1993年,由于俄罗斯国内食品紧缺,中国向俄罗斯出口大宗农产品占对俄罗斯农产品出口的主导地位,这两年大宗农产品所占份额为70.29%、59.48%,是份额最高的两年。1994—1998年,大宗农产品所占份额不断下降,1998年降为5.21%。1999—2013年,由于1999年、2000年中国对俄罗斯农产品出口整体进入历史低点,使得大宗农产品所占份额又提升为40.00%,属于历史第二高点;2001年之后,中国对俄罗斯除大宗农产品以外的农产品出口不断增加,大宗农产品出口不断走低,大宗农产品占对俄罗斯农产品出口的份额保持在10%左右。随着中国对大宗农产品的需求越来越大,未来对俄罗斯大宗农产品的出口仍可能会进一步走低。

其他农产品是中国对俄罗斯出口的第四大类农产品，主要包括蛋白质物质、杂项食品、食品工业残料及配制的动物饲料、脂类产品等。中国对俄罗斯其他农产品出口占对俄罗斯农产品出口的份额呈先升后降再升的趋势。1992—2001年，其他农产品出口所占份额逐渐增加，2001年达到峰值0.32亿美元，所占份额为13.12%；2002—2009年，其他农产品出口所占份额逐渐下降，在2009年降至最低，出口额为0.71亿美元，所占份额仅为6.06%；2010—2016年又再次保持稳定增长趋势。

动物产品是中国对俄罗斯出口的第五大类农产品，2017年出口0.26亿美元，占对俄罗斯农产品出口的份额为1.27%。动物产品是中国对俄罗斯农产品出口中金额与份额降幅最大的一类农产品，1998年出口1.71亿美元，占对俄罗斯农产品出口的53.93%，俄罗斯曾是中国最大的猪肉出口市场；从2004年9月起，俄罗斯全面禁止进口我国偶蹄类动物及动物制品，使得动物产品对俄罗斯出口不断萎缩，长达10年之久；因为欧美国家对俄罗斯的制裁，2014年俄罗斯重新开放中国猪肉及其他类动物产品进口，2014年中国对俄罗斯动物产品的出口从2013年的0.07亿美元增加至0.31亿美元，增加了3.43倍，预计未来对俄罗斯动物产品出口将会有一个较大的增幅。

2.1.3.2 中国从俄罗斯农产品进口结构变化及趋势分析

水产品是中国从俄罗斯进口的第一大类农产品，2017年进口额为14.45亿美元，占从俄罗斯进口农产品总额的67.82%，居主导地位。1992年中国从俄罗斯进口水产品0.86亿美元，之后保持较快增长，至2007年达到13.42亿美元；受金融危机等因素影响，2008—2010年一直低于2007年的数额，2011年水产品进口额达到顶峰，为15.91亿美元；2012年、2013年分别进口13.43亿、13.59亿美元，与2007年的进口额相当；2014年、2015年略有下降。1992—2001年，水产品进口占从俄罗斯进口农产品的份额一直保持在50%～90%；2002—2011年，水产品进口份额一直保持在90%以上；2012—2014年水产品所占份额虽略微下降，但也保持在80%以上；2015—2017年降幅变大，所占份额在70%以下。作为中国从俄罗斯进口的第一大类农产品，水产品进口的变化直观反映中国从俄罗斯农产品进口的整体变化，主导地位由此可见。预计未来水产品仍然会占据中国从俄罗斯进口农产品的大头，但是从图2-5中可以看出，中国从俄罗斯农产品进口日趋多样化，水产品的份额长期趋势是会下降的。

其他农产品是中国从俄罗斯进口的第二大类农产品，呈"升—降—升"趋势，2017年进口额为5.39亿美元，占从俄罗斯进口农产品总额的25.28%。1992—2000年，其他农产品进口从0.07亿美元增加至0.82亿美元，增加明显；2001—2003年，其他农产品进口不断下降至0.27亿美元；2004—2017年，其他农产品进口从0.31亿美元增加至5.39亿美元，由图2-5中可以看出，其他农产品的进口总体上呈增加趋势。

园艺产品是中国从俄罗斯进口的第三大类农产品，此类农产品进口所占份额较为稳定，2017年共进口0.54亿美元，占从俄罗斯进口农产品总额的2.55%。1992—2017年，园艺产品占从俄罗斯进口农产品的份额一直处于0~3%，所占份额相对较低且没有较大幅度的变化，这与中国出口俄罗斯最多的产品是园艺产品有很大的关系，未来中国从俄罗斯进口园艺产品的金额和所占份额趋势要进一步观察进口的持续性。

动物产品是中国从俄罗斯进口的第四大类农产品，2017年进口额为0.47亿美元，占从俄罗斯进口农产品总额的2.19%。1992—2009年，动物产品进口份额持续降低，动物产品占从俄罗斯农产品进口的份额从1992年的4.36%降低到2009年的0.20%，降低了20.8倍；2009—2017年，动物产品进口由0.03亿美元增加至0.47亿美元，增长势头较快。未来动物产品的进口份额可能会继续保持稳定增长的状态。

大宗农产品是中国从俄罗斯进口的第五大类农产品，大宗农产品占从俄罗斯进口农产品的份额呈现先增后降而后保持一个较低水平的稳定状态。2017 年进口 0.46 亿美元，占从俄罗斯农产品进口的份额为 2.17%。1995 年从俄罗斯进口大宗农产品 0.61 亿美元，为大宗农产品进口峰值；1996—2012 年，大宗农产品进口下降 0.02 亿美元，基本可忽略不计；2013 年进口 0.05 亿美元，略有上涨，2017 年增加至 0.46 亿美元。随着中国对大宗农产品进口的增加和中方在俄罗斯农业投资（租地）的扩大，加上俄罗斯汇率问题促使中方在俄罗斯产出的原粮回运，预计中国从俄罗斯进口大宗农产品将呈增长趋势。

2.1.4 中美贸易争端下中俄贸易变化

近些年，中美贸易争端不断，2018 年 6 月 15 日，美国政府宣布对中国 500 亿美元的商品加征 25% 的关税，从而引发中美贸易战。作为反制措施，中方发布公告对美国 500 亿美元商品加征 25% 的关税，其中包括农产品在内的 340 亿美元商品自 2018 年 7 月 6 日起实施征税，其余 160 亿美元商品与美方同步实施加征关税。此次征税共涉及 517 项农产品，2017 年自美进口总额约 210 亿美元，主要包括大豆、谷物、棉花、肉类、水产品、乳制品、水果、坚果、威士忌酒和烟草等（钱镇，2018）。

2.1.4.1 中美贸易争端对中国农产品进出口的影响

中国是全球最大的农产品净进口国，进口额从 2001 年的 118 亿美元已增长到了 2017 年的 1259 亿美元，年均增长率为 16%，农产品贸易领域长期处于逆差状态，2017 年逆差总额为 503 亿美元（胡冰川，2018）。而美国是全球最大的农产品出口国，中国长期对美农产品贸易都是处于贸易逆差状态，2017 年的逆差额为 164 亿美元，占据了中国农产品贸易逆差总额的近 33%，相当于每个美国农民平均都向中国出口农产品 1 万美元以上（国务院新闻办公室，2018）。

中国是世界上最大的农产品进口国家，而美国是世界上最大的农产出口国，农产品贸易在中美关系中发挥着重要的作用。2017年，中国从美国进口农产品241亿美元，占中国农产品进口额的19.2%。其中，从美国进口最多的农产品为大豆，价值达到139.4亿美元，畜产品（肉类）进口额达到118.69亿美元，谷物进口额为15.1亿美元，棉花进口额达到10.73亿美元。这四种农产品在中美农产品贸易中占据着重要地位。从图2-6可以看出，1996—2017年，中美贸易额一直处于增长状态，虽偶有阶段性，但是从大趋势上看，仍然处于良好上升的发展状态。

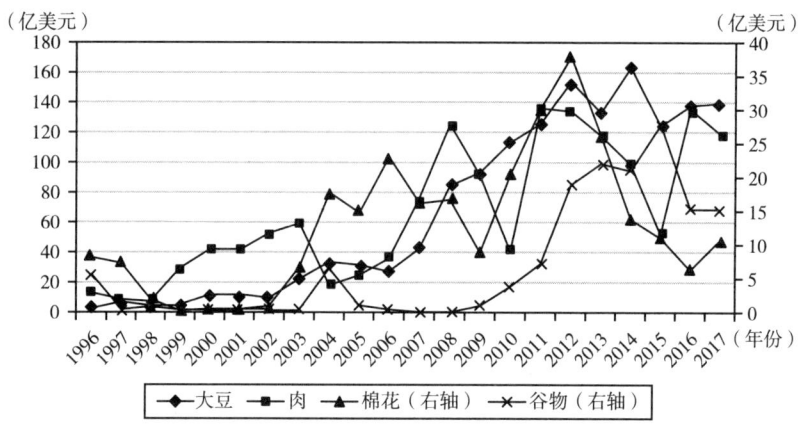

图2-6　1996—2017年中国进口美国主要农产品变化趋势
数据来源：联合国商品贸易统计数据库（UNCOMTRADE）。

受中美贸易争端的影响，短期内中国从美国进口的农产品数量会受到很大影响，同时中国农产品的总进口量也会受到抑制（钱镇，2018）。而从长期来看，如果此次贸易争端后中美经贸关系不能得到妥善解决，中国为了弥补国内对农产品的市场需求，填补美国农产品的进口缺失，势必会积极寻求新的进口市场作为替代，同时也可能在国内出台相关农产品的扩产政策和安排。这样一来，就可能导致一种结果，即在国内方面，相关农产品的种植量会扩大。在国际上，其他国家会迅速抢占中国这块农产品出口市场，并且纷纷增加本国相应农产品的产量为出口做准备。例如，巴西农业部长就曾表示，巴西愿意成为中国大豆的长期稳定的供应国，并且有能力将巴西国内的大豆产量翻倍。俄罗斯方面也在积极寻求机会，欲向中国出口本国农产品（杜娟，2019）。

中国需要积极开拓国际替代市场，引导养殖品种结构调整，便利国内流通销售，扩大国内消费，将所受影响降到最低程度。考虑到出口受阻，中国需提高果蔬产品品质，提升市场竞争力，一方面拓展国内消费市场，另一方面积极拓展农产品出口渠道，加大果蔬产品等优势农产品出口力度。中国势必会积极开拓新的国际替代市场，寻求新的农产品进口来源国和出口替代国，最大限度减少对美国市场的依赖（杜娟，2019）。

2.1.4.2 中美贸易争端对中俄农产品贸易的影响

通过分析近5年俄罗斯农产品出口世界和中国的数据（见表2-2和表2-3）可以看出，俄罗斯主要农产品出口额在稳步增长。对世界农产品出口中，玉米占最大比重，俄罗斯玉米出口世界贸易额除2015年以外均超过70亿美元，在俄罗农产品对外贸易中占据非常重要的地位，是俄罗斯出口创汇的重要来源。近5年，在俄罗斯的农产品出口结构中，大豆、水果和猪肉的出口上升趋势明显。2014年，俄罗斯猪肉出口世界的贸易额为0.17亿美元，2018年已经达到6.81亿美元，呈现出大幅增长的态势。

表2-2　　　　俄罗斯主要农产品出口世界额　　　　单位：亿美元

年份	大豆	高粱	棉花	葡萄酒	水果	小麦	玉米	猪肉
2014	2.38	0.44	5.94	0.13	8.72	542.31	70.05	0.17
2015	11.91	0.78	4.33	0.16	8.38	394.87	60.06	0.91
2016	13.32	0.44	4.92	0.15	7.70	421.58	85.89	4.11
2017	16.86	0.53	6.34	0.26	10.33	579.10	88.70	6.14
2018	29.04	0.32	5.35	0.21	11.10	843.25	85.31	6.81

数据来源：联合国商品贸易统计数据库（UNCOMTRADE）。

表 2-3　　　　　　　　俄罗斯主要农产品出口中国额　　　　　　　单位：美元

年份	大豆	棉花	葡萄酒	水果	小麦	玉米	猪肉
2014	20567279	161	6648	14972254	20129	4620940	17325
2015	116223480	2503	2922	12346075	74074	13391273	20388
2016	121054198	65206	2486	8611777	49943	10292962	22187
2017	138927546	619	2765	9123414	4252455	219592	78303
2018	244131370	4177	1851	11269785	13898024	4504677	83228

数据来源：联合国商品贸易统计数据库（UNCOMTRADE）。

俄罗斯出口中国的农产品中大豆规模最大，在2018年出口额达到2.44亿美元，与2017年的1.38亿美元相比，出口额增长明显，增长76.81%。目前中国大豆的产需缺口为9000多万吨，需要依靠国际市场补充。美国是世界最大的大豆生产国，年产量在1亿吨左右，但其国内消费量有限，一半左右依赖出口国际市场。中国大豆需求仍呈增加趋势，供需缺口较大这一状态仍将存在。2017年，中国饲料消耗1.05亿吨，蛋白类原料中，豆粕占7230万吨。中国对美国采取反制措施，致美国大豆进口会大幅度下降（杜娟，2019）。2018年中美贸易摩擦导致中国进口美国大豆相比2017年减少49%，大豆进口额为72.5亿美元，中国大豆进口主要转向巴西。2018年中美贸易摩擦间接促进了2018年中俄农产品贸易额大幅增长。如果中美贸易摩擦不能得到改善，可以预计，中俄农产品贸易会有很大的上升空间，在短时间内农产品贸易额会急剧增长。但是中俄农产品贸易额和中美农产品贸易额仍然有很大的差距。表2-3显示，2018年中国进口俄罗斯大豆为2.44亿美元，对比发现，虽然中美农产品贸易额急剧下降，但当前俄罗斯仍然无法替代美国成为中国的主要农产品贸易国。

小麦作为中国进口的主要农产品之一，在中美农产品贸易中占据重要的地位，2017年中国从美国进口小麦贸易额15.5亿美元。受中美贸易摩擦影响，2018年俄罗斯向中国出口小麦额达到0.14亿美元，比2017年增长 3 倍多，上升趋势明显。虽然和中美小麦的贸易额 15.5 亿美元相比还有巨大差距，但是随着中美贸易摩擦的加剧，中俄农业合作水平的提高，俄罗斯会成为中国农产品贸易中重要的合作伙伴。

2.2 中俄农产品贸易分析

2.2.1 中俄农产品贸易的比较优势和密切程度

2.2.1.1 中俄农产品贸易的显示性比较优势分析

比较优势是指本国生产一种产品的机会成本低于其他国家生产该产品的机会成本，则该国在生产该产品上具有比较优势。比较优势反映了一个国家的比较成本、资源禀赋和规模优势。显示性比较优势（RCA）指数是测度比较优势的一个重要指标。显示性比较优势是指一国总出口中某类商品的出口所占的比重相对于世界贸易总额中该商品贸易所占比重的大小，用公式表示为：$RCA_{ij} = \dfrac{X_{iw}^k/X_{iw}^t}{X_{ww}^k/X_{ww}^t}$，其中，$X_{iw}^k$ 表示国家 i 产品 k 的出口额，X_{iw}^t 表示国家 i 的所有产品的出口总额，X_{ww}^k 表示产品 k 的世界出口额，X_{ww}^t 表示世界出口总额。一般情况下，如果 RCA＞2.5，则表明 i 国的 k 产品具有极强的竞争优势；如果 $1.25 \leqslant RCA \leqslant 2.5$，则具有较强的竞争优势；如果 $0.8 \leqslant RCA \leqslant 1.25$，则具有中等竞争优势；如果 RCA＜0.8，表明竞争力较弱。

根据表 2-4 列出来的按照海关编码（HS 分类）的 28 类农产品显示性比较优势可以看出，1992—2017 年，中国一直具有比较优势的农产品有第 3 章（鱼及其他无脊椎产品）、第 5 章（其他动物产品）、第 50 章（蚕丝）；

表 2 - 4　　　　　　　　　　农产品分章目录

HS 编码	产品内容	HS 编码	产品内容
第 1 章	活动物	第 14 章	编结用植物材料；其他植物材料
第 2 章	肉及食用杂碎	第 15 章	动植物油脂、蜡；精制食用油脂
第 3 章	鱼及其他水生无脊椎动物	第 16 章	肉、鱼及其他水生无脊椎动物制品
第 4 章	乳；蛋；蜂蜜；其他食用动物产品	第 17 章	糖及糖食
第 5 章	其他动物产品	第 18 章	可可及可可制品
第 6 章	活植物；茎、根；插花、蔟叶	第 19 章	谷物粉、淀粉等或乳的制品；糕饼
第 7 章	食用蔬菜、根及块茎	第 20 章	蔬菜、水果或植物其他部分的制品
第 8 章	食用水果及坚果；甜瓜等水果的果皮	第 21 章	杂项食品
第 9 章	咖啡、茶、马黛茶及调味香料	第 23 章	食品工业残渣及废料；配制饲料
第 10 章	谷物	第 24 章	烟草、烟草代用品制品
第 11 章	制粉产品；麦芽；淀粉等；面筋	第 50 章	蚕丝
第 12 章	油籽；子仁；工业药用植物；饲料	第 51 章	羊毛等动物毛
第 13 章	虫胶；树胶、脂及其他植物液、汁	第 52 章	棉花
第 53 章	其他植物纤维		

其中，第 1~12 章、14 章、17 章、18 章、19 章、21~24 章的农产品的比较优势一直不断下降，而第 13 章一直平缓上升（见表 2-5）。1996—2017 年，俄罗斯没有农产品一直保持稳定的比较优势（见表 2-6）。

中国农产品比较优势处于不断下降趋势，俄罗斯农产品比较优势表现为缓慢上升、下降再快速上升的波动过程。如图 2-7 所示，1992—2017 年，中国农产品 RCA 值由 1.61 持续下降到 0.58；俄罗斯农产品 RCA 值在 1996—2002 年由 0.21 增加至 0.27，2004 年则下降为 0.19，之后一直保持增长的趋势，并在 2015 年超越中国，虽然当前中俄农产品比较优势相似，但是俄罗斯的农业资源优势使得俄罗斯农业更具发展潜力，预计未来俄罗斯农产品比较优势仍有进一步增加的空间，并将持续超出中国。

表 2-5 1992—2017 年中国农产品的显示性比较优势分析

类别	1992年	1993年	1994年	1995年	1996年	1997年	1998年	1999年	2000年	2001年	2002年	2003年	2004年	2005年	2006年	2007年	2008年	2009年	2010年	2011年	2012年	2013年	2014年	2015年	2016年	2017年
第1章	2.41	2.4	1.7	1.56	1.65	1.53	1.44	1.27	1.1	0.89	0.63	0.52	0.42	0.34	0.78	0.22	0.01	0.02	0.12	0.26	0.24	0.22	0.2	0.21	0.24	0.18
第2章	0.43	0.42	0.6	0.81	0.88	0.74	0.64	0.51	0.48	0.47	0.32	0.23	0.19	0.15	0.2	0.08	0.01	0.01	0.05	0.09	0.07	0.07	0.07	0.07	0.06	0.05
第3章	1.87	1.54	1.82	1.92	1.63	1.58	1.4	1.48	1.4	1.44	1.34	1.21	1.19	1.02	0.1	0.64	0.22	1	0.51	1.1	1.06	1.05	1.02	0.97	1	0.89
第4章	0.27	0.25	0.21	0.17	0.21	0.17	0.17	0.17	0.17	0.15	0.13	0.11	0.09	0.08	0.15	0.07	0.14	0.16	0.03	0.06	0.06	0.05	0.05	0.06	0.06	0.05
第5章	5.9	5.43	6.06	6.75	6.37	5.51	5.28	5.38	5.57	4.47	3.6	3.13	3.14	2.65	3.28	1.65	0.11	0.11	0.9	1.97	1.93	1.8	1.71	1.43	1.55	1.65
第6章	0.07	0.1	0.11	0.1	0.12	0.12	0.1	0.1	0.09	0.09	0.09	0.07	0.08	0.08	1.58	0.07	0	0	0.05	0.1	0.11	0.11	0.15	0.11	0.13	0.11
第7章	2.54	2.82	2.96	2.62	2.53	2.23	2.07	2.05	1.97	1.8	1.59	1.34	1.26	1.24	2.88	0.83	0.05	0.09	0.63	1.34	1.04	1.03	0.99	0.98	1.14	1.17
第8章	0.56	0.7	0.58	0.58	0.54	0.47	0.42	0.41	0.38	0.34	0.35	0.34	0.33	0.29	0.15	0.25	0.03	0.03	0.16	0.35	0.38	0.37	0.34	0.37	0.4	0.38
第9章	1.97	1.93	1.07	0.97	1.21	0.91	0.85	0.88	0.84	1.01	0.9	0.79	0.84	0.66	0.18	0.37	0.11	0.12	0.22	0.39	0.37	0.44	0.41	0.4	0.54	0.46
第10章	1.69	1.9	1.58	0.06	0.14	0.87	1.2	0.97	1.26	0.7	0.91	1.13	0.25	0.43	0.18	0.25	1.04	1.8	0.03	0.05	0.03	0.04	0.03	0.02	0.04	0.05
第11章	0.5	0.64	0.52	0.5	0.97	0.8	0.51	0.42	0.44	0.44	0.38	0.34	0.32	0.32	6.39	0.36	0.57	0.55	0.19	0.31	0.29	0.27	0.25	0.23	0.25	0.26
第12章	2.22	1.95	2.51	2.13	1.71	1.15	1.08	1.24	1.14	1.03	0.88	0.7	0.61	0.61	0.12	0.34	0.05	0.08	0.14	0.27	0.25	0.25	0.25	0.24	0.23	0.19
第13章	0.77	0.96	0.78	0.76	0.91	0.87	0.75	0.63	0.61	0.73	0.66	0.47	0.37	0.44	3.27	0.47	0.01	0.01	0.57	1.18	0.69	1.07	1.23	1.3	1.37	1.41
第14章	5.22	4.88	4.99	4.45	4.41	3.64	3.39	2.81	2.53	2.14	2.12	1.56	1.44	1.36	2.55	0.84	0.42	0.36	0.35	0.97	1.12	0.94	0.95	1.01	1.14	0.96
第15章	0.34	0.47	0.76	0.52	0.51	0.73	0.34	0.16	0.17	0.14	0.09	0.07	0.06	0.1	1.03	0.05	0.35	0.55	0.02	0.05	0.05	0.05	0.05	0.06	0.05	0.06
第16章	1.51	2.07	2.15	2.51	3.2	2.75	2.34	2.69	3.18	2.99	2.75	2.39	2.4	2.29	0.54	1.6	0.17	0.17	0.77	1.67	1.67	1.53	1.42	1.3	1.37	1.66
第17章	2.64	2.39	0.92	0.44	0.57	0.33	0.28	0.28	0.32	0.22	0.28	0.18	0.19	0.23	0.41	0.17	0.14	0.17	0.12	0.23	0.21	0.24	0.27	0.28	0.29	0.3
第18章	0.21	0.24	0.13	0.11	0.11	0.13	0.1	0.09	0.07	0.05	0.05	0.05	0.05	0.07	0.55	0.05	0.36	0.35	0.03	0.07	0.07	0.07	0.08	0.07	0.08	0.06
第19章	0.61	0.5	0.46	0.47	0.5	0.51	0.47	0.5	0.56	0.54	0.46	0.39	0.36	0.34	0.09	0.22	0.27	0.26	0.12	0.26	0.23	0.2	0.18	0.17	0.18	0.17
第20章	1.81	1.88	1.63	1.75	1.69	1.57	1.48	1.52	1.69	1.71	1.57	1.42	1.35	1.31	0.45	1.1	0.07	0.08	0.56	1.17	1.17	1.09	0.99	0.91	0.93	0.96

续表

类别	1992年	1993年	1994年	1995年	1996年	1997年	1998年	1999年	2000年	2001年	2002年	2003年	2004年	2005年	2006年	2007年	2008年	2009年	2010年	2011年	2012年	2013年	2014年	2015年	2016年	2017年
第21章	0.43	0.41	0.37	0.41	0.48	0.52	0.56	0.58	0.55	0.52	0.47	0.4	0.34	0.32	0.26	0.09	0.33	0.34	0.15	0.34	0.34	0.33	0.32	0.34	0.37	0.36
第22章	0.94	0.63	0.42	0.37	0.37	0.38	0.37	0.36	0.35	0.35	0.29	0.22	0.2	0.16	0.01	0.09	0.17	0.17	0.05	0.11	0.11	0.1	0.12	0.14	0.15	0.14
第23章	1.12	0.96	0.83	0.55	0.49	0.34	0.28	0.33	0.33	0.32	0.36	0.26	0.27	0.22	0.15	0.22	0.17	0.22	0.16	0.3	0.36	0.29	0.31	0.27	0.3	0.28
第24章	0.84	1.13	1.05	1.36	1.25	0.75	0.71	0.44	0.35	0.42	0.4	0.39	0.33	0.29	2.51	0.19	0.43	0.55	0.13	0.27	0.26	0.25	0.23	0.24	0.26	0.24
第50章	14.24	8.74	11.31	11.19	10.17	9.28	9.41	9.97	9.46	8.42	7.29	6.31	5.76	5.56	1.69	3.85	0	0	2.74	4.92	4.79	4.43	4.2	3.81	4.09	4.02
第51章	2.73	2.4	2.11	1.63	1.84	1.88	1.78	2.43	2.53	2.13	1.86	1.9	1.94	1.87	0.11	1.29	0.05	0.05	0.92	1.75	1.59	1.53	1.4	1.25	1.25	1.10
第52章	4.78	4.85	3.87	3.73	3.2	2.66	2.5	3.03	2.88	2.51	2.76	2.49	2.11	2.19	0.22	1.7	0.05	0.04	1.14	2.14	2	2.14	2.09	2.08	2.26	2.10
第53章	9.51	6.78	5.46	4.9	5.03	4.63	4.14	4.23	4.26	3.79	3.4	2.65	2.25	2.27	1.62	1.51	0.22	0.25	1.17	2.48	2.36	2.54	2.91	2.4	2.28	2.15

数据来源：根据联合国商品贸易统计数据库（UNCOMTRADE）数据计算，各分章目录参见表2-4。

表2-6 1996—2017年俄罗斯农产品的显示性比较优势分析

类别	1996年	1997年	1998年	1999年	2000年	2001年	2002年	2003年	2004年	2005年	2006年	2007年	2008年	2009年	2010年	2011年	2012年	2013年	2014年	2015年	2016年	2017年
第1章	0.04	0.01	0.03	0	0.02	0.02	0.03	0.04	0.04	0	0	0	0	0.02	0	0.01	0.02	0.03	0.05	0.05	0.06	0.755
第2章	0.04	0.05	0.03	0.02	0.03	0.01	0	0.04	0.02	0	0	0	0	0.01	0.01	0.01	0.02	0.02	0.03	0.05	0.11	1.782
第3章	0.33	0.5	0.71	0.52	0.48	0.58	0.55	0.49	0.11	0.04	0.04	0.03	0.03	1	1.02	0.88	0.92	0.99	0.98	1.35	1.62	1.085
第4章	0.16	0.12	0.12	0.07	0.21	0.16	0.13	0.12	0.01	0.01	0.02	0.02	0.02	0.16	0.06	0.05	0.13	0.12	0.12	0.14	0.17	2.482
第5章	0.07	0.05	0.06	0.12	0.18	0.23	0.12	0.13	0.3	0.01	0.01	0.01	0.01	0.11	0.12	0.14	0.17	0.27	0.25	0.36	0.48	0.636
第6章	0	0	0	0	0	0	0	0	0.01	0.01	0.01	0.01	0.01	0	0	0	0	0	0.01	0.01	0.01	2.2
第7章	0.07	0.03	0.04	0.03	0.06	0.05	0.07	0.08	0.11	0.01	0.01	0.01	0.01	0.09	0.04	0.14	0.2	0.14	0.14	0.29	0.38	1.938
第8章	0.04	0.04	0.07	0.07	0.08	0.09	0.06	0.1	0.03	0.01	0.01	0.01	0.01	0.03	0.01	0.02	0.04	0.03	0.03	0.04	0.04	2.939

续表

类别	1996年	1997年	1998年	1999年	2000年	2001年	2002年	2003年	2004年	2005年	2006年	2007年	2008年	2009年	2010年	2011年	2012年	2013年	2014年	2015年	2016年	2017年
第9章	0.09	0.08	0.05	0.04	0.03	0.04	0.03	0.05	0.06	0.01	0.01	0.01	0.02	0.12	0.08	0.06	0.1	0.13	0.11	0.13	0.19	1.983
第10章	0.15	0.34	0.33	0.13	0.18	0.49	1.67	1.59	0.02	0.1	0.11	0.23	0.19	1.8	1.08	1.32	1.78	1.37	2.19	2.55	3.43	0.294
第11章	0.34	0.22	0.24	0.31	0.47	0.46	0.23	0.48	0.03	0.02	0.03	0.05	0.1	0.55	0.22	0.61	0.29	0.3	0.35	0.68	0.79	0.614
第12章	1.23	0.72	0.9	0.29	0.62	0.17	0.08	0.17	0.05	0.01	0.01	0.01	0.01	0.08	0.05	0.09	0.15	0.12	0.14	0.21	0.32	1.335
第13章	0.02	0	0.01	0.01	0.02	0.01	0	0.02	0.03	0	0	0	0	0.01	0.01	0.01	0.01	0.02	0.03	0.04	0.07	2.135
第14章	0	0	0	0	0.01	0.02	0.01	0.01	0.13	0	0.03	0.04	0.05	0.36	0.27	0.36	0.62	0.51	0.52	0.61	0.64	0.335
第15章	0.1	0.09	0.08	0.08	0.27	0.2	0.14	0.13	0	0.02	0.04	0.04	0.06	0.55	0.32	0.34	0.73	0.79	0.88	1.04	1.45	0.959
第16章	0.23	0.24	0.17	0.23	0.27	0.29	0.2	0.14	0.21	0.02	0.02	0.02	0.03	0.17	0.08	0.07	0.13	0.15	0.13	0.13	0.17	0.811
第17章	0.45	0.23	0.21	0.27	0.28	0.24	0.29	0.19	0.01	0.01	0.02	0.02	0.02	0.16	0.08	0.13	0.18	0.19	0.21	0.21	0.31	0.69
第18章	0.22	0.26	0.22	0.19	0.29	0.31	0.31	0.31	0	0.03	0.04	0.04	0.05	0.35	0.26	0.26	0.44	0.54	0.52	0.47	0.64	1.649
第19章	0.06	0.06	0.09	0.13	0.14	0.15	0.16	0.21	0.03	0.02	0.03	0.03	0.04	0.26	0.15	0.14	0.26	0.32	0.34	0.38	0.43	0.95
第20章	0.06	0.04	0.03	0.04	0.03	0.04	0.04	0.05	0.12	0.01	0.01	0.01	0.01	0.08	0.04	0.04	0.1	0.14	0.16	0.19	0.21	1.547
第21章	0.09	0.19	0.13	0.09	0.17	0.21	0.2	0.28	0.03	0.03	0.03	0.03	0.05	0.34	0.19	0.18	0.29	0.34	0.34	0.38	0.42	1.595
第22章	0.45	0.28	0.12	0.1	0.11	0.12	0.16	0.16	0.02	0.01	0.02	0.02	0.03	0.17	0.13	0.12	0.17	0.18	0.18	0.19	0.23	1.639
第23章	0.03	0.05	0.08	0.06	0.08	0.1	0.07	0.13	0.02	0.01	0.01	0.02	0.03	0.22	0.21	0.22	0.39	0.46	0.56	0.64	0.76	0.973
第24章	0.04	0.03	0.01	0.01	0.06	0.13	0.19	0.28	0.03	0.04	0.04	0.04	0.06	0.55	0.36	0.36	0.54	0.58	0.68	0.92	0.96	1.768
第50章	0.04	0.01	0.01	0	0	0	0	0	0.66	0	0	0	0.01	0	0	0	0	0	0	0	0	0.178
第51章	0.22	0.28	0.26	0.13	0.13	0.1	0.16	0.15	0.25	0.01	0.01	0.01	0.01	0.05	0.05	0.04	0.05	0.08	0.08	0.13	0.1	0.209
第52章	0.27	0.26	0.27	0.23	0.26	0.25	0.23	0.19	0.26	0	0.01	0.01	0.01	0.04	0.03	0.02	0.03	0.03	0.04	0.04	0.05	1.051
第53章	0.41	0.41	0.87	1.64	1.15	1.15	1.28	1.28	0.3	0.12	0.1	0.05	0.03	0.25	0.16	0.15	0.19	0.15	0.1	0.11	0.15	0.877

数据来源：根据联合国商品贸易统计数据库（UNCOMTRADE）数据计算，各分章目录参见表2-4。

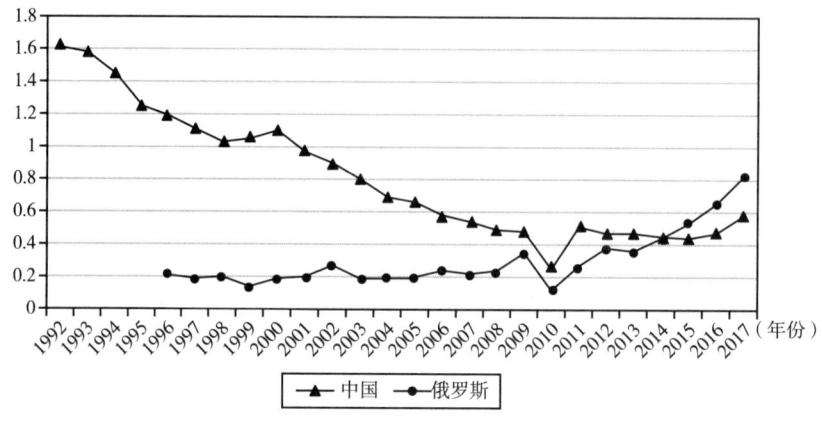

图 2-7 中俄农产品 RCA 值指数值变化

数据来源：联合国商品贸易统计数据库（UNCOMTRADE）。

2.2.1.2 中俄农产品贸易的贸易结合度分析

贸易结合度指数是用来衡量两国在贸易方面相互依存度的一个比较综合性的指标，用公式表示为：$TⅡ_{ab} = \dfrac{X_{ab}/X_a}{M_b/M_w}$，其中，$TⅡ_{ab}$ 表示 a 国对 b 国的农产品贸易结合度，X_{ab} 表示 a 国对 b 国出口的农产品贸易额，X_a 表示 a 国出口农产品总额，M_b 表示 b 国农产品进口总额，M_w 表示世界农产品进口总额。$TⅡ_{ab} > 1$，表明两国农产品贸易联系紧密，$TⅡ_{ab}$ 值越大，表明两国农产品贸易关系越紧密，$TⅡ_{ab} < 1$，则表明两国农产品贸易联系不紧密。

由图 2-8 可知，1996—2017 年，中国与俄罗斯的贸易结合度指数大部分年份都小于 1，只有 1996 年、2004 年、2014 年、2015 年、2017 年的贸易结合度指数大于 1，这说明中国和俄罗斯的农产品贸易联系整体上是不紧密的。从整体趋势来看，中国和俄罗斯的农产品贸易有三次较大的波动，分别是 2000 年、2006 年和 2011 年，这三年中国和俄罗斯的贸易结合度出现了较大的落差。根据近 20 年来的中国和俄罗斯的贸易结合度变化趋势可以推测，未来中国和俄罗斯贸易结合度波动会较为频繁，要使两国的贸易结合度大于1，还需要两国充分利用两国的自然资源、地理环境的比较优势，通过农产品的进出口，弥补两国在农产品方面的劣势。

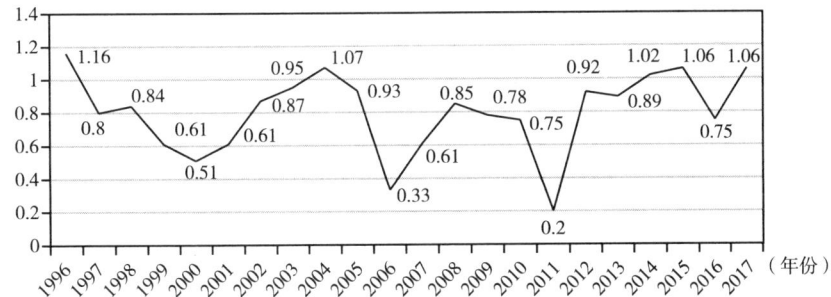

图 2-8　1996—2017 年中国与俄罗斯的贸易结合度变化趋势

数据来源：联合国商品贸易统计数据库（UNCOMTRADE）。

2.2.2　中俄农产品贸易竞争性分析

2.2.2.1　中俄农产品出口相似度分析

（1）出口相似度指数

本书采用出口产品相似度指数对中俄农产品出口结构相似程度进行分析，并在此基础上分析其竞争程度。出口相似度指数是由 Kreinin 和 Finger 于 1997 年提出来，并由 Glick 和 Rose 于 1998 年进行修正的。其具体公式为：

$$S^p(ij,k) = \left\{ \sum_k \left[\frac{(X_{iw}^k/X_{iw}^t) + (X_{jw}^k/X_{jw}^t)}{2} \right] \times \left(1 - \left| \frac{(X_{iw}^k/X_{iw}^t) - (X_{jw}^k/X_{jw}^t)}{(X_{iw}^k/X_{iw}^t) + (X_{jw}^k/X_{jw}^t)} \right| \right) \right\} \times 100$$

其中 X_{iw}^k 和 X_{jw}^k 分别表示分别表示国家 i 和国家 j 产品 k 的出口额，X_{iw}^t 和 X_{jw}^t 分别表示国家 i 和国家 j 的出口总额（汤碧，2012）。出口相似度指数的取值范围为 0~100。对于该指数的分析，一般认为，指数越大，代表两国在第三方市场出口产品的相似程度越明显，竞争也就越激烈；指数越小，代表两国在第三方市场上的竞争激烈程度也就越小。

(2) 中俄农产品出口相似度分析

表 2-7 列示了 1996—2017 年中国与俄罗斯在世界市场上的农产品出口相似度指数，整体来看，中国与俄罗斯农产品出口相似度指数是比较高的。具体来说，从图 2-9 中可以看出，中俄农产品出口相似度指数的变化大致可以分为两个阶段：第一个阶段为 1996—2003 年，这 7 年的出口相似度指数在整个 21 年中是比较高的，基本维持在 50 左右，说明中俄农产品在世界市场上的出口结构是非常相似的，竞争比较激烈；第二个阶段为 2004—2011 年，在经历了 2003—2004 年的陡降之后，2004 年之后出口相似度指数基本没有太大的变化，维持在 37 左右，相比上一阶段下降较多；最后，从 2012—2017 年的指数变化来看，中俄农产品出口相似度指数有缓慢的小幅度上升的趋势。或许中国与俄罗斯的农产品贸易出口结构相似程度正在逐渐加大，未来中俄农产品贸易的竞争性可能会逐渐提高。

表 2-7   1996—2017 年中国与俄罗斯农产品出口相似度指数

年份	出口相似度指数
1996	49.54
1997	55.33
1998	56.18
1999	57.29
2000	55.51
2001	54.26
2002	46.44
2003	49.05
2004	37.55
2005	38.17
2006	38.29
2007	34.07
2008	37.28
2009	36.86
2010	34.70

续表

年份	出口相似度指数
2011	36.26
2012	39.39
2013	39.22
2014	39.42
2015	40.79
2016	42.44
2017	43.21

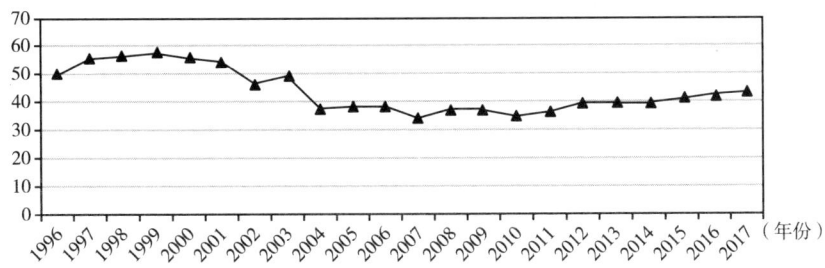

图 2-9　1996—2017 年中国与俄罗斯农产品出口相似度指数变化

数据来源：联合国商品贸易统计数据库（UNCOMTRADE）。

为了更好地探究其具体变化趋势，此处对 2012—2017 年中国与俄罗斯出口到世界市场的具体农产品（按 HS 编码）主要的几类进行分析。如表 2-8 和表 2-9 所示，2012—2017 年中国出口到世界市场排名前 5 位的农产品分别是：第 52 章（棉花）、第 3 章（鱼及其他水生无脊椎动物）、第 7 章（食用蔬菜、根及块茎）、第 16 章（肉、鱼及其他水生无脊椎动物制品）、第 20 章（蔬菜、水果或植物其他部分的制品）；2012—2017 年俄罗斯出口到世界市场排名前 5 位的农产品分别是：第 10 章（谷物）、第 3 章（鱼及其他水生无脊椎动物）、第 15 章（动植物油脂、蜡，精制使用油脂）、第 23 章（食品工业残渣及废料，配制饲料）、第 24 章（烟草、烟草及烟草代用品制品）。两国贸易额排名前 5 位的农产品从 2012—2017 年都没有什么变化。将两国的情况对比可以得出，两国第 3 章农产品（鱼及其他水生无脊椎动物）在世界市场上的出口额都比较大，这或许就是 2012—

2017年中国和俄罗斯在世界市场上农产品出口相似度指数缓慢上升的一部分原因。

表2-8　2012—2017年中国对世界出口五大农产品

序号	2012年	2013年	2014年	2015年	2016年	2017年
1	第52章 棉花	第52章 棉花	第52章 棉花	第52章 棉花	第52章 棉花	第52章 棉花
2	第3章 鱼及其他水生无脊椎动物	第3章 鱼及其他水生无脊椎动物	第3章 鱼及其他水生无脊椎动物	第3章 鱼及其他水生无脊椎动物	第3章 鱼及其他水生无脊椎动物	第3章 鱼及其他水生无脊椎动物
3	第16章 肉、鱼及其他水生无脊椎动物制品	第16章 肉、鱼及其他水生无脊椎动物制品	第16章 肉、鱼及其他水生无脊椎动物制品	第7章 食用蔬菜、根及块茎	第7章 食用蔬菜、根及块茎	第7章 食用蔬菜、根及块茎
4	第20章 蔬菜、水果或植物其他部分的制品	第7章 食用蔬菜、根及块茎	第7章 食用蔬菜、根及块茎	第16章 肉、鱼及其他水生无脊椎动物制品	第16章 肉、鱼及其他水生无脊椎动物制品	第16章 肉、鱼及其他水生无脊椎动物制品
5	第7章 食用蔬菜、根及块茎	第20章 蔬菜、水果或植物其他部分的制品	第20章 蔬菜、水果或植物其他部分的制品	第20章 蔬菜、水果或植物其他部分的制品	第20章 蔬菜、水果或植物其他部分的制品	第20章 蔬菜、水果或植物其他部分的制品

注：出口五大农产品指出口值排名前5位的农产品。

表2-9　2012—2017年俄罗斯对世界出口五大农产品

序号	2012年	2013年	2014年	2015年	2016年	2017年
1	第10章 谷物	第10章 谷物	第10章 谷物	第10章 谷物	第10章 谷物	第10章 谷物
2	第3章 鱼及其他水生无脊椎动物	第3章 鱼及其他水生无脊椎动物	第3章 鱼及其他水生无脊椎动物	第3章 鱼及其他水生无脊椎动物	第3章 鱼及其他水生无脊椎动物	第3章 鱼及其他水生无脊椎动物
3	第15章 动植物油脂、蜡，精制使用油脂	第15章 动植物油脂、蜡，精制使用油脂	第15章 动植物油脂、蜡，精制使用油脂	第15章 动植物油脂、蜡，精制使用油脂	第15章 动植物油脂、蜡，精制使用油脂	第15章 动植物油脂、蜡，精制使用油脂

续表

序号	2012 年	2013 年	2014 年	2015 年	2016 年	2017 年
4	第 23 章 食品工业残渣及废料，配制饲料	第 23 章 食品工业残渣及废料，配制饲料	第 23 章 食品工业残渣及废料，配制饲料	第 23 章 食品工业残渣及废料，配制饲料	第 23 章 食品工业残渣及废料，配制饲料	第 23 章 食品工业残渣及废料，配制饲料
5	第 24 章 烟草、烟草及烟草代用品制品	第 24 章 烟草、烟草及烟草代用品制品	第 24 章 烟草、烟草及烟草代用品制品	第 24 章 烟草、烟草及烟草代用品制品	第 24 章 烟草、烟草及烟草代用品制品	第 24 章 烟草、烟草及烟草代用品制品

注：出口五大农产品指出口值排名前 5 位的农产品。

2.2.2.2 中俄农产品出口市场竞争性分析

中俄农产品不仅在具体农产品出口结构上存在竞争，在主要的出口市场上也可能存在竞争。根据表 2-10 和表 2-11 计算的中国与俄罗斯农产品出口五大主要市场来看，中国大陆的农产品出口市场主要集中在日本、美国、韩国、越南、中国香港这五个国家或地区，且 10 年内变化不大；相比中国，俄罗斯农产品五大出口市场相邻年份变化较大。其中，中国也是俄罗斯农产品出口主要市场之一。总得来看，中国与俄罗斯的农产品向韩国均有较大规模的出口。就 2017 年来看，中国向韩国出口的农产品占中国农产品出口总额的 5.94%，俄罗斯向韩国出口的农产品占俄罗斯农产品出口总额的 7.05%。可见中国和俄罗斯在韩国市场上农产品出口竞争比较激烈。

具体来说，根据表 2-12 列出的中国与俄罗斯出口韩国的主要农产品来看，虽然中国与俄罗斯在韩国市场上出口的农产品存在较大的差异。但两国在韩国市场上出口的农产品排名第一的都是鱼及其他水生无脊椎动物（第 3 章）。可见，中俄两国在第 3 章农产品的出口上存在较大竞争。

表 2-10 1996—2017 年中国农产品出口五大主要市场

序号	1996 年	2000 年	2005 年	2010 年	2011 年	2012 年	2013 年	2014 年	2015 年	2016 年	2017 年
1	日本 28.95%	日本 27.60%	日本 22.43%	日本 14.59%	日本 14.51%	日本 15.39%	日本 13.23%	中国香港 12.74%	中国香港 12.80%	中国香港 13.25%	中国香港 9.01%
2	中国香港 26.05%	中国香港 20.46%	中国香港 16.60%	中国香港 12.03%	中国香港 11.06%	中国香港 11.78%	中国香港 12.90%	日本 12.65%	日本 11.87%	日本 11.50%	日本 11.78%
3	韩国 6.75%	韩国 9.90%	韩国 9.28%	美国 9.33%	美国 8.85%	美国 9.26%	美国 8.63%	美国 8.47%	美国 8.67%	美国 8.44%	美国 7.86%
4	美国 4.74%	美国 6.31%	美国 8.25%	韩国 6.84%	韩国 6.51%	韩国 6.01%	韩国 5.84%	韩国 6.18%	越南 6.35%	越南 6.44%	越南 3.00%
5	新加坡 3.49%	德国 2.51%	德国 2.80%	越南 4.05%	越南 4.82%	越南 4.39%	越南 5.65%	越南 6.12%	韩国 5.78%	韩国 5.92%	韩国 5.94%

注：表中国家下方百分比值表示中国大陆出口该国或地区的农产品占中国农产品出口总额的比例（2017 年中国香港、美国、越南部分分农产品数据未查到）。

第2章 中俄农产品国际贸易

表2-11　1996—2017年俄罗斯农产品出口五大主要市场

序号	1996年	2000年	2005年	2010年	2011年	2012年	2013年	2014年	2015年	2016年	2017年
1	哈萨克斯坦 13.04%	哈萨克斯坦 15.46%	哈萨克斯坦 12.88%	中国 12.51%	埃及 11.87%	土耳其 11.51%	土耳其 10.54%	土耳其 12.42%	土耳其 11.07%	土耳其 9.69%	土耳其 8.42%
2	日本 8.09%	日本 9.03%	乌克兰 12.08%	埃及 11.69%	土耳其 8.79%	埃及 10.72%	哈萨克斯坦 9.76%	哈萨克斯坦 8.95%	中国 8.57%	中国 9.49%	中国 7.69%
3	土耳其 7.53%	乌克兰 7.69%	埃及 8.37%	韩国 11.10%	中国 8.51%	哈萨克斯坦 8.10%	韩国 7.58%	埃及 7.27%	哈萨克斯坦 7.95%	哈萨克斯坦 7.68%	哈萨克斯坦 2.51%
4	乌克兰 5.63%	土耳其 5.37%	阿塞拜疆 5.40%	乌克兰 7.84%	韩国 8.49%	韩国 6.31%	中国 6.95%	韩国 6.25%	韩国 7.22%	韩国 7.26%	韩国 7.05%
5	德国 5.54%	荷兰 5.00%	格鲁吉亚 4.38%	土耳其 6.50%	乌克兰 6.49%	中国 6.10%	埃及 5.36%	中国 5.76%	埃及 6.27%	埃及 7.23%	埃及 8.60%

注：表中国家下方百分比值表示俄罗斯出口该国的农产品占俄罗斯农产品出口总额的比例。

表 2 – 12　　2017 年中国与俄罗斯出口韩国主要农产品对比

序号	中国	俄罗斯
1	第 3 章 鱼及其他水生无脊椎动物	第 3 章 鱼及其他水生无脊椎动物
2	第 20 章 蔬菜、水果或植物其他部分的制品	第 10 章 谷物
3	第 7 章 食用蔬菜、根及块茎	第 23 章 食品工业残渣及废料，配制饲料
4	第 16 章 肉、鱼及其他水生无脊椎动物制品	第 24 章 烟草、烟草及烟草代用品制品
5	第 12 章 油籽；子仁；工业药用植物；饲料	第 5 章 其他动物产品

2.2.3　中俄农产品贸易合作空间分析

尽管由于中俄双方的经济发展水平和资源禀赋所产生的产业结构使双方存在一定程度上的竞争性，但也由于双方资源禀赋不同所产生的产品结构差异使双方在农产品贸易上具有一定的互补性。中国与俄罗斯之间的农产品贸易互补性为双方合作的进一步开展提供了基础。

2.2.3.1　中俄农产品贸易互补性

为反映两国贸易之间一方的出口结构与另一方的进口结构在多大程度上相配，常使用贸易互补性指数。本书采用于津平（2003）构建的综合性互补指数来分析中俄农产品贸易的互补性，该互补性指数用公式表示为：$C_{ij} = \sum_{k}[C_{ij}^{k} \times (W_{k}/W)]$，其中 C_{ij} 表示国家 i 出口与国家 j 进口之间的贸易互补性指数。单个产品的贸易互补性指数为 $C_{ij}^{k} = RCA_{xik} \times RCA_{mjk}$，$RCA_{xik}$ 表示用出口来衡量的国家 i 在产品 k 上的比较优势，RCA_{mjk} 表示用进口来衡量的国家 j 在产品 k 上的比较劣势。$RCA_{xik} = (X_{ik}/X_i)/(W_k/W)$，$RCA_{mjk} = (M_{jk}/M_j)/(W_k/W)$，$X_{ik}$ 为 i 国 k 类产品的出口额，X_i 为 i 国所有产品的出口总额，M_{jk} 为 j 国 k 类产品的进口额，M_j 为 j 国所有产品的进口总额。RCA_{xik} 越大表示国家 i 在产品 k 上的出口比例越大，说明该国在此产品生产上处于比较优势。RCA_{mjk} 越大表示国家 j 在产品 k 上的进口比例越大，说明该国在此产品生产上处于比较劣势。如果国家 i 在产品 k 上的比较优势明显（即 RCA_{xik} 大），而国家 j 在产品 k 上的比较劣势明显（即 RCA_{mjk} 大），则在产品 k 的贸易上，i 国的出口与 j 国的进口呈互补性。在多种产品存在的情况下，两国贸易的综合互补性指数可用各产品所呈现的互补性指数的加权平均来计算，加权系数为世界贸易中各类产品的贸易比重（W_k/W）。$C_{ij} > 1$，表示 i 国产品的相对出口份额和 j 国的相对进口份额匹配程度较高，存在互补性。C_{ij} 越大，两国的贸易互补性越强；反之，C_{ij} 越小，两国的贸易互补性越弱。

从表 2-13、图 2-10、图 2-11 中可以看出，中国出口与俄罗斯进口综合互补性指数在 1996—2006 年大多年份是大于 1 的，说明在这段时期中国出口到俄罗斯的农产品互补性高于世界水平，互补性较强；2007—2016 年这段期间中国出口与俄罗斯进口综合互补性指数都是小于 1 的，互补性有所下降。但同时期与其他金砖国家相比，中俄农产品互补性还是相对较高的，说明中国与俄罗斯农产品贸易存在较大的发展空间，俄罗斯是中国实施农业"走出去"战略的潜在目的地，尤其是俄罗斯加入 WTO 后，其农产品关税的下降为中国农产品出口俄罗斯市场创造了有利的条件。从整体上看，中国出口与俄罗斯进口综合互补性一路下滑，主要是由于中国农产品出口比较优势逐渐下降造成的。中国社会科学院 2010 年发布的《农村经济绿皮书》指出，加入 WTO 以来，中国农产品出口增长较快，但是农产品的竞争力并没有显著增强，某些农产品的国际竞争力甚至出现下降。这主要是由于中国资源禀赋的变化使制造业产品的比较优势提高，农产品的比较优势相对削弱。

表2-13 1996—2017年中国与俄罗斯农产品的贸易互补性指数

年份	中国出口与俄国进口互补性	俄国出口与中国进口互补性
1996	1.7143	0.2022
1997	1.7221	0.2307
1998	1.8577	0.2603
1999	2.3117	0.1591
2000	2.3482	0.2576
2001	1.7193	0.1717
2002	1.4917	0.1617
2003	1.2250	0.1527
2004	1.0543	0.1453
2005	0.9952	0.1411
2006	1.1223	0.1287
2007	0.4587	0.0794
2008	0.6132	0.1026
2009	0.8885	0.1570
2010	0.1849	0.0278
2011	0.6920	0.1255
2012	0.6131	0.2304
2013	0.6327	0.2076
2014	0.6296	0.2581
2015	0.6300	0.4082
2016	0.6349	0.4608
2017	0.5665	0.4186

俄罗斯出口与中国进口综合互补性指数在1996—2016年一直都是小于1的，显著低于世界水平，互补性较弱。俄罗斯农产品的出口结构与中国的进口结构匹配程度较低，可能是受经济发展水平和资源禀赋的差异影响，俄罗斯农产品的出口比较优势较低并且中国农产品的进口比较劣势也较低。

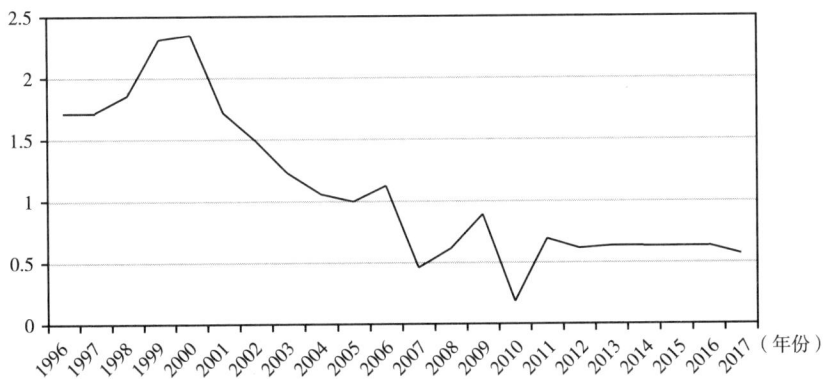

图 2-10 1996—2017 年中国对俄罗斯农产品贸易互补性指数变化

数据来源：联合国商品贸易统计数据库（UNCOMTRADE）。

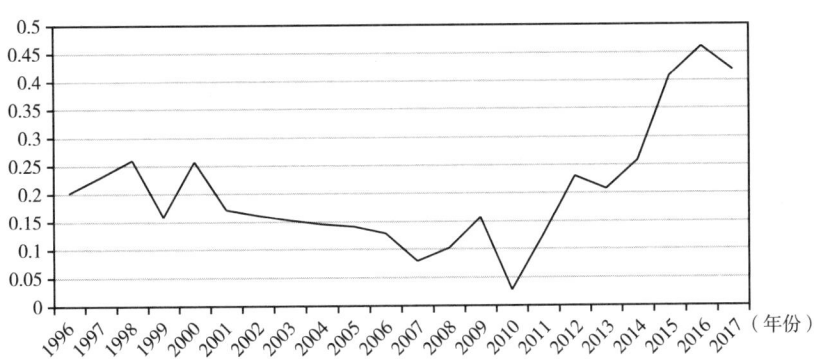

图 2-11 1996—2017 年俄罗斯对中国农产品贸易互补性指数变化

数据来源：联合国商品贸易统计数据库（UNCOMTRADE）。

2.2.3.2 中俄农产品贸易分类别互补性

1996—2017 年中国出口与俄罗斯进口农产品分类别互补性指数可见表 2-14。除 2004—2008 年以外，中国出口与俄罗斯进口存在互补性的农产品主要有：第 3 章（鱼及其他水生无脊椎动物）、第 7 章（食用蔬菜、根及块茎）、第 8 章（食用水果及坚果；甜瓜等水果的果皮）、第 20 章（蔬菜、水果或植物其他部分的制品）、第 52 章（棉花）、第 53 章（其他植物纤维）。1996—2017 年俄罗斯出口与中国进口农产品分类别互补性指数可

表 2-14　1996—2017 年中国出口与俄罗斯进口农产品的分类别贸易互补性指数

年份 类别	1996	1997	1998	1999	2000	2001	2002	2003	2004	2005	2006	2007	2008	2009	2010	2011	2012	2013	2014	2015	2016	2017
1	0.20	0.29	0.28	0.29	0.25	0.26	0.21	0.20	0.00	0.00	0.01	0.00	0.01	0.61	0.28	0.42	0.41	0.25	0.14	0.21	0.18	0.12
2	3.03	3.86	3.91	2.92	2.33	2.91	2.46	1.38	0.01	0.01	0.01	0.00	0.01	0.54	0.39	0.27	0.26	0.22	0.19	0.16	0.10	0.08
3	1.03	1.10	0.86	0.85	0.82	1.07	1.38	1.39	0.02	0.02	0.00	0.01	0.02	2.10	1.72	1.57	1.53	1.75	1.56	1.20	1.18	0.97
4	0.29	0.32	0.32	0.28	0.29	0.29	0.27	0.25	0.00	0.02	0.00	0.00	0.00	0.11	0.11	0.09	0.13	0.14	0.12	0.14	0.16	0.11
5	3.71	2.11	3.03	8.09	6.19	3.63	3.00	2.62	0.02	0.02	0.03	0.01	0.02	2.88	2.27	1.78	1.37	1.00	0.76	0.83	0.77	0.91
6	0.04	0.06	0.08	0.05	0.09	0.12	0.12	0.09	0.00	0.00	0.04	0.00	0.04	0.35	0.30	0.27	0.31	0.27	0.37	0.38	0.33	0.22
7	3.46	3.53	4.16	6.41	5.79	2.40	2.40	2.64	0.02	0.02	0.07	0.02	0.02	3.09	3.30	3.87	2.53	2.71	2.90	2.53	1.99	2.18
8	1.44	1.28	1.25	1.10	1.61	1.16	1.26	1.34	0.01	0.01	0.01	0.00	0.01	2.08	1.61	1.48	1.55	1.45	1.17	1.29	1.28	1.23
9	1.89	1.34	1.98	3.20	2.81	3.02	2.91	2.35	0.01	0.01	0.05	0.01	0.01	1.09	0.75	0.55	0.57	0.75	0.72	0.95	1.31	0.92
10	0.18	1.05	1.00	3.35	3.91	0.68	0.58	0.80	0.00	0.00	0.01	0.00	0.00	0.02	0.01	0.01	0.01	0.01	0.01	0.01	0.01	0.01
11	3.71	2.13	1.68	2.22	2.50	2.04	1.67	1.26	0.01	0.00	0.06	0.00	0.01	0.20	0.19	0.18	0.16	0.15	0.15	0.13	0.17	0.15
12	0.72	0.49	0.59	1.55	1.02	0.63	0.61	0.40	0.01	0.01	0.01	0.00	0.01	0.40	0.28	0.22	0.17	0.20	0.30	0.37	0.37	0.25
13	0.73	0.86	0.79	1.05	1.36	1.78	1.58	1.05	0.00	0.01	0.05	0.01	0.03	2.40	1.71	1.32	1.49	1.05	1.52	2.79	3.23	2.93
14	8.32	3.47	1.99	4.62	4.13	3.46	1.91	0.90	0.01	0.01	0.01	0.00	0.01	0.36	0.15	0.14	0.29	0.20	0.24	0.33	0.55	0.36
15	0.75	1.42	0.74	0.71	0.63	0.52	0.30	0.17	0.01	0.02	0.01	0.00	0.02	0.06	0.05	0.04	0.03	0.04	0.04	0.06	0.06	0.05
16	8.35	6.62	5.42	3.24	3.60	3.86	3.04	2.13	0.01	0.01	0.00	0.00	0.01	0.97	0.85	0.96	1.28	1.30	1.29	0.92	1.01	1.46
17	3.77	2.02	3.46	4.52	3.79	2.66	2.35	1.37	0.00	0.01	0.02	0.00	0.01	0.45	0.52	0.54	0.16	0.19	0.31	0.38	0.27	0.20
18	0.21	0.25	0.23	0.24	0.23	0.17	0.19	0.17	0.00	0.00	0.01	0.00	0.01	0.10	0.12	0.14	0.12	0.14	0.15	0.14	0.15	0.11
19	1.15	1.15	1.04	0.39	0.55	0.54	0.41	0.36	0.00	0.00	0.01	0.00	0.01	0.23	0.21	0.21	0.22	0.22	0.22	0.18	0.16	0.15

续表

年份 类别	1996	1997	1998	1999	2000	2001	2002	2003	2004	2005	2006	2007	2008	2009	2010	2011	2012	2013	2014	2015	2016	2017
20	3.11	3.11	3.41	2.84	3.82	4.07	4.30	3.63	0.03	0.03	0.01	0.03	0.05	2.45	2.11	1.84	1.84	1.70	1.69	1.52	1.45	1.39
21	1.11	1.63	2.15	1.73	1.67	1.73	1.47	1.34	0.01	0.01	0.00	0.01	0.01	0.69	0.64	0.60	0.56	0.56	0.55	0.54	0.56	0.53
22	0.87	0.84	1.01	0.56	0.75	0.76	0.61	0.52	0.00	0.00	0.00	0.00	0.00	0.20	0.19	0.17	0.19	0.18	0.20	0.21	0.22	0.23
23	0.25	0.22	0.30	0.69	0.47	0.47	0.61	0.44	0.00	0.00	0.09	0.00	0.01	0.53	0.38	0.31	0.34	0.30	0.32	0.31	0.30	0.25
24	2.42	2.62	4.36	2.90	2.21	2.13	1.99	1.75	0.01	0.01	0.00	0.01	0.00	0.79	0.64	0.52	0.44	0.44	0.40	0.60	0.67	0.42
50	1.86	1.08	2.99	7.96	5.69	0.96	0.58	0.19	0.01	0.01	0.00	0.00	0.00	0.66	0.34	0.66	2.11	0.76	2.47	0.45	0.64	0.57
51	0.46	0.45	0.74	1.52	1.63	1.08	0.89	0.60	0.01	0.01	0.00	0.00	0.00	0.30	0.23	0.19	0.35	0.22	0.15	0.17	0.16	0.21
52	3.04	2.87	2.44	6.86	7.66	4.65	3.28	2.45	0.03	0.02	0.02	0.01	0.02	2.03	1.21	1.22	1.04	1.03	1.11	1.42	1.84	1.51
53	1.61	1.11	2.08	6.44	7.27	5.68	1.63	3.00	0.06	0.02	0.02	0.01	0.02	1.29	1.11	1.27	2.13	1.90	2.24	1.88	2.18	1.81

表2-15 1996—2017年俄罗斯出口与中国进口农产品的分类别贸易互补性指数

年份 类别	1996	1997	1998	1999	2000	2001	2002	2003	2004	2005	2006	2007	2008	2009	2010	2011	2012	2013	2014	2015	2016	2017
1	0.01	0.00	0.01	0.00	0.00	0.00	0.00	0.01	0.00	0.00	0.00	0.00	0.00	0.00	0.00	0.00	0.00	0.00	0.02	0.01	0.01	0.01
2	0.01	0.01	0.00	0.00	0.00	0.00	0.00	0.00	0.00	0.01	0.00	0.00	0.00	0.00	0.00	0.00	0.01	0.01	0.01	0.03	0.09	0.08
3	0.20	0.29	0.50	0.41	0.40	0.47	0.44	0.35	0.00	0.00	0.00	0.00	0.00	0.63	0.60	0.53	0.53	0.56	0.56	0.84	1.08	0.99
4	0.01	0.01	0.01	0.01	0.05	0.03	0.03	0.02	0.00	0.00	0.00	0.00	0.00	0.03	0.02	0.02	0.05	0.07	0.08	0.06	0.08	0.07
5	0.07	0.06	0.06	0.14	0.23	0.30	0.14	0.13	0.00	0.01	0.00	0.00	0.00	0.06	0.07	0.07	0.08	0.12	0.11	0.19	0.29	0.21
6	0.00	0.00	0.00	0.00	0.00	0.00	0.00	0.00	0.00	0.00	0.00	0.00	0.00	0.02	0.00	0.04	0.08	0.08	0.05	0.00	0.00	0.00
7	0.01	0.00	0.01	0.00	0.01	0.01	0.01	0.01	0.06	0.02	0.02	0.01	0.02	0.00	0.00	0.00	0.00	0.00	0.05	0.11	0.10	0.08

续表

年份 类别	1996	1997	1998	1999	2000	2001	2002	2003	2004	2005	2006	2007	2008	2009	2010	2011	2012	2013	2014	2015	2016	2017
8	0.01	0.01	0.02	0.02	0.03	0.03	0.02	0.02	0.00	0.00	0.00	0.00	0.00	0.01	0.00	0.01	0.02	0.01	0.02	0.02	0.02	0.03
9	0.01	0.00	0.00	0.00	0.00	0.00	0.00	0.00	0.00	0.00	0.00	0.00	0.00	0.00	0.00	0.00	0.01	0.01	0.01	0.01	0.03	0.01
10	0.30	0.29	0.24	0.07	0.09	0.22	0.49	0.33	0.00	0.00	0.00	0.00	0.00	0.25	0.21	0.24	0.69	0.54	1.06	2.21	2.13	2.05
11	0.12	0.08	0.08	0.15	0.16	0.17	0.08	0.17	0.00	0.00	0.00	0.00	0.00	0.15	0.08	0.19	0.09	0.12	0.16	0.35	0.41	0.35
12	0.89	1.21	2.29	0.86	2.73	0.69	0.22	0.64	0.00	0.00	0.00	0.00	0.01	0.36	0.20	0.35	0.60	0.49	0.60	0.93	1.39	1.16
13	0.01	0.00	0.00	0.00	0.01	0.00	0.00	0.01	0.00	0.00	0.00	0.00	0.00	0.00	0.00	0.00	0.00	0.00	0.01	0.01	0.02	0.02
14	0.00	0.01	0.02	0.01	0.05	0.06	0.03	0.02	0.00	0.00	0.00	0.01	0.01	0.69	0.66	1.10	1.65	1.13	1.14	1.32	1.63	0.49
15	0.25	0.21	0.17	0.14	0.40	0.20	0.20	0.22	0.00	0.00	0.00	0.01	0.02	0.80	0.39	0.37	0.88	0.83	0.80	0.93	1.21	0.94
16	0.00	0.01	0.00	0.01	0.01	0.01	0.01	0.00	0.00	0.00	0.00	0.00	0.00	0.00	0.00	0.00	0.00	0.01	0.01	0.01	0.01	0.01
17	0.39	0.13	0.09	0.12	0.10	0.14	0.11	0.04	0.00	0.00	0.00	0.00	0.00	0.03	0.02	0.05	0.09	0.09	0.08	0.11	0.10	0.15
18	0.03	0.05	0.04	0.03	0.05	0.05	0.04	0.04	0.00	0.00	0.00	0.00	0.00	0.03	0.03	0.04	0.06	0.08	0.09	0.09	0.10	0.08
19	0.00	0.00	0.00	0.01	0.02	0.02	0.03	0.02	0.00	0.00	0.00	0.01	0.00	0.07	0.04	0.04	0.09	0.12	0.13	0.22	0.29	0.27
20	0.00	0.00	0.00	0.00	0.01	0.01	0.01	0.07	0.00	0.00	0.00	0.00	0.00	0.01	0.00	0.00	0.01	0.01	0.02	0.03	0.03	0.03
21	0.02	0.04	0.02	0.02	0.04	0.05	0.04	0.01	0.00	0.00	0.00	0.00	0.00	0.05	0.03	0.03	0.05	0.06	0.07	0.10	0.14	0.14
22	0.02	0.02	0.01	0.01	0.01	0.01	0.01	0.01	0.00	0.00	0.00	0.00	0.00	0.03	0.03	0.03	0.05	0.05	0.05	0.08	0.10	0.09
23	0.06	0.15	0.22	0.07	0.11	0.07	0.06	0.06	0.00	0.00	0.00	0.00	0.00	0.09	0.13	0.11	0.16	0.20	0.26	0.38	0.34	0.25
24	0.03	0.01	0.00	0.00	0.01	0.04	0.05	0.07	0.00	0.00	0.00	0.00	0.00	0.17	0.09	0.11	0.16	0.18	0.30	0.42	0.42	0.29
50	0.08	0.03	0.03	0.00	0.00	0.00	0.00	0.00	0.00	0.00	0.00	0.00	0.00	0.00	0.00	0.00	0.00	0.00	0.00	0.00	0.00	0.00
51	0.82	1.08	0.93	0.49	0.57	0.40	0.56	0.39	0.01	0.00	0.00	0.00	0.00	0.12	0.11	0.09	0.14	0.19	0.19	0.33	0.25	0.22
52	1.05	1.05	0.80	0.59	0.62	0.56	0.47	0.38	0.04	0.03	0.03	0.01	0.01	0.08	0.06	0.05	0.09	0.08	0.07	0.07	0.08	0.08
53	0.99	1.49	3.00	4.24	2.85	2.80	3.21	2.98	0.04	0.03	0.03	0.01	0.01	0.44	0.25	0.27	0.28	0.23	0.21	0.19	0.35	0.20

见表 2-15，除少数年份和个别类别的农产品，俄罗斯出口与中国进口分类别互补性都小于 1，互补性较弱。在中国出口俄罗斯和俄罗斯出口中国的农产品中，有些是一致的，说明中国和俄罗斯的产业内贸易有了较大的发展，中国和俄罗斯的之间的农产品贸易存在较大的合作与发展空间。

2.3 农产品贸易政策

2.3.1 中国农产品贸易政策

2.3.1.1 出口保护政策

中国的农产品出口保护政策主要包括出口补贴政策、出口退税政策和出口信贷政策。

(1) 出口补贴政策

中国主要对水产、水果和蔬菜等农产品实施一定的出口补贴，但这些农产品出口总量并不是很多，而其他农产品几乎没有补贴政策。2015 年 12 月，世界贸易组织第十届部长级会议在肯尼亚首都内罗毕举行，世界贸易组织成员首次承诺全面取消农产品出口补贴，并将限制农产品出口信贷。根据农业出口协定，发达国家必须立即取消农产品补贴政策，发展中国家必须在 2018 年底前终结对农产品的直接出口支持，一些成员国被允许放宽到 2023 年。

(2) 出口退税政策

2018 年 10 月，财政部、国家税务总局发布《关于调整部分产品出口退税率通知》，将部分农产品出口退税率提高至 10%，取消豆粕出口退税。其余出口产品，原出口退税率为 15% 的，出口退税率提高至 16%；原出口退税率为 9% 的，出口退税率提高至 10%；原出口退税率为 5% 的，出口退税率提高至 6%。

（3）出口信贷政策

中国的出口信贷政策主要体现在人民币出口卖方信贷上，加入 WTO 以前这项业务由进出口银行作为官方出口信贷机构来承担，并以接受国家财政补贴为主要特征。但是，加入 WTO 以后，中国承诺将逐步减少农产品的出口信贷。

2.3.1.2 市场准入政策

中国在市场准入方面采取关税减让、关税配额管理制度两方面措施：

（1）关税减让制度

中国从 1986 年申请恢复关税及贸易总协定缔约国地位开始，就一直主动降低农产品进口关税。2006 年以来，中国按照加入 WTO 的承诺将农产品平均关税税率降到 15.1%，该税率是世界平均关税水平的四分之一，中国的农产品市场开放程度处在世界前列。

（2）关税配额制度

关税配额制度是中国加入 WTO 时明确保留的贸易管理方式，国家根据对外承诺和工农业生产及市场需求情况，实行进口关税配额管理的农产品年度市场准入确定数量；确定数量内的农产品进口适用于关税配额内税率，确定数量外和超过确定数量的农产品进口适用于关税配额外税率；非国有企业有权直接参与关税配额分配，并要求保证一定比例配额，以保证充分使用关税配置。

农产品进口关税配额由国家发展和改革委员会统一管理。国家发展和改革委员会每年八九月份在相关网站上公布每种农产品下一年度进口关税配额总量及申请关税配额的具体条件，并于次年 1 月 1 日开始实施，在公历年度内有效。2018 年中国粮食进口关税配额同 2017 年，小麦、玉米、大米进口的关税配额量分别为 963.6 万吨、720 万吨和 532 万吨。对应的关税分别为配额内关税 3%，配额外关税 65%（最惠国）、180%（普通国）。

2.3.1.3 自由贸易政策

中国的农业自由贸易政策包括在本国设立农业自由贸易区和与相关国家签订贸易条约。

2017年4月1日，经国务院批准，中国首个农业自由贸易试验区杨凌示范区正式挂牌，杨凌自贸片区对于推进农业领域的开放与合作，带动西部大开发具有重要意义。为了实现国际一流农业自贸区的建设目标，示范区印发了《中国（陕西）自由贸易试验区杨凌示范区片区实施方案》，出台7项具体措施，全力推进自贸片区的建设，在农产品国际贸易方面提出建设杨凌综合保税区，打造国际高端农产品及食品商贸物流中心。

2016年11月，农业部发布了《关于组织开展境外农业合作示范区和农业对外开放合作试验区建设试点的通知》，决定在"一带一路"沿线以及其他重点区域组织开展境外农业合作示范区建设试点，以促进农产品的自由贸易和农业科技的创新。中国已经与多个国家或经济体实现了农产品真正意义上的"零关税"自由贸易，如《中国—东盟全面经济合作框架协议货物贸易协议》生效以来，中国与东盟国家除大米等敏感农产品外，95%的农产品实现了零关税。并且，中国为了进一步促进农业自由贸易，相继举办了中国农产品交易会、中国（杨凌）农业高新科技成果博览会和首届中国国际进口博览会。

2.3.2 俄罗斯对外贸易政策

2.3.2.1 贸易主管部门及职能

俄罗斯经济发展部、工业和贸易部、农业部负责制定对外贸易政策，管理对外贸易，签发进出口许可证，管理进出口外汇业务，制定出口检验制度，审批有关对外贸易协定或公约。联邦海关署，负责执行对外贸易管理政策、办理关税业务和报关业务等。欧亚经济委员会是欧亚经济联盟（成员包括俄罗斯、白俄罗斯、哈萨克斯坦、亚美尼亚、吉尔吉斯斯坦）的常设执行机构，负责反倾销、反补贴和保障措施等工作的具体执行，以及依据《欧亚经济联盟海关法典》（于2018年1月1日起实施）执行海关管理方面的权限，包括批准从欧亚经济联盟关境出口货物原产地确定规则，以及规定在自贸区开展对外经济活动的条件等。

2.3.2.2 贸易法规体系

俄罗斯关于贸易的主要法律有《对外贸易活动国家调节原则法》《对外贸易活动国家调节法》《俄罗斯联邦海关法典》《海关税则法》《技术调节法》《关于针对进口商品的特殊保障、反倾销和反补贴措施联邦法》《外汇调节与监督法》《在对外贸易中保护国家经济利益措施法》。

2.3.2.3 进口管理

（1）配额管理

俄罗斯对食用酒精、伏特加酒、烈性炸药、爆炸品、爆炸器材、烟火制品、原糖等实行进口配额管理。

（2）许可证管理

俄罗斯对两大类商品实行进口许可证制度。第一类属于特殊商品，包括化学杀虫剂、工业废料和密码破译设备。第二类属于按照俄罗斯总统和政府规定以特殊程序进口的商品、技术和科技信息，包括武器弹药、核材料、放射性原料、贵金属、宝石、麻醉剂、镇定剂、两用材料和技术、可用于制造武器装备的个别原材料和设备等。

（3）产品标识和认证

俄罗斯境内禁售无俄文说明的进口商品；禁售无防伪标及统计信息条的酒类制品、音像制品、计算机设备等产品；对化学生物制剂、放射性物质、生产废料，以及俄罗斯首次进口的产品尤其是食品需在进口前进行国家注册；工业、农业和民用建筑等用途的进口产品需具备卫生防疫鉴定。俄罗斯联邦海关 2005 年 1 月发布的《需强制认证进口产品名单》规定，对动植物及其产品、食品、酒精和非酒精饮料、纺织原料及其制品、机器设备和音像器材等部分进口产品实行强制性认证。

2.3.2.4 出口管理

（1）出口配额和许可证

俄罗斯实施出口配额和许可证管理的原则：对国际协议规定要求限制数量的产品，部分涉及国家利益的特殊产品和国内需求较大的产品等三类产品实行出口配额和许可证管理。

配额分配方式：主要通过招标和拍卖进行。

需持出口许可证的商品包括：野生动物，药材，译码器材，武器装备，爆炸品，核材料，放射性材料，贵金属，贵宝石及半宝石，矿产资源及矿床信息，麻醉剂，精神药物，毒性物质，某些可用于制造武器的原料、设备、技术、信息等。

出口军民两用产品和技术需申领出口许可证，颁发依据为出口产品是否符合俄罗斯承担的有关国际义务。

（2）统一验证制度

俄罗斯对石油、成品油、天然气、煤、黑色及有色金属、木材、矿物肥等产品在数量、质量和价格方面实行统一的强制性验证制度。对食品、兽医用品及壳类产品的检疫及签证由国家检疫及卫生部门负责。

2.3.2.5 进出口商品检验检疫

（1）法律依据

《批准联邦动植物卫生监督局行使国家有关发放动物、动物源性产品、动物药剂、饲料和饲料添加剂、应检产品的进出口和过境许可证职能的行政条例》（2008 年第 1 号法令）和《关于活体动物进入俄罗斯关境实施动物防疫措施的决定》（2006 年第 159 号法令）。

（2）准入要求

进口应检货物需事先通过俄罗斯联邦国家兽医卫生部门检查，并列入准许向俄罗斯联邦出口企业名单中。

2.3.2.6　海关管理规章制度

（1）法律依据

《俄罗斯联邦海关法》和《俄罗斯联邦海关税则》。

（2）管理制度

2000 年 4 月 1 日实行《俄罗斯联邦海关税则》，商品编码为 10 位数字。

2.3.2.7　关税税率

俄罗斯对大部分商品计征从价关税，对部分商品计征从量关税和复合关税。进口税率分为 4 档：5%、10%、15% 和 20%。

据世界贸易组织 2013 年数据显示，俄罗斯简单平均最终税率为 7.7%，其中农产品关税税率为 11.1%，非农产品关税税率为 7.2%。

2.3.2.8　进口关税配额

自 2012 年 8 月正式加入 WTO 起，俄罗斯对冷冻肉和冷鲜肉，采取配额措施，包括牛肉、猪肉和禽肉，对猪肉实施进口配额截至 2019 年 12 月 31 日。

2.3.2.9　出口关税

农产品出口平均关税为 12%，非农产品平均出口关税低于 5%。

对石油及其制品采用特殊计算公式确定税率。石油最高税率计算公式依据俄罗斯现行法律确定。

天然气出口关税为 30%。

原木出口关税方面：白桦木 7%、白杨木 5%、橡木 20%（且不低于 30 欧元/立方米）。自 2018 年 1 月 1 日起，俄罗斯对出口产自俄罗斯的鱼鳞云杉、臭冷杉和兴安落叶松木材实施配额管理，规定年度配额总量为 400 万立方米，配额许可证签发机关为俄联邦工业贸易部。另根据俄联邦政府于同日颁布的 1521 号法令，调整上述 3 项商品 2018 年出口关税，配额内出口关税税率为 6.5%（且单价不低于 4 欧元/立方米），配额外出口关税税率为 25%（且单价不低于 15 欧元/立方米）。

2.3.2.10　旅客携带进境自用物品征税规定

（1）2017 年 5 月，欧亚经济委员会公布对旅客携带进境的自用物品征收关税的决定。

旅客乘坐地面交通工具（汽车、火车、轮船）免税携带进境的行李物品：2018 年，免税限额不超过 1500 欧元且重量不超过 50 千克；2019 年，免税限额不超过 1000 欧元且重量不超过 50 千克；2020 年，免税限额不超过 750 欧元且重量不超过 35 千克；2021 年起，免税限额不超过 500 欧元且重量不超过 25 千克。

旅客通过航空运输免税携带进境的行李物品：免税限额不超过 10000 欧元且重量不超过 50 千克。

（2）寄递包裹征税规定。2017 年 5 月，欧亚经济委员会公布对寄递进境包裹征收关税的决定。2018 年，邮寄进境商品免税限额为每人每月 1000 欧元且重量不超过 31 千克；2019 年，邮寄进境商品免税限额为每人每月 500 欧元且重量不超过 31 千克；2020 年起，邮寄进境商品免税限额为每人每月 200 欧元且重量不超过 31 千克。

对旅客携带行李和寄递包裹超出限额部分，征收 30% 进口关税，且不低于 4 欧元/千克。

自 2019 年 7 月 1 日起，对寄递包裹超过规定价值和重量部分，征收 15% 进口关税，且不低于 2 欧元/千克。

2.3.3 俄罗斯远东地区相关优惠政策

2.3.3.1 相关税收优惠

(1) 根据 2016 年 5 月 23 日俄罗斯颁布的税法修正案,3 年内在俄远东地区投资额达 5000 万卢布,或 5 年内达 5 亿卢布的企业,可享受利润税优惠(2017 年 1 月 1 日生效)和矿产资源开采税优惠(2016 年 7 月 1 日生效),投资额自 2013 年 1 月 1 日算起,优惠政策有效期至 2028 年 12 月 31 日。

汽车、摩托车等消费品生产企业和油气开采企业除外。

利润税:投资者自首次获得利润之日起,联邦财政利润税(税率 2%)前 10 年免缴;地方财政利润税前 5 年税率为 0~10%,后 5 年不低于 10%(正常情况下利润税税率为 18%)。

矿产资源开采税:前 2 年免缴矿产开采税,后 8 年优惠幅度每两年减少 20%。

(2) 根据普京签署的俄罗斯联邦税法典修订案,自 2018 年 1 月 1 日起至 2022 年 12 月 31 日,远东地区旅游休闲行业企业和机构(包括外国投资者)免缴利润税 5 年。

(3) 根据普京签署的俄罗斯联邦税法典修订案,到 2022 年年底前,对俄远东地区锡矿开采企业免征矿产开采税。

2.3.3.2 自由港制度

自俄罗斯《符拉迪沃斯托克自由港法》出台之日(2015 年 10 月 12 日)起 3 年内,在自由港区域注册的企业,可享受以下优惠政策:

(1) 增值税退税:实行 15 日内办理增值税退税的简便快捷办法。

(2) 利润税:自获得首笔利润起,前 5 年免缴联邦财政利润税,地方财政利润税税率不高于 5%，后 5 年地方财政利润税税率不低于 10%；3 年内未获得利润，则自第 4 年开始享受优惠。

（3）社会保险费：前 10 年执行 7.6% 费率。

（4）财产税和土地税：前 5 年财产税为零，此后 5 年为 0.5%；前 5 年土地税为零。

（5）劳务政策：入驻企业引进和使用外国员工无须办理许可；为外国务工人员办理入境邀请函和工作许可无配额限制；招收员工时俄罗斯公民优先。

（6）口岸监管：目前仅在符拉迪沃斯托克自由港相关口岸实行由海关和边检统一监管的"一站式"机制。

（7）自由关税区制度：对自由港内建有海关监管区的项目所在地实行自由关税区制度。

2.3.3.3 跨越式发展区

2015 年 3 月俄罗斯跨越式发展区相关联邦法律正式生效，入驻企业可享受以下优惠政策：

（1）增值税退税：实行 15 日内办理增值税退税的简便快捷办法。

（2）利润税：自获得首笔利润起，前 5 年免缴联邦财政利润税，地方财政利润税税率不高于 5%，后 5 年地方财政利润税税率不低于 10%；3 年内未获得利润，则自第 4 年开始享受优惠。

（3）社会保险费：前 10 年执行 7.6% 费率。

（4）矿产开采税：获得利润之前免征矿产资源开采税；自开始享受利润税优惠税率起 10 年内，享受矿产开采税优惠：前 2 年为零，第 3~4 年为标准税率的 20%，第 49~82 个月为标准税率的 40%，第 83~96 个月为标准税率的 60%，第 8~10 年为标准税率的 80%。

（5）土地税和财产税优惠：前 3 年土地税为零，前 5 年财产税为零，可享受不动产租金优惠。

（6）劳务政策：入驻企业引进和使用外国员工无须办理许可；为外国务工人员办理入境邀请函和工作许可无配额限制；招收员工时俄罗斯公民优先。

（7）自由关税区制度：在设有海关监管区的跨越式发展区内实行自由关税区制度。

2017年11月，普京签署关于延长远东跨越式发展区和符拉迪沃斯托克自由港内大型投资项目实施企业利润税优惠期限的法律。法律规定，投资额超过5亿卢布的企业，自入驻之日起5年内未获得利润，自第6年开始享受优惠税率；投资额超过10亿卢布的企业，自入驻之日起6年内未获得利润，自第7年开始享受优惠税率；投资额超过1000亿卢布的企业，自入驻之日起9年内未获得利润，自第10年开始享受优惠税率。

2.3.3.4 简化签证制度

自2017年8月1日起，中国、新加坡、日本、文莱等18国公民经符拉迪沃斯托克自由港入境俄罗斯时，可免费获得为期8日的电子签证。签证申请审批时间为4个工作日，自签发之日起30日内有效。

签证简化制度首先在符拉迪沃斯托克市海港和"克涅维奇"机场2处口岸执行，2018年1月1日起增加了滨海边疆区波格拉尼奇内、哈桑和马哈林诺铁路口岸，波尔塔夫卡和图里罗格公路口岸，扎鲁比诺和波西耶特海港，堪察加边疆区的彼得罗夫巴甫洛夫斯克海港和萨哈林州的科尔萨科夫海港9处口岸，未来拟推广至实行自由港制度的所有远东州区及国际空港。

2.3.4 中俄农产品贸易政策的转变

俄罗斯于21世纪初开始重新评估亚太地区（APR）的重要性，并通过多边合作和经济一体化积极与邻为善，加入亚太地区所有政府间安全和政治合作机构（Lukin，2012）。2016年年底俄罗斯通过外交政策新概念，重点关注将俄罗斯的利益转向东方，强调更积极地推动与亚洲国家的政治经济关系（The Concept of Foreign Policy of the Russian Federation，2016），提升莫斯科在亚太地区的地位，被视为俄罗斯外交政策的战略领域。

"新概念"将中国视为俄罗斯在亚洲的主要合作伙伴。加入WTO后，俄罗斯开始采取行动，在双边层面签订优惠贸易协定，并加入欧亚大陆的一体化进程。针对中国"一带一路"倡议，俄方建议协调中国领导的丝绸之路经济带和俄罗斯领导的欧亚经济联盟。2015年5月，中国国家主席习近平和俄罗斯总统普京签署了《中俄关于丝绸之路经济带建设与欧亚经济联盟建设对接合作的联合声明》。2016年，俄罗斯提出了一个更加雄心勃勃的大欧亚伙伴关系的概念，将EAEU、上海合作组织和东盟都包含进来。2017年10月，EAEU与中国签署了经贸合作协定，中国和EAEU宣布完成2017年经济贸易协定谈判。

中国一直是俄罗斯在东亚国家中的重要政治和贸易伙伴。2012年，俄罗斯与中国的关系从战略合作伙伴关系提升到了全面战略协作伙伴关系的新阶段。在制裁和不利的外部经济形势下，俄罗斯的对外贸易结构正在发生变化。针对俄罗斯的制裁客观上促进了中俄两国的进一步友好关系，推动双方寻求经济和能源合作发展的新途径。俄罗斯与中国的贸易虽然近年来没有发生重大变化，但也出现了一些新的进展。新的重要出口阵地和专业领域正在形成，如农产品。

2016年，俄罗斯成为最大的小麦出口国，肉和葵花籽油的出口也在增长。由于卢布贬值，俄罗斯产品在国外市场的竞争力也有所增强。俄罗斯对中国市场的出口变得更加多样化，因为俄罗斯提高了农产品对中国市场的渗透率，特别是食品和消费品，这在以前几乎不为中国消费者所知。2015年12月，经过10年的谈判，中国取消了从俄罗斯进口某些农产品的禁令，特别是取消了1976年以来对小麦的进口限制。来自俄罗斯特定地区的小麦被允许进入中国。两国还签署了玉米、大米、大豆和油菜植物的检疫要求议定书（Russian – Chinese dialogue：the 2017 Model，2017）。2016年，中国成为俄罗斯非国防工业产品的主要出口目的地（占俄罗斯非国防工业产品出口的13.3%），成为俄罗斯农产品的主要进口国（Ferris – Rotman，2017）。俄罗斯向中国出口的新产品中包括巧克力、糖果、面粉和甜食、冰淇淋、果汁和葡萄酒等。正式的禽肉供应许可在2016年年底获得通过，2017年9月中国还解除了对来自俄罗斯49个地区肉类产品进口的禁令。但由于担忧俄罗斯流行病状况，大部分乳制品、动物和动物产品的进口依然受到限制。

本章编写：徐家鹏

第3章 中俄农业和农村政策

3.1 总体情况

3.1.1 农业与农村的特殊性

农业是支撑国民经济建设和发展的基础产业，农村和农民问题是国家的基本问题。由于自然条件限制和灾害风险存在，农业生产方式及生产周期等难以选择和控制。同时，由于农产品及生产要素市场供需不稳定，农业产业结构调整难以跟上市场变化，农业发展在受制于自然条件的同时还承受着市场风险。双重风险的存在使得农业发展有着分散性、落后性以及脆弱性等特征。在此背景下，农村贫困人口多，居民收入较低且分配不均，基础设施落后，农村社会与经济体制发展缓慢。这样的农村社会体制又会反过来阻碍农业的发展，因而，农业生产进步和农村社会体制的发展有着难以避免的相互作用。因此，建立高效平稳的农业经济体制和健康的农村社会发展模式是十分必要的，但建立不能仅依靠农业自行发展，更需要国家政府配套有针对性的农业及农村政策，以实现其健康科学发展。

3.1.2 农业农村政策基本含义

3.1.2.1 农业政策

农业政策指的是一个国家或地区为实现一定历史阶段内农业方面所要

达到的目标而规定的各种重大措施和行动方针。农业政策关注的是农民收入、农业以及农村发展。农业是进行动植物生产的弱质产业，受外在自然因素影响大，且生产规模有限；而农产品的生产又是人类生存的基本环节，因此农业的稳定发展和产出保障密切关系着一个国家或地区基础的生产运作和社会稳定。

在农业经济发展的过程中，农业政策引导着农业生产、供给及市场交易等各类活动，是农业投入和现代化农业发展的重要保证。农村水利交通、农田基本建设、农用生产资料等发展不能单纯地依靠农村自身微薄的产出和积累，必须在政策上给予其支持和倾斜，以实现农业经济的稳步发展。

3.1.2.2 农村政策

农村政策是一个国家或地区致力于农村经济与社区发展及其脱贫致富的应用型政策，是根据国家或地区农业发展路线和方针，以农业生产和农村经济为目标而制定的激励或约束管理农村各类经济活动的行动准则。农村政策主要引导农村改革发展和生产力的解放，通过具体化、条文化、定型化的法律法规来指导和推动农村发展。

农村政策主要有农村公共福利及农村社会保障政策等，表现为农村基础设施建设、农村最低生活保障以及农村社会保险等形式。相关农村政策的实施给农村社会及经济发展带来的积极意义是显而易见的。持续发展和完善农村政策，一方面使得农村居民实现增收、生活水平提升；另一方面使得农村生产力得以激活和释放，促进农村经济、社会等多方面进步，进而推动农村健康稳定地向现代化可持续发展。

3.1.3 中俄两国农业农村政策演变

3.1.3.1 中国农业农村政策演变

中国的农业及农村政策在不同的经济发展时期有着不同的表现特征，

在经过一段时期的农业经济发展模式探索之后,近些年来中国农业发展势头总体向好,农业政策的焦点也由传统模式向农业现代化发展。由于粮食生产是农业构成中至关重要的部分,关系着国家粮食安全,下面以粮食政策为例来说明中国农业政策的变迁(罗维燕,徐欣然,2014)。

(1) 1949—1952 年自由购销政策

这一期间整体农业政策较为宽松,农产品可以自由买卖购销,国家既不补贴生产,也不干预销售价格,价格由市场供求决定。农业经营主体包括个体、私营以及国营商业等形式。同时,国有粮食系统开始建立,1950 年中国粮食公司和粮食管理总局成立;1952 年,合并中国粮食公司和粮食管理总局为中央粮食部,统一管理全国粮食工作。

(2) 1953—1978 年统一购销政策

1953 年,中国第一个五年经济建设规划开始实施,农业政策重点实行粮食统一调拨、分配购销政策。农民将粮食卖给国家,国家统一调配,按照计划价格和数量供应给城镇居民和农村缺粮人口。同时,国家严控粮食市场,粮食经营权完全属于官方经营单位。这一期间,由于粮食生产成本的变化,粮食价格在不同时期出现波动,1961 年出现价格倒挂,销售价走低,国家对城镇职工实行政策性补贴,对粮食企业给予经营费用补贴。1966—1978 年,粮食统购价格基本未变,而生产成本大幅上涨,统购价格低于成本价格,粮食生产单位亏赔,种粮积极性受到打击。总体而言,在这一时期农业政策对农业市场发展干预较多,农业整体生产力呈现一路波动升高的态势。

(3) 1979—1984 年流通体制改革政策

1978 年开始,农业政策的重心放在了粮食流通体制改革上。首先大幅提高粮食统购价格,扩大收购数量,使粮食得以顺畅销售。同时统销价格未动,购销价格再次倒挂,国家财政继续补贴国有粮食企业经营费用和购销差价。然而,粮食供不应求的问题直到 1982 年都没有解决,国家继续实施粮食分类定量的供应制度。1983 年国家又一次对粮食流通体制进行改革。农民完成统购的任务粮后，可将余量出售给任何性质的粮食经营单位，打破国家粮食部门独家经营粮食的局面，开放粮食集贸市场。之后，中国的粮食生产水平和产量有了较大提高。

（4）1985—1990年合同定购政策

1985年起，粮食统购制度取消，实行合同定购和"三挂钩"相结合的农业政策。国家按规定指标在播种季节前同农民协商签订定购合同，收获后按合同约定的数量和价格进行收购，并将合同定购与平价化肥、柴油和预购资金挂钩。农民签署订购合同，获得平价化肥和平价柴油供应，同时可以预支部分订金用于农业生产。定购合同以外的农产品，农民可自行按市场价上市销售。粮食价格"双轨制"由此形成。

（5）1991—1997年保护价收购政策

这一时期实施粮食保护价收购政策，粮食价格全面放开，收购价格由市场供求决定。同时粮食订购"三挂钩"政策依然实施。1993年中国建立了粮食风险基金，主要用于国家储备粮油、国家专项储备粮食的利息、费用支出和在特殊情况下需动用中央储备粮调节粮食市场价格时所需的开支，以及省级储备粮油的利息、费用补贴和粮食企业因按保护价收购粮食。

（6）1998—2004年深化粮食流通体制改革

1998年中国开始深化粮食流通体制改革，实行政府粮食行政管理职能与粮食企业经营的分离，国有粮食企业成为粮食流通的主渠道。国家负责中央储备粮的管理并承担利息与费用补贴，负责建设中央直属粮食储备库，同时各地方继续实行粮食定购制度，建立和完善省级粮食储备制度。国家进一步健全和完善粮食风险基金制度，粮食价格主要由市场供求决定，政府同时制定主要粮食品种的收购保护价。

中国的农业政策到2004年已经有了很大的发展和转变，持续放低的农业税费在2004年已经低至1%。2006年，中国全面取消农业税和农业特产税，至此，持续了上千年的农业税彻底退出了历史舞台，农业政策也进入了一个新的发展时期。

2006 年，农业部印发《全国农业和农村经济发展第十一个五年规划（2006—2010 年）》，意味着中国进入农村改革阶段。改革重点聚焦"三农"，健全农业和农村经济发展体制及增加农业投入，改善农业和农村经济发展基础条件。自此，中国逐渐将农业农村政策焦点转向农业现代化，并于 2007 年开始推进社会主义新农村建设。2008 年、2009 年围绕农民增收推进国家粮食安全和主要农产品有效供给。2010 年以后，中国农业农村政策重点转向了农村社会经济，在统筹城乡发展的基础上，大力推进农村基础设施及农业科技发展，以整体提高农业综合生产能力，促进农业转型。

3.1.3.2 俄罗斯农业农村政策演变

由于成立之初农业水平长期落后，俄罗斯加大国家财政对农业的资金投入和支持力度，并通过各方面的改革来支持和鼓励农业发展。从俄罗斯农业改革、农业发展和农业政策调整的过程看，俄罗斯的农业政策发展基本历程如下（戴宴清，2012）。

（1）农业私有化和市场化改革阶段（20 世纪 90 年代）

苏联时期实行土地国有，农业生产效率受到制约，生产力低下。俄罗斯独立以来，其农业改革主要涉及两个方面：一是农村土地私有化，二是农业生产经营组织的非集体化改组。表面来看，独立十年以来，俄罗斯的农业经济改革进行得比较顺利，改变了传统计划经济体制，但这场改革不仅没使农业私有化，反而削弱和破坏了农业生产力，导致俄罗斯农业经历了一场严重的持续衰退过程。

（2）农业政策战略性调整和稳步发展阶段（2000—2012 年）

进入 21 世纪之后，俄罗斯政府开始调整农业政策，不断加大对农业的资金投入，以解决农业企业和农户生产与发展的资金需求。俄罗斯政府颁布《农业土地改革法》，为解决土地的所有权等各种问题奠定了法制基础。2004 年，俄罗斯政府通过《统一农业税法》，降低了农业产业的各项税率。2005 年，俄罗斯政府将农业列为未来重点发展领域，规定在政策、税收、贷款贴息等方面给予特殊支持。2007年，俄罗斯政府出台农业发展五年规划，鼓励对农业的投资，进一步增加对农业贷款利息的补贴，推动农业生产现代化。到2009年3月，俄罗斯成立俄罗斯联合粮食公司，增强了俄罗斯国内市场粮食购销及出口等能力。

（3）加入世界贸易组织后农业政策的调整和变化（2013年以后）

加入世贸组织后，为适应世贸组织规则，俄罗斯在国内农业支持力度方面做了很大的让步，承诺逐步减少农业投入，以促进俄罗斯农业转向市场价格支持。在此背景下，俄罗斯对农业的财政支持政策不断调整，逐步降低了农业支持水平（David Sedik，2015），如表3-1所示。

表3-1　俄罗斯降低国内农业支持承诺进度　　单位：十亿美元

年份	2012	2013	2014	2015	2016	2017	2018及以后
金额	9.0	9.0	8.1	7.2	6.3	5.4	4.4

数据来源：世贸组织（2011）：承诺进度（第四部分：限制补贴农产品承诺）。

为充分利用世贸组织规则，俄罗斯农业部将83个联邦主体中的63个列为不适于从事农业生产的地区，以获得用于扶持农业的补贴（孙化钢、郭连成，2016）。另外，俄罗斯农业部改变农业补贴模式，将购买燃料、化肥、种子的补贴和农业贷款补贴等按照播种面积发放。由于这在世贸组织规则中属于"菜篮子"补贴，因此不受影响。此外，俄罗斯政府充分利用世贸组织允许的"绿箱补贴"政策来扶持农业，主要措施包括：扶持农业科研与教育；支持农村基础设施建设；生态工程和农业环保补贴；对农业企业的法律咨询服务以及农业保险补贴等。

3.1.4　中俄两国农业农村政策主要文件

3.1.4.1　中国农业农村相关政策文件

从中华人民共和国成立初期的"土地改革"到20世纪60年代实行的

人民公社体制，再到 1978 年后家庭联产承包责任制，中国的农业体制改革从未止步。2004—2018 年，中国连续 15 年发布了以"三农"（农业、农村、农民）为主题的中央一号文件，推动农业发展进入了新的历史阶段，如表 3 - 2 所示。

表 3 - 2　　　　　　　　2004—2019 年中央一号文件概览

时间	文件名称	主要内容
2004	《关于促进农民增加收入若干政策的意见》	聚焦"农民增收"，旨在通过有力举措尽快扭转城乡居民收入差距不断扩大的趋势
2005	《关于进一步加强农村工作提高农业综合生产能力若干政策的意见》	聚焦"提高农业综合生产能力"，旨在解决农业投入不足、基础脆弱等问题
2006	《关于推进社会主义新农村建设的若干意见》	聚焦"社会主义新农村建设"，旨在落实建设社会主义新农村的重大历史任务
2007	《关于积极发展现代农业扎实推进社会主义新农村建设的若干意见》	聚焦"现代农业"，旨在夯实产业基础，确保新农村建设沿着健康的轨道向前推进
2008	《关于切实加强农业基础设施建设进一步促进农业发展农民增收的若干意见》	聚焦"农业基础设施建设"，旨在保障主要农产品基本供给，解决农村社会管理和公共服务的矛盾
2009	《关于 2009 年促进农业稳定发展农民持续增收的若干意见》	聚焦"农业稳定发展"，旨在应对国际金融危机，防止粮食生产滑坡与农民收入徘徊
2010	《关于加大统筹城乡发展力度进一步夯实农业农村发展基础的若干意见》	旨在统筹城乡破解"三农"难题，协调推进工业化、城镇化和农业现代化
2011	《关于加快水利改革发展的决定》	聚焦"水利改革发展"，旨在有效缓解水利问题，加快扭转农业"靠天吃饭"局面
2012	《关于加快推进农业科技创新持续增强农产品供给保障能力的若干意见》	聚焦"农业科技创新"，旨在依靠科技进步实现农业增产增收、提质增收、节本增收
2013	《关于加快发展现代农业进一步增强农村发展活力的若干意见》	再次聚焦"现代农业"，创新农业经营体系，旨在解决农村社会管理问题，激活农村和农民自身的活力
2014	《关于全面深化农村改革加快推进农业现代化的若干意见》	聚焦"农业改革"，破除农业农村体制机制弊端，推进"四化"同步发展
2015	《关于加大改革创新力度加快农业现代化建设的若干意见》	再次聚焦"农业现代化"，旨在靠改革添动力，以法治作保障，在经济增速放缓背景下继续强化农业基础地位、促进农民持续增收

续表

时间	文件名称	主要内容
2016	《关于落实发展新理念加快农业现代化实现全面小康目标的若干意见》	继续聚焦"农业现代化",旨在用发展新理念破解"三农"新难题,加快补齐农业农村短板
2017	《关于深入推进农业供给侧结构性改革加快培育农业农村发展新动能的若干意见》	旨在从供给侧入手,在体制机制创新上发力,从根本上解决当前最突出的农业结构性、体制性矛盾
2018	《关于实施乡村振兴战略的意见》	聚焦乡村振兴,对统筹推进农村经济建设、政治建设、文化建设、社会建设、生态文明建设作出全面部署
2019	《关于坚持农业农村优先发展做好"三农"工作的若干意见》	继续聚焦"三农",提出坚持农业农村优先发展,做好"三农"工作

资料来源:根据中国历年中央一号文件整理。

2004年以来,中国"中央一号文件"的主线是从农业内部、农村内部和农村外部这三个层次,提出促进农民就业和收入增长的有关政策,进而统筹城乡发展,实现农业现代化,构建强农、惠农、富农政策体系,建成农村全面小康。其基本价值在于重构农村经济体制,解放和发展生产力,繁荣农村经济,同时深化农村经济体制改革。在这一系列农业政策性文件的指导下,中国农业生产形势持续向好,农业结构继续优化,供需平衡水平不断提高。

3.1.4.2 俄罗斯农业政策实施内容

俄罗斯独立以来,农业部门一直是其重要但薄弱的经济部门。由于苏联时期农业全盘集体化导致生产力低下,俄罗斯独立之初农业水平相当落后,粮食产出严重不足。俄罗斯力图通过农业领域改革来解决农业落后问题,为此进行了长达数十年的改革尝试,施行了诸多解放农业生产力、发展农业经济的政策及文件,以期促进农业发展。

(1)独立之初的农业发展政策

1991年底,俄罗斯总统叶利钦签署推行了《关于俄罗斯联邦实施土地改革的紧急措施》的总统令,旨在进行俄罗斯土地私有化改革,要求一年内完成集体农庄和国营农场的改组与重新登记。1993年10月27日,叶利钦签署了《关于调节土地关系和发展土地改革》的总统令,规定土地所有者有权出售自己所有的土地。接着,又于1994年和1995年分别颁布了《关于借鉴下诺夫戈德州实际经验改革农业企业》的决议和《关于实现土地份额和财产份额所有者权利的方式》的决议,规定在改组农业企业的过程中,企业工作人员和农民得到自己所有的一份土地和一份财产。1996年3月7日,俄罗斯批准了《关于实现宪法规定的公民土地权利》的总统令,再次申明土地所有者对土地的处置权利,即有权自由支配自己的土地份额。

在叶利钦时期,俄罗斯土地私有化的改革政策及措施的施行,并没有解决农用土地可以自由买卖这个关键性问题,不仅没有尽快提高农业生产力,反而出现大幅度农业经济下滑。总体来说,俄罗斯独立之初的前十年,其农业长期落后的状态并没有得到改善。

(2) 进入21世纪以来俄罗斯的农业政策

进入21世纪以来,随着俄罗斯国内经济逐年好转,政府对农业领域的扶持力度不断增强,先后签署了诸多扶持俄罗斯农业发展的政策规划(如表3-3所示)。俄罗斯农业逐渐复苏,生产力提高,农业发展取得了不小进展。

表3-3　　　　　　　21世纪以来俄罗斯相关农业政策

时间	文件名称	主要内容
2001	《俄联邦土地法典草案》	阐述土地立法和土地买卖的基本原则,对土地分类管理
2001	《农业土地改革法》	创建农业土地市场,解决土地所有权买卖、出租等问题,通过立法简化税收制度,降低税率
2002	《俄罗斯联邦农业用土地流通法》	农用土地可以自由买卖,为土地流通提供了法律基础,使得农用土地进入流通领域,改变了从事农业生产的农民与土地的关系

续表

时间	文件名称	主要内容
2006	《俄罗斯联邦农业发展法》	政府采取"国家采购干预"和"国家商品干预"的方式来调节国内农产品市场
2007	《2008—2012年农业发展、农产品市场调节、农村发展规划》	俄罗斯第一个农业发展5年规划,目标是可持续性农村发展,改进生产农业的竞争能力,保护和恢复自然资源
2008	《2020年前俄罗斯经济社会发展战略构想》	促进农村地区稳定发展,提高农村居民生活水平,缩小城乡差距;有效实现畜产品市场的进口替代,培育种植业出口潜力
2009	《国家支持农业保险》	构建政策性农业保险法律框架,拓展农业保险的承保范围,强化政府部门在该制度中的角色和作用
2010	《俄联邦粮食安全学说》	为居民提供安全和高品质的农产品、鱼类产品等;保障俄联邦粮食安全,确定俄罗斯粮食安全标准
2011	《2013—2020年农业发展和农产品、原材料和粮食市场调控国家纲要》	实施农工综合体发展战略和计划,制订有效实用的市场、食品和原料的调节机制,用7年时间建成稳定运行的农工综合体
2012	《2012年农村社会发展专项纲要》	促进农业投资,增加农村的资本流通,通过政府和市场的双重调节来缓解农业资金匮乏的问题;提高农牧业产量和产品质量,加强农业基础设施建设,促进农村地区发展
2012	《2013—2020国家农业发展计划》	把政府支持由利率津贴转移到对农民更加直接的支持,提高生产效率与农民收入
2016	《远东土地分配法》	阐述了远东土地分配基本原则和实施办法,规定公民在远东地区可无偿获得1公顷土地,期限为5年

资料来源:根据俄罗斯历年相关农业政策整理。

中国的农业及农村政策历经几次改革转型,近年来围绕"三农"主题施行的一系列政策方针,旨在促进中国农业向现代化、可持续方向发展,整体发展态势较好。俄罗斯农业发展初始水平较低,经历了20多年持续改革,其农业生产和发展已进入一个良好时期。总体来说,中俄两国发布施行的诸多农业及农村政策,本质目标都在于进一步发展和激活农业生产力,促进农业现代化、信息化,维持农产品市场的平稳健康发展。

3.2 中俄农业政策

农业的基础性地位和其弱质性决定了政府必须通过相应的宏观、微观的农业政策来支持农业的稳定发展。农业政策具体包括农业生产政策、农业经营组织（结构）政策、农产品价格与收入政策、农产品贸易政策、农业税收政策、产业结构转型政策等。

3.2.1 农业生产政策

3.2.1.1 中国农业生产政策

（1）农业科技政策

中国涉农科技政策包括四个方面：一是对农业科技资金的投入及人才的培养；二是对农业科技园、农业产业科技中心的建设；三是对农业科技技术、体制的创新；四是对农业技术的推广。2018年前三季度，中国相继出台多个涉及农业科技研究的政策性文件（见表3-4）。

表3-4　　　　　2018年中国农业科技政策

主题	发布时间	政策名称	主要内容
农业科技资金的投入及人才培养	2月5日	《关于实施乡村振兴战略的意见》	全面建立事业单位专业技术人员到乡村和企业创新创业制度。深入实施农业科研杰出人才计划和杰出青年农业科学家项目。健全种业等领域科研人员分配政策
	3月27日	《2018年农业农村部人才工作要点》	充分发挥国家科技创新工程、平台和项目资源，在创新实践中发现、培育创新人才，进一步壮大农作物种业、农业机械化、农业信息化、农产品加工、生态环境保护等科技创新领军人才队伍

续表

主题	发布时间	政策名称	主要内容
农业科技园、农业产业科技中心的建设	1月22日	《国家农业科技园区发展规划（2018—2025年）》	强化现代服务业与农业高新技术产业的融合发展。优化创新创业环境，提高园区双创能力。全面推进国家农业科技园区建设，引导园区依托科技优势，开展示范推广和产业创新，培育具有较强竞争力的特色产业集群
	2月13日	《关于大力实施乡村振兴战略加快推进农业转型升级的意见》	发挥国家现代农业产业园引领作用，推动建立国家、省、市、县建设体系，继续创建和认定一批国家现代农业产业园，加强业务指导、绩效考核、总结宣传。发挥好国家农业创业园、科技园平台作用
农业科技技术、体制创新	2月13日	《关于大力实施乡村振兴战略加快推进农业转型升级的意见》	实施乡村振兴科技支撑行动，加快调整农业科技创新方向、重点和布局，重点研发节本增效、优质安全、绿色生态等技术。推进科技体制改革，放活科技人员和科技成果，健全种业等领域科研人员的分配政策
	2月22日	《2018年农业科教环能工作要点》	遴选部分科研院所开展分类评价改革试点，将科技与产业的关联度、科技自身的创新度、科技对产业的贡献度纳入评价标准。开展科技成果权益改革试点，推动科研机构完善科技成果使用、处置、收益管理制度，落实依法赋权、分类管理等机制
	9月30日	《乡村振兴科技支撑行动实施方案》	围绕解决制约乡村振兴的重大技术"瓶颈"问题，着力创新一批关键核心技术，集成应用一批先进实用科技成果。建立健全科技支撑乡村振兴的制度政策，基本满足乡村振兴和农业农村现代化对新品种、新装备、新产品、新技术和新模式等科技成果有效供给的需求

续表

主题	发布时间	政策名称	主要内容
农业技术推广	4月3日	《2018年财政重点强农惠农政策》	支持绿色高效技术推广服务，支持推进基层农技推广体系改革创新，探索公益性与经营性农技推广融合发展机制，允许农技人员开展技术转让、咨询等形式的增值服务以获取合理报酬
	4月19日	《2018年推进农业机械化全程全面发展重点技术推广行动方案》	要求各项行动重点工作负责单位、相关地方农机化主管部门，狠抓主要农作物生产、果菜茶生产、畜禽养殖、农产品初加工等方面的机械化技术的示范推广
	7月11日	《农业绿色发展技术导则（2018—2030年）》	强化绿色科技成果转化应用，充分发挥基层农技推广体系作用。依托"一主多元"的农技推广体系，通过创新农技人员提供增值服务合理取酬机制、实施农技推广服务特聘计划等鼓励支持基层农技推广人员大力推广应用绿色高效技术模式

资料来源：根据中国农业农村部网站整理。

(2) 职业农民培训

目前，中国正在实施由政府主导和统筹的新型职业农民培育，其总体思路是以提高农民素质和农业技能为核心，以资格认定为手段，以政策扶持为动力，积极探索新型职业农民培育制度，创造有利于新型职业农民培育和发展的良好环境，加强务农骨干农民教育培训，激励有志青年和农科学生从事农业生产经营，推动形成新型职业农民队伍（杨丽华，2017）。

2018年5月国务院发布《关于推行终身职业技能培训的通知》，其中重点提出了深入实施农民工职业技能提升计划——"春潮行动"，将农村转移就业人员和新生代农民工培养成为高素质技能劳动者。实施新型职业农民培育工程和农村实用人才培训计划，全面建立职业农民制度。对城乡未继续升学的初、高中毕业生开展劳动预备制培训。

同年6月，农业农村部发布《关于做好2018年新型职业农民培育工作的通知》，该通知把培育新型职业农民作为强化乡村振兴人才支撑的重要途径，通过就地培养、吸引提升等方式，分层分类培育新型职业农民100万人以上，发展壮大一支爱农业、懂技术、善经营的新型职业农民队伍，推动全面建立职业农民制度，带动乡村人口综合素质、生产技能和经营能力进一步提升，促进人才要素在城乡之间双向流动，让农民真正成为有吸引力的职业。

（3）农田基本建设

2014—2017年国务院相继出台了《高标准农田建设通则》《全国土地整治规划（2016—2020年）》《关于加强耕地保护和改进占补平衡的意见》。《高标准农田建设通则》和《全国土地整治规划（2016—2020年）》重点提出大规模开展高标准农田建设，巩固国家粮食安全基础的建设任务，明确整治重点区域和重大工程，提出规划实施保障措施，并且对农田基础设施建设、农田环境整治及土壤肥力等提出建设性意见，为我国农田的建设指明了方向。《关于加强耕地保护和改进占补平衡的意见》则强调加强高标准农田后期管护，明确落实高标准农田基础设施管护责任。

（4）农业信贷

2018年2月，银监会发布《关于做好2018年银行业三农和扶贫金融服务工作的通知》。该通知要求各大金融机构加强对涉农生产的农业信贷资金的支持力度，同时加大返乡下乡人员就业创业的信贷支持力度和加大对农村电商的信贷支持和金融服务。此外，银行业金融机构要主动推进与全国农业信贷担保体系合作，建立与国家农业信贷担保联盟有限责任公司的"总对总"合作，加快与省、市、县各级农业信贷担保公司全方位对接，在适合开展林权抵押贷款的地区扩大业务覆盖面。中国农业银行也于2018年3月出台《2018年"三农"信贷政策指引》，这是农业银行连续第十年出台支持"三农"专项信贷政策指引。该指引提出将持续加大"三农"金融服务，重点支持农业农村优先发展，推进农业农村现代化。

（5）农业信息系统建设

农业信息化的内容涵盖了农业生产、农业科技、农业资源、农业管理、农业产品、农业经济等方方面面，所涉及的信息技术包括计算机技术、通信技术、光电技术等诸多现代科技，为农业产业的发展注入了全新的动力。尽管中国农业信息化从无到有，覆盖范围逐渐扩大，但依然存在着农业信息基础设施薄弱和农业信息化人才匮乏等问题。

在解决农村信息基础设施方面，2018年发布的《关于大力实施乡村振兴战略加快推进农业转型升级的意见》和《农业部网络安全与信息化工作要点》中均明确指出强化农业信息化基础设施建设，完善基层信息服务体系。实施信息进村入户工程，构建农业农村数据资源体系，推进现代信息技术在农业中的应用，加快推进农业农村大数据发展和应用，实现数字农业。

在解决农业信息化人才匮乏方面，2018年3月《2018年农业农村部人才工作要点》指出，要依托信息进村入户工程开展信息员培训，推进农民手机应用技能培训，全面提升信息技术应用能力和水平。加大农业市场监测预警人才培训力度，提升基层信息员及市场分析师队伍业务素质和能力。同时发布的《关于做好2018年新型职业农民培训工作的通知》中也明确要求培养掌握信息技术的新型职业农民。

（6）农业生产保险

进入21世纪，中国农业保险政策的发展大致分为两个阶段。

第一阶段是商业化运营的政策性农业保险覆盖面迅速扩大（2003—2013年）。由政府部门联合保险公司共同出台农业保险方案、制定费率，并对保费进行补贴。政府推动下，这一阶段农业保险取得了长足进展。2006年国务院《关于保险业改革发展的若干意见》明确提出探索中央和地方财政对农户投保给予补贴的方式、品种和比例，对保险公司经营政策性农业保险适当给予经营管理费补贴，探索建立中央、地方财政支持的农业再保险体系。2013年3月《农业保险条例》的实施标志着我国农业保险进入制度化时代。该条例支持发展多种形式的农业保险，健全政策性农业保险制度；对符合规定的农业保险由财政部门给予保险费补贴；鼓励地方政府采取由地方财政给予保险费补贴、建立农业保险大灾风险分散机制等措施；对农业保险经营依法给予税收优惠，鼓励金融机构加大对投保农业保险的农民和农业生产经营组织的信贷支持力度。

第二阶段是面向需求的农业保险供给侧改革新时期（2014年至今）。这一阶段的特点是农业保险成为农业支持保护政策体系的重要工具。2017年财政部发布《中央财政农业保险保费补贴管理办法》，该办法明确规定了农业的保险品种、保险比例以及中央与地方的两级保险机制，并且中央财政对产粮大县三大粮食作物保险进一步加大支持力度。2018年8月财政部、农业农村部、银保监会共同印发《关于开展三大粮食作物完全成本保险和收入保险试点工作的通知》，该通知在划定试点省（区）内开展三大粮食作物完全成本保险和收入保险试点，确定了保险方案和补贴标准，试点期为2018—2020年（陈星贝等，2017）。

3.2.1.2 俄罗斯农业生产政策

（1）农业科技政策

俄罗斯农业科技政策主要涉及农业科技的研发、合作以及推广。

在农业科技研发方面，普京执政以来，政府财政资金向农业的投入逐步加大。2011—2016年俄罗斯政府相继颁布了《俄罗斯2020年前创新发展战略》《关于实施国家农业领域科技政策具体措施》《2013—2020年俄罗斯联邦农业发展和农产品、原料及粮食市场调控国家纲要》，三份文件均强调指出俄罗斯政府将加大对农业科技领域的投入，尤其是育种的研发与培育以及农业科技基础设施的更新，并且地方政府额外增加预算支持农业的发展，以实现农业技术现代化，促进农产品育种等技术研发（张丽娟等，2018）。

在农业科技合作方面，俄罗斯政府高度重视与周边国家，尤其是与中国的合作。2010年，中国与俄罗斯联合发表《中华人民共和国东北地区与俄罗斯联邦远东及东西伯利亚地区合作重点项目目录》，双方在木材加工、糖类及其他产品生产、豆类深加工、养猪产业、其他种植产业及农业科技园区等方面达成合作共识。2018年6月俄罗斯总统普京访华期间，中俄两国元首签署《中华人民共和国和俄罗斯联邦联合声明》，其中重点提出深化两国在农业领域的合作，积极推动农业科技领域的务实合作，共同编制好《中国东北地区与俄罗斯远东及贝加尔地区农业发展规划》。

在农业技术推广方面，俄罗斯主要依托国内的农业科研体系，以强大的科技力量作后盾为农业发展提供源源不断的动力，为农业技术的创新和农作物的持续增产增收奠定了坚实的基础。2011年俄罗斯联邦政府出台《推进农业发展的民族振兴工程计划》，强调农机技术推广培训，鼓励农机推广组织、农机生产厂商、社会中介机构、农机经销企业和试验农场等举办形式多样的农机展会。展会有各种机械的演示活动（王若一，2011）。这些政策有力地推进了俄罗斯农业机械的推广应用，促进了农业和农业机械化的发展。

（2）职业农民培育

俄罗斯的职业农民培育是在联邦农业部的领导下开展的，其组织架构清晰明了，主要由两部分构成：一部分是农业经营主体，包括农业合作社、农场和各类农业企业等，它们负责对系统内的职业农民进行培育，内容包括学历教育和短期培训；另一部分是以实施学历教育为主、短期培训为辅的各级农业学校，分别是高等农业院校、农村中等学校、农村初等学校，它们主要以培养青年农民为主。俄罗斯职业农民培育的组织架构如图3-1所示。

俄罗斯职业农民培育的特色鲜明。首先，培训方式和办学形式多样化——俄罗斯的高等农业教育培训方式多种多样，有合作社大学的教育培训、国有农场的内部教育培训，还有农业高等院校和科研院所的全日制、函授、网络教学、夜校、旁听、在岗培训等方式。在办学形式上，分为高等农业教育、中等农村职业教育、农村初等教育以及高校后继续教育与补充职业教育四个层次。除了高等农业院校和农业科研院所外，

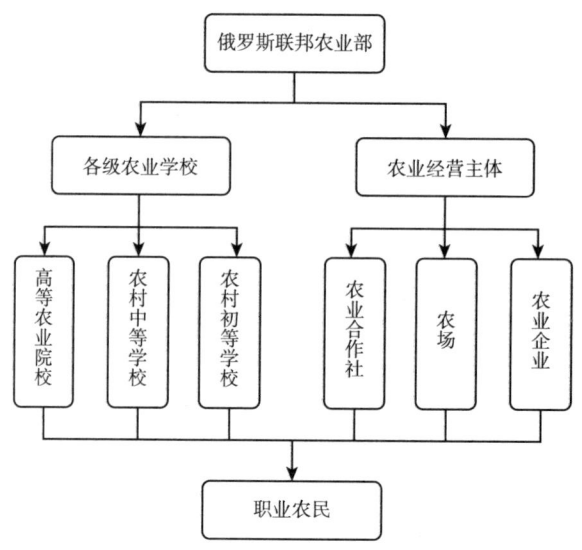

图 3-1 俄罗斯职业农民培育的组织架构

资料来源：根据俄罗斯职业农民培训体系分析整理。

农业合作社和大型农场也创办了自己的大学和技术学校，用来培养自己的工人。灵活的教育培训方式、多样化的办学形式，方便了农民的学习，覆盖了大部分人群，使俄罗斯的终身教育体系得以完善。其次，俄罗斯十分注重农民教育的立法保护，农民教育的法律体系健全。针对农业高等教育的立法有《教育法》《联邦教育发展纲要》等；针对职业教育的立法有《俄罗斯联邦高等教育多级结构的暂行条例》和《高等及高校后职业教育法》；针对远程教育的法令有《在俄罗斯联邦高等、中等和补充职业教育的教育机构中远程教育技术（远程培训）的使用方法》等（董亮亮，2014）。

（3）农田基本建设

俄罗斯农田基本建设主要包括保护农田和开发农田两方面。

早在2001年俄罗斯颁布了《联邦土地法》，明确指出保护农业用地，防止病虫害等恶化土地状况的现象；保留肥沃的土壤，在复垦被破坏的土地工程中加以利用。2013年俄罗斯颁布了《俄罗斯农地土地复垦规划》，该规划强调从联邦预算中拿出部分资金用于农地灌溉和排水等基础设施的建设，通过在农业用地边界建立保护性人工林，保护土地免受自然、人为和技术等不利因素的影响。

为开发俄罗斯远东地区、提高土地利用率，俄罗斯总统普京在2016年5月签署了《远东1公顷土地法》，从2017年2月1日起，俄公民有权在俄远东联邦区一次性无偿获得至多1公顷土地使用权并可获土地5年无偿使用权。土地可用于个人住宅、农业（26%计划从事农业）、旅游或其他用途，到期后在土地得到开发利用的情况下仍可继续租用或获得土地产权（陈鸿鹏等，2015）。目前，俄罗斯政府正在考虑把远东数百万公顷的土地租给外国企业和个人。

（4）农业信贷

俄罗斯的农业信贷支持由俄罗斯政府和俄罗斯金融机构共同完成。就俄罗斯政府而言，主要采用补贴的形式，俄罗斯政府对融资信贷的直接补贴对象主要是农业企业和小型农场。此类补贴包含生产资料（种子、化肥等）以及农业机械燃料补贴。2013年年底，俄罗斯政府向各类农业生产单位提供了约5亿美元的燃料信贷补贴和3亿美元信贷补贴用于农场建筑和改善土地灌溉条件（王亚军，1999）。近年来，俄罗斯信贷补贴的规模和范围逐渐扩大，信贷优惠补贴规模已从利率补贴只提供短期贷款扩大到中长期贷款，受益者范围扩大到涵盖农村住户和生产合作社在内的所有生产者，且借款用途的符合条件趋于多样化（张怀波等，2010）。俄罗斯金融机构农业信贷发放对象主要集中在农业企业和组织、私人农场、农场和农业合作社，2013年开始也对常住人口不到10万人的农村地区或居民点发放农业信用贷款。俄罗斯金融机构农业信用贷款主要用于支持季节性室外工作、农业对象的建设和现代化改造、采购农业机械、购买牲畜以及政府采购。

俄罗斯农业信贷的一大特点是成立了农业信贷合作社，俄罗斯农业信贷合作社是农业商品生产者和农村居民（包括自然人和法人）自愿联合的非营利组织,是非商业性小额信贷机构。2011年,农业信贷合作社满足了农村小企业资金需求的6%以上,是对俄罗斯农业银行和俄罗斯储蓄银行对农业贷款活动的补充。正是因为有了互助性质的农业信贷合作社,俄罗斯小型农民经济体(家庭农场、个体农户和小型农业企业)经营规模才得到不断扩大并快速发展(见图3-2)。为了更好发挥农业信贷合作社的作用,经过多年探索,如今俄罗斯基本上形成了对其多维度、立体的监管系统(周晓辉,2014)。

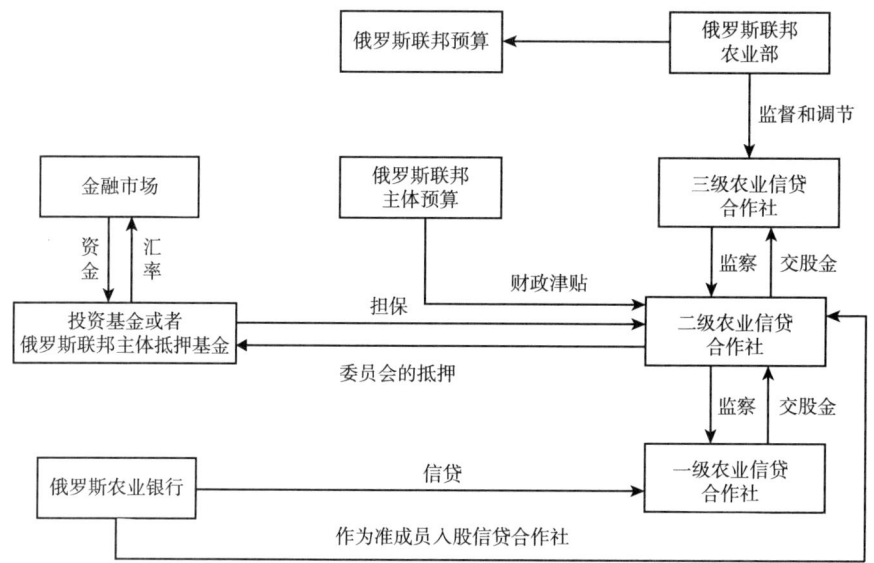

图3-2 俄罗斯农业信贷合作社系统

资料来源:根据俄罗斯农业信贷合作社情况分析整理。

(5)农业信息系统建设

俄罗斯信息技术在农业领域的应用十分有限。目前,俄罗斯已经逐渐开始在农业领域应用信息技术解决方案。农业相关企业正在关注全球技术革命带来的新情况,慢慢向资源集约型创新技术过渡,并尝试利用各种相关的信息技术。2015年俄罗斯制定了《2030年前俄联邦农村地区稳定发展战略》,该战略指出改善农村地区现代信息服务基础条件,在农业咨询体系框架内设立专门供农业生产者和农村咨询人员利用的数据库,其中包含提供农业咨询服务的机构、咨询专家、科研成果发布、展会信息、研讨会信息、价格行情、法律信息、商品购销信息、远程培训和新产品信息等（高际香，2018）。

当前，在俄罗斯的一些地区，信息技术已被用于监测农业工作。从客观来源获取信息使生产者能够在种植作物生长季节中排除农作物种植评估中的人为因素，可以预见的是，未来几年，俄罗斯对农业IT技术的需求将会增长，这会进一步促进俄罗斯农业信息化系统的建设。

（6）农业生产保险

《俄罗斯联邦农业发展法》早已确定了农业保险的范围，保险金数额以及补偿的方式和数额。但因自愿保险费率太高，大多数农民买不起商业性保单，农业保险的作用十分有限。为了重新发挥农业保险在农业生产中的作用，促进农业经济的全面复苏，俄罗斯政府已决心重新研究建立财政支持的农业保险制度（王亚军，1999）。

2006年，俄罗斯成立了统一的国家保险公司，为农业提供保险服务。2007年1月，俄罗斯新的《联邦农业发展法》正式颁布生效。该法规定，政策性农业保险承保由自然灾害对农作物、多年生植物造成的损失，联邦政府给予保费补贴，补偿的条件、方式、金额由联邦政府确定。在《联邦农业发展法》的基础上，2007年7月俄罗斯颁布《2008—2012年农业发展、农产品市场调节、农村发展规划》，将作物保险土地面积占全国耕地总面积的比例提升到2012年的40%，政府为农作物及多年生作物提供40%的作物保险费。为了实现上述目标，俄罗斯各级政府在2007—2012年共拨款11000亿卢布，联邦政府和各州政府各自承担50%。2009年，俄罗斯农业部以及国家杜马共同起草了联邦法案《政策性农业保险》，法案强调了国家将政策性农业保险作为管理农业生产风险的重要政策工具，并构建了政策性农业保险的法律框架，拓展了农业保险的承保范围，同时强化了政府部门在该制度中的角色和作用（邢鹏等，2010）。

3.2.2 农业经营组织政策

3.2.2.1 中国农业经营组织政策

中国农业经营组织（结构）主要包括农民合作社、农业龙头企业、农村电商和家庭农场。

2012—2018年中国农业经营组织政策如表3-5所示。

表3-5　　　　2012—2018年中国农业经营组织政策

主题	发布时间	政策名称	主要内容
农业合作社	2014年8月	《关于引导和促进农民合作社规范发展的意见》	充分发挥政策导向作用，引导和促进农民合作社规范发展，各级政府要在财政资金、创新金融保险服务、用地用水用电等方面给予合作社支持。强化指导服务，健全推进农民合作社持续健康发展的工作机制
	2018年7月	《中华人民共和国农民专业合作社法》	要求县级以上政府建立农民专业合作社工作的综合协调机制，进一步规范农民专业合作社的组织和行为。鼓励农民专业合作社依法开展互助保险，实现成员互助共济，同时鼓励农民专业合作社开展农产品加工
农业龙头企业	2012年3月	《关于支持农业产业化龙头企业发展的意见》	大力发展农产品加工，创新流通方式，不断拓展产业链条，推动龙头企业集群集聚，完善扶持政策，强化指导服务，增强龙头企业辐射带动能力，全面提高农业产业化经营水平
	2018年2月	《关于大力实施乡村振兴战略加快推进农业转型升级的意见》	实施农业走出去支撑工程，遴选20家实力强、信誉好的农业龙头企业重点支持，着力培育跨国农业企业集团
	2018年9月	《乡村振兴战略规划（2018—2022年）》	培育一批具有国际竞争力的农垦龙头企业集团，不断壮大农林产业化龙头企业，鼓励建立现代企业制度。鼓励龙头企业与农业经营主体共同营销，开展农产品销售推介和品牌运作

续表

主题	发布时间	政策名称	主要内容
农村电商	2015年11月	《关于促进农村电子商务加快发展的指导意见》	积极培育多元化农村电子商务市场主体，扩大电子商务在农业农村的应用。加强运用电子商务大数据引导农业生产，促进农业发展方式转变。加强农村流通基础设施建设、政策扶持以及人才培养，营造良好市场环境
	2016年4月	《"互联网+"现代农业三年行动实施方案》	大力培育农业电子商务市场主体，形成一批具有重要影响力的农业电子商务龙头企业和品牌。完善农业电子商务发展基础环境。开展农业电子商务试点示范
	2018年5月	《关于开展2018年电子商务进农村综合示范工作的通知》	深入建设和完善农村电子商务公共服务体系，培育农村电子商务供应链，促进产销对接，加强电商培训。鼓励各地优先采取以奖代补、贷款贴息等支持方式，通过中央财政资金引导带动社会资本共同参与农村电子商务工作
家庭农场	2013年1月	《关于加快发展现代农业进一步增强农村发展活力的若干意见》（中央一号文件）	鼓励和支持承包土地向专业大户、家庭农场、农民合作社流转。其中，"家庭农场"的概念是首次在中央一号文件中出现。家庭农场等新型农业经营组织将成为今后政策扶持重点
	2014年2月	《关于促进家庭农场发展的指导意见》	鼓励支持发展，并在实践中不断探索、逐步规范。要重点鼓励和扶持家庭农场发展粮食规模化生产，探索建立家庭农场管理服务制度，引导承包土地向家庭农场流转

资料来源：根据农业农村部网站整理。

3.2.2.2 俄罗斯农业经营组织政策

俄罗斯自1990年土地改革以来，目前存在三种农业生产经营主体。第一，按照20世纪90年代初通过的《俄罗斯家庭农场法》塑造家庭农场；第二，进入21世纪后，进一步推进苏联时代遗留下来的集体农庄和国有农场的改革，将其变更为大型的综合性农业企业；第三，家庭小农户经营，在俄罗斯也被称为小农户经济（李强等，2018）。

（1）家庭农场

2012年俄联邦政府批准《2013—2020年农业发展和农产品、原材料和粮食市场调控国家纲要》。该纲要中的分项计划《支持小型农场分项计划》《发展种植业及种植业产品的加工和销售分项计划》中指出支持小型农场的发展，俄联邦政府注重从事养殖业和种植业的小型农场的发展，将其作为保障农村地区经济稳定和维持就业率的基础。为此，政府计划在2020年前拨款840亿卢布用于向新建农场、家庭养殖场提供无偿资金援助。该项资金可用于购买农业经营用地。除了补贴，国家还制定了优惠的贷款计划，具体由俄罗斯农业银行提供（徐向梅，2017）。

（2）农业企业

俄罗斯政府对农业企业的政策支持更多体现在农业信贷方面，2000年俄罗斯建立了国家农业银行，向效益好的农业企业提供优惠贷款；减轻农业企业的债务，并把减免债务与提高生产效益挂钩；国家拨款建立国家农机租赁公司，并制定相应的拨款、抵押、保险和资金返还机制，以保证向农业企业出租农机（魏凤，2009）。2006—2007年，俄罗斯农业银行为畜牧业提供贷款800亿卢布，为小型农业生产组织提供贷款630亿卢布，土地抵押贷款66亿卢布。2012年俄罗斯加入WTO后，对农业企业采取更加优惠的贷款政策，规定对农业企业的年贷款利率不超过5%。2015年在《2013—2020年农业发展和农产品、原材料和粮食市场调控国家纲要》的基础上，俄罗斯中央政府从联邦预算中划拨约90亿卢布用于农村地区发展，用以促进农业生产、食品企业和加工企业的发展，制定措施加快企业的技术更新（李典军，2018）。

（3）小农户经济

2002—2007年，俄罗斯分别制定了《联邦政府农业食品政策基本方针》《农村社会发展纲要》和《农业发展法》等法律法规，进一步明确农业发展的方向、目标，农业政策制定原则和农产品市场调整规划。这一时期的主要改革方向包括以下两点：一是深化土地私有化改革，强化市场对土地流通、使用环节的调节导向作用。二是整合私人农场，推动农业规模化经营，促进不同组织形式之间的协作与联系。

3.2.3 农产品价格政策

农产品价格支持是指国家通过价格政策来稳定或提高农产品价格从而提高农业生产者收入和稳定农产品生产和供需平衡的行为（欧阳强斌，2018）。农产品价格支持是国家农业补贴政策的重要组成部分，对稳定农产品价格、促进农业生产和保障农民收入发挥了重要作用。

3.2.3.1 中国农产品价格政策

（1）最低收购政策

低价收购也称支持性收购，是国家为了维护农民利益、保障粮食市场正常供给而实施的一项农产品价格支持政策（张素勤，2016）。国家在综合考虑市场农产品价格及其供求情况基础上，确定农产品最低收购价并向市场公布。当市场价格低于最低收购价格时国家按最低收购价向农民收购农产品；当市场价格高于最低收购价格时，允许农民在市场上自由出售。相关收购部门因收购而产生的销售盈亏及相关费用由中央财政补贴。从2004年开始，中国对主要粮食作物包括水稻、小麦等实行低价收购政策。

（2）临时收储政策

临时收储是指中国政府为了稳定农产品价格，对棉花、大豆、玉米、油菜籽等农产品实施的一项临时收购政策（张素勤，2016）。当收储价格高于其市场价格时，国家按照事先制定的临时收储价格收购农产品，同时引导市场相关农产品价格走势。临时收储并不提早公布收购价格，也不实行敞开收购，而是中央政府在收购季节根据市场价格情况，确定当年的收购数量和价格，以实现稳定农产品市场价格和农民收入的政策目标。但由于临时收储干扰了市场价格机制，扰乱了市场资源配置，使部分农产品供需失衡，削弱了农产品竞争力。

(3) 目标价格政策

为应对临时收储政策的不利影响,中国从2014年起对部分农产品的价格支持政策进行了改革,开始实行目标价格政策(闻晓宇等,2017)。当市场价格低于目标价格时,国家根据目标价格与市场价格的价差对生产者给予补贴,以此提高农民的农产品生产积极性。2017年中国在东北三省和内蒙古自治区调整大豆目标价格政策,实行市场化收购加补贴机制,通过加强产供销衔接和市场信息发布、完善收购贷款信用保证基金,激发市场活力,引导多元市场主体入市收购,拓宽农民售粮渠道。

3.2.3.2 俄罗斯农产品价格政策

在农产品价格管理方面,俄罗斯主要采取的措施是放开农产品价格,变革农产品价格体制,以推进农业的市场化和加速市场化进程。

(1)"休克疗法"政策

俄罗斯独立后迅速颁布《俄罗斯联邦政府关于放开物价的决定》,开始实施"休克疗法",一次性放开了农产品价格。国家对农产品原则上按市场价格收购,取消收购价格的补贴。但由于严重的通货膨胀,农产品收购价格虽有很大提高,但农业生产者并没有真正受益,农业生产资料价格较高且供应减少,农产品生产成本大幅度上升,大大打击了农业企业的生产和再生产能力,尤其是畜牧业。1992年仅取消政府补贴这一项,就给出售产品的农场造成470亿卢布的损失,这使整个俄罗斯农业处于亏损境地(罗国柱,2011)。

(2)农产品市场价格干预政策

在农产品市场价格干预方面,俄罗斯政府限定了不同农产品的市场最低和最高价格,并采取缩减采购和增加储备的方式来调节和稳定农产品市场价格(刘纪稳,2013)。缩减采购,指在农产品市场价格下跌波动剧烈时,政府缩减农产品市场供给量,通过减少农产品的进口量来缩小市场缺口,同时政府拨款收购市场上流通过剩的农产品。增加储备,指在农产品市场价格上涨波动剧烈时，政府加大农产品市场供给量，减少农产品出口量来增加总供给量，并且将政府储备农产品投放市场以缓解供求不平衡的措施。

以粮食市场价格干预为例，2001年以来，俄罗斯政府限定最低和最高价格，采取国家采购干预和商品干预的方式调节和稳定国内粮食价格。采购干预期间，政府限制粮食进口，并拨款用于粮食收回；而在商品干预期间，政府则限制粮食的出口，并向市场投放粮食。目前，俄罗斯农产品市场上，制粉小麦、饲料小麦、黑麦、饲料大麦和玉米均建立了干预价格区间。

3.2.4 农业税收政策

农业税收是一个国家为了实现一定历史时期的任务，而对从事农业生产并以此获得收入的单位或个人征收的相应比率的税费，是财政收入的一种辅助手段。农业税收在世界范围内起源较早，各个国家或地区均对农业税收有着相应的政策或准则。

3.2.4.1 中国农业税收政策

自2006年中国全面取消农业税之后，中国在推进农业生产及发展多种农业经营形式等方面相继又施行了一系列税收优惠及补贴政策，以激发不同农业经营主体发展活力，推进农业向现代化稳定发展。

（1）农业企业税收优惠政策

对农业企业的税收优惠政策主要有：对农业生产者销售的自产农产品，免征增值税；对从事农、林、牧、渔业项目的所得，免征、减征企业所得税；对从事农业机耕、排灌、病虫害防治、植保、农牧保险以及相关技术培训业务，家禽、牲畜、水生动物的配种和疾病防治工作所取得的收入，免征增值税；对单位或个人将土地、水面等发包（出租）给其他单位或个人从事农业生产所收取的承包金（租金），免征增值税。

此外，对国有农业企业从事种植业、养殖业和农林产品初加工业的所得，暂免征收企业所得税。对边境贫困的国有农场、林场取得的生产经营所得和其他所得，暂免征收企业所得税。如遇有优惠政策交叉的情况，在具体执行时，选择适用其中一项最优惠的政策（有机农业网，2014）。

（2）农民合作社相关税收优惠政策

对于农民合作社的税收政策，规定销售本社成员生产的农业产品，免征增值税。增值税一般纳税人从农民合作社购进的免税农产品，按13%的扣除率计算抵扣增值税进项税额。对农民合作社向本社成员销售的农膜、种子、种苗、农药、农机，免征增值税。对农民合作社与本社成员签订的农业产品和农业生产资料购销合同，免征印花税。

（3）"公司+农户"经营模式税收优惠政策

公司与农户签订委托养殖合同，向农户提供畜禽苗、饲料、兽药及疫苗等，农户饲养畜禽苗，至成品后交付公司回收，公司进行销售。这属于农业生产者销售自产农产品，免征增值税。

（4）养殖业企业税收优惠政策

养殖业企业根据税法和实施条例的规定，从事农、林、牧、渔业项目的所得，即企业从事牲畜、家禽的饲养可以免征、减征企业所得税。同时，对企业或个人由于禽类扑杀所取得的财政专项补助，免征企业所得税或个人所得税。

（5）渔业企业税收优惠政策

对取得"远洋渔业企业资格证书"并在有效期内的远洋渔业企业取得的所得，暂免征收企业所得税。对取得"渔业捕捞许可证"的渔业企业，从事外海、远洋捕捞业务取得的所得，暂免征收企业所得税，从事近海及内水捕捞业务取得的所得，应照章征收企业所得税。

3.2.4.2 俄罗斯农业税收政策

1991年年底俄罗斯对农业企业统一征税，同时出台诸多税收优惠政策，建立起一套基本完备的农业税收制度。

（1）单一农业税政策

2004年起，俄罗斯联邦《农业生产者纳税制度（单一农业税）》生效，标志着俄罗斯重新开征农业税。单一农业税的征管具有以下特点（傅志华，2005）：

符合条件的农业企业（包括个体农户）自愿改缴单一农业税，实行6%的单一比例税率。农业企业不需要缴纳增值税、消费税、所得税等普通税种，改为缴纳单一农业税。新的农业课税制度是在自愿基础上进行的，农业企业可自愿选择继续按原来的普通税制纳税，也可以选择实施新的税制，只缴纳单一农业税。

有权选择缴纳单一农业税的企业，包括从事农产品和水产品生产、初加工、深加工及其产品销售的各类农业组织和个体农户，只要其过去9个月内销售自产农产品及初加工农产品的收入占到全部销售收入（包括商品、工程、服务收入）的70%以上。

（2）其他农业税收优惠政策

俄罗斯农产品增值税属于间接税。1992年俄罗斯发布实施的《增值税法》规定，大部分农产品的增值税率为13%，到1995年，由于增值税优惠政策的实施，采用10%的增值税税率（标准税率为18%）（张怀波，刘瑞涵，2010）。2001年1月1日生效的《联邦税法典》对农业商品生产者征税体系作了专门规定。目前，农业商品生产者所要缴纳的税费除农业统一税和增值税外，还有消费税、环境污染费、国家税、关税、自然人财产税、财产继承与赠与税、许可费7种。该税制实际付诸实施的时间由联邦主体自定，并且专门税制也可以与普通税制并行，纳税人可以选择按照其中一种税制纳税。

3.2.5 产业结构转型政策

农业产业结构是指农业各产业部门以及各部门内部的组成之间的比例

关系。长期以来，中俄两国农业处于"弱势陷阱"的困境一直未得到彻底改变，频现主要农产品有效供给不足、市场供需不匹配、农业产业结构不合理等问题。因此，对中俄两国来说，寻求农业产业新型发展路子、加快农业产业结构转型，都是当前亟待解决的问题。

3.2.5.1 中国农业结构转型

自1978年以来，中国农业结构调整以市场需求为导向，调整方向非常明确。随着中国加入WTO，农业产业结构调整相比前期更加艰难，农业产业结构调整对资金、技术和信息等农业生产要素的要求也越来越高。

2015年12月25日，农业供给侧结构性改革首次提出。2017年年初，我国中央一号文件公开指出农业供给侧结构性改革将以增加农民收入、保障有效供给为主要目标，以提高农业供给质量为主攻方向，以体制改革和机制创新为根本途径，主要内容在于推进种植业、畜牧业、渔业结构调整，重点是调减玉米种植面积，调整生猪、牛羊、渔业生产布局，巩固提升粮食产能，推动粮经饲料统筹、农牧渔结合、种养加一体、三次产业融合发展。

在农业供给侧结构性改革基础之上，中国还发布了一系列延伸政策。2018年2月，农业部出台《关于大力实施乡村振兴战略加快推进农业转型升级的意见》，指出推进农业尽快由总量扩张向质量提升转变，加快推进农业转型升级，同时着力调整优化农业结构。此外，《2018年国家农业综合开发工作要点》提出培育扶持家庭农场、合作社、龙头企业、社会化服务组织和农业产业化联合体等新型农业经营主体，加大对农业规模化服务项目的支持力度，发展多种形式适度规模经营，以及扶持小农户等工作重点。

3.2.5.2 俄罗斯农业结构转型

苏联时期，农业生产结构主要为集体农庄和国营农场两种基本形式，农业在计划经济体制下高度集中。1991年俄罗斯独立后，在集体农庄和国营农场基础上增加了家庭所有制和小型私有农场两种结构形态。1991年12月27日，俄罗斯政府颁布了《关于俄罗斯联邦实行土地改革紧急措施的命令》，规定所有集体农庄和国有农场必须进行改组和重新登记，由原来单一的农庄农场经营形式变为多种经营形式。自此，俄罗斯三大类农业基本经营形式确立，即农业企业、农户（农场）经济和居民副业。

在其农业生产结构基本形式确立之后，俄罗斯引入了农业控股的业态，以实现规模化经营并垂直整合相关产业链（生产、加工和销售）。农业控股公司可以采用更好的育种、更多的化肥和先进的农业机械进行规模化生产且更加注重效率和盈利，将资本、农业科技和先进管理组合在一起。截至2017年年初，农业控股公司控制了俄罗斯五分之一的耕地，产量占比超过40%，成为俄罗斯农业生产效率提升的主要来源（张红侠，2018）。

3.3 中俄农村政策

近年来，各国政府对农村的相关政策都不断增加，这些政策的实施对各国国民经济持续健康发展，维护社会稳定、提高国民素质和建设和谐社会有着重要意义。本节主要从农村社会福利政策、农村环境保护政策、乡村旅游政策和农村基础设施建设政策四个方面对比介绍中俄两国的农村政策。

3.3.1 农村社会福利政策

农村社会福利政策，是指国家和社会为改善并不断提高农民的物质文化生活水平而采取的各种具有经济福利性的社会政策措施的总称。简言之，农村社会福利政策是一项面向全体农民的社会政策。农村社会福利是各国社会福利事业中重要的一环，在维护社会稳定和促进和谐社会建设等方面发挥着重要的作用。

3.3.1.1 中国农村社会福利政策

目前中国农村社会福利体系主要分为保障型社会福利和服务型社会福利，前者包括农村五保供养制度、农村最低生活保障制度、新型农村合作医疗制度、新型农村养老保险制度，后者主要指教育福利（董莉，2016）。

（1）农村五保供养制度

农村五保供养制度，是依照《农村五保供养工作条例》规定对丧失劳动能力和生活没有依靠的老、弱、孤、寡、残的农民实行保吃、保穿、保住、保医、保葬的一种社会救助制度。农村五保供养制度包括供给粮油、副食品和生活用燃料；供给服装、被褥等生活用品和零用钱；提供符合基本居住条件的住房；提供疾病治疗，对生活不能自理的给予照料；办理丧葬事宜五项内容。

（2）农村最低生活保障制度

农村最低生活保障制度，指由地方政府为家庭人均纯收入低于当地最低生活保障标准的农村贫困群众，按最低生活保障标准，提供维持其基本生活的物质帮助。该制度是在农村特困群众定期定量生活救济制度的基础上逐步发展和完善的一项规范化的社会救助制度。农村最低生活保障对象是家庭年人均纯收入低于当地最低生活保障标准的农村居民，主要是因病残、年老体弱、丧失劳动能力以及生存条件恶劣等原因造成生活常年困难的农村居民。

（3）新型农村合作医疗制度

新型农村合作医疗制度，是指由政府组织、引导、支持，农民自愿参加，个人、集体和政府多方筹资，以大病统筹为主的农民医疗互助共济制度。采取个人缴费、集体扶持和政府资助的方式筹集资金。2017年，各级财政对新农合的人均补助标准在2016年的基础上提高30元，达到450元。其中，中央财政对新增部分按照西部地区80%、中部地区60%的比例进行补助，对东部地区各省份分别按一定比例补助。农民个人缴费标准在2016年的基础上提高30元，原则上全国平均达到180元左右。探索建立与经济社会发展水平、各方承受能力相适应的稳定可持续筹资机制。

(4) 新型农村养老保险制度

新型农村养老保险制度，是国家为每个新农保参保人建立终身记录的养老保险个人账户。个人缴费，集体补助及其他经济组织、社会公益组织、个人对参保人缴费的资助，地方政府对参保人的缴费补贴，全部记入个人账户。

(5) 教育福利

随着《中华人民共和国教育法》的颁布，在教育上，农民子弟享受到了义务教育的权利，到目前为止，所有农村都实现了9年义务教育的普及，浙江、广东、河北多地的农村都尝试了12年义务教育，取得很好反响，但12年义务教育主要还集中在沿海等发达地区，没有大范围普及。义务教育的逐步普及保障了农村子弟受教育的权利。

3.3.1.2 俄罗斯农村社会福利政策

俄罗斯关于农村社会福利的政策主要包括养老保障制度、医疗保障制度、失业保障制度和教育福利。

(1) 俄罗斯联邦养老保障制度

俄罗斯的养老保障规模宏大，无论是在社会生活或政治生活，还是在国家财政预算系统中都发挥着巨大的作用。养老退休制度在俄罗斯农村社会保障制度中占据重要地位。俄罗斯退休金包括国立养老金和在社会保险机构购买的个人退休养老保险。国立养老金包括劳动养老退休金与社会养老退休金，劳动养老退休金是按照某人的年龄与工龄为基础决定的养老退休金；社会养老退休金则只看有没有达到退休年龄，没有工龄要求。

（2）俄罗斯联邦医疗保障制度

《国家提供免费医疗服务给俄罗斯联邦公民方案》规定俄罗斯公民可获得三种免费医疗救助服务：

①紧急救助，指在公民生命有危险或者其所患病对他人身体健康有威胁的情况下提供的救助，如急性病、慢性病突然加重、意外事故、中毒、女性怀孕与生育期间发生病变。

②门诊医疗救助，包括对各种疾病进行的预防、诊断与治疗方面的工作。

③医院医疗救助，主要救助对象为患急性病或者慢性病突然加重的患者、需要进行强化治疗的患者、需24小时监护的患者、流行病隔离患者。

同时，有望改善农村区域突发事件和特殊医疗服务的医疗和产科中心、地区医院、医学诊所等医疗服务机构的物质技术基础。通过建立各地区中心区医院，跨区域使用远程医疗，同时开发救护车服务、药房网络，进一步改善农村地区的医疗救助服务。

（3）俄罗斯联邦失业保障制度

失业救济金是失业者获得的最主要的救济金。根据俄罗斯的法律，每个有政治权利的失业者都可享受两种补助金：失业救济金和临时失去劳动能力补助金。这两种补助金都由俄罗斯就业基金会拨款。除此之外，失业者还可得到的社会保障包括：培训与重新学习的补助金；直接参加有劳动需求的公共事业单位；在当地就业服务处的推荐下，免费迁移至其他有工作需求的地点（马哈林等，2014）。

（4）俄罗斯农村教育福利

为了确保普遍可及性和提高俄罗斯农村教育质量，以及农村学校毕业生在高等和中等专业教育机构中的竞争力，根据2010年9月7日联邦政府的法令，俄罗斯采取措施实施国家教育倡议——"我们的新学校"，包括对农村教育工作者的高级培训，向为大学毕业生在农村工作提供支持的学校和组织提供进行专业培训的条件。同时提高俄罗斯农村教育基础设施，改善农村学校的设施和技术设备。

3.3.2 农村环境保护政策

农村生态环境的健康发展对各国国民经济持续健康地发展、建设和谐社会有着重要意义，农村环境政策的主要目标是农村地区的环境恢复和农村经济主要地区的绿化（孟雪靖，2007）。以下将从水土保持政策和垃圾处理政策两方面分别介绍中俄两国农村环境保护政策。

3.3.2.1 中国农村环境保护政策

（1）水土保持政策

《全国水土保持规划（2015—2030年）》是中国水土流失防治进程中的一个重要里程碑。该规划实施的同时，我国出台了《生态文明体制改革总体方案》，实施大气、水、土壤污染防治行动计划，开展新修订后的《中华人民共和国环境保护法》实施年活动，用硬措施应对硬挑战，用真作为带来真改变，环境治理力度前所未有，进程加速推进，环境质量改善取得积极进展。同时，《中华人民共和国水土保持法》的颁布，从预防、治理、监测和监督水土保持等方面做出了具体的描述，为预防和治理水土流失，保护和合理利用水土资源，减轻水、旱、风沙灾害，改善生态环境做出巨大贡献。

（2）垃圾处理政策

近两年来，中国政府对农村生活污水垃圾的处理给予了高度重视，具体的政策见表3-6。

表 3-6   近两年来中国关于农村污水生活垃圾处理的政策

时间	政策名称	政策主要内容
2017 年 6 月	《关于开展第一批农村生活垃圾分类和资源化利用示范工作的通知》	在 2017 年确定符合本地实际的农村生活垃圾分类方法,并在半数以上乡镇进行全镇试点
		两年内实现农村生活垃圾分类覆盖所有乡镇和 80% 以上的行政村,并在经费筹集、日常管理、宣传教育等方面建立长效机制
2017 年 12 月	《宁德市进一步加快培育发展农村污水垃圾处理市场主体实施细则》	到 2018 年基本实现全市农村垃圾收运处理全覆盖,建立常态化保洁机制
		到 2019 年基本实现全市乡镇和行政村生活污水处理全覆盖
2018 年 2 月	浙江省地方标准《农村生活垃圾分类管理规范》	对农村生活垃圾做出了界定,而且对农村生活垃圾分类基本要求、设施配套要求、易腐垃圾处理管理要求和长效管理等内容做出了详细的指导
2018 年 9 月	沪郊试点"桶长制"推进农村生活垃圾分类	在此次试点的三级"桶长制"中,"一级桶长"由村委会班子成员和有关分管干部担任,每人划片包干一个责任区,然后对责任区域的垃圾分类工作进行总体监督指导;"二级桶长"为责任区内的党员和志愿者,按照就近原则,结对若干村民住户,直接指导村民进行垃圾分类;"三级桶长"为垃圾收运保洁员、分拣员,干、湿垃圾桶的桶身上贴上收集员的名字,分类收集的成效一目了然

数据来源:根据前瞻经济学人资料整理。

3.3.2.2 俄罗斯农村环境保护政策

(1) 水土保持政策

俄罗斯对水土保持曾采取了坡耕地水保措施和沙棘引种实验等措施。

首先,坡耕地水保措施不仅能保持土壤水分,促进农业丰收,且能减少土壤风蚀,降低土壤侵蚀强度(武斌等,1996)。其次,俄罗斯沙棘新品种是一种经济价值较高的水土保持植物,对俄罗斯农村的水土保持做出了重大贡献(周绍权,1996)。

2011 年 7 月 25 日第 260 号联邦法《关于农业保险领域的国家支助和

联邦农业发展法修正案》中提出俄罗斯农地土地复垦发展等相关政策，表示对不同地区农场的农场间排水系统、灌溉系统、农场运河、建筑物和泵站等进行重建。

涉及农业用途的开垦土地（灌溉或排水）的技术措施，包括从木本和草地植被、小丘、树桩和苔藓以及石头和其他物体清除开垦的土地；松动，打磨，黏土，种植，植物和初级耕作；引入减少土壤酸度的改良剂。

（2）垃圾处理政策

为了全面解决农村地区生态恢复问题，俄罗斯联邦政府制定了相应的区域方案，其中包括农村地区的环境措施系统，包括清查和消除现有垃圾填埋场的措施，以及组织农村固体生活垃圾管理和处置系统。主要措施包括开发无废弃技术、低废弃和非废弃技术。开发无废弃技术主要任务是创造基本的新技术流程，最大限度地减少生产过程中的废物产生及其利用。为此，有必要创造条件开发低废弃和非废弃技术，改进相关工艺流程和设备，以及促进工农业组织之间的合作，以更充分地利用原材料和废物。

3.3.3 乡村旅游政策

不管是在中国还是在俄罗斯，乡村旅游已经成为人们生活的一种游乐方式，特别是中国的城镇化进程加快，城市居民越来越多，更加渴望亲近大自然、接近自然风光；在俄罗斯很多城市居民乐意前往农村体验农业生产生活、去呼吸新鲜的自然空气。可以说乡村旅游已经成为中俄两国旅游的一个发展趋势。

3.3.3.1 中国乡村旅游政策

2015年，我国农业部会同国家发展改革委等11部门联合印发了《关于积极开发农业多种功能大力促进休闲农业发展的通知》。该通知提出，要明确用地政策，支持农民发展农家乐，鼓励利用村内集体建设用地，开展城乡建设用地增减挂钩试点，利用"四荒地"等发展休闲农业，以此支持发展农村旅游。

同时，国家旅游局、国家发展改革委、国土资源部等12部委制定了《乡村旅游扶贫工程行动方案》，并联合下发了《关于实施乡村旅游富民工程推进旅游扶贫工作的通知》，重点突出基础设施、规划引导、宣传推广、人才培训等方面的工作，2020年前扶持6000个重点村发展乡村旅游。

各省也陆续出台乡村旅游的相关政策，激励促进乡村旅游业的发展。湖南省出台《湖南省乡村旅游体质升级计划（2015—2017）》。山东省提出涉农资金要向乡村旅游倾斜，截至2017年，全省发展400个特色旅游小镇、2000个旅游特色村、10万家乡村旅游品牌经营户（马聪玲，2016）。

3.3.3.2 俄罗斯乡村旅游政策

乡村旅游发展给俄罗斯带来一定的经济增长，推动了第三产业的发展。在俄罗斯，乡村旅游的受欢迎程度也在不断增加，越来越多的俄罗斯行政地区积极发展乡村旅游。为了进一步推动乡村旅游的发展，俄罗斯政府给予了乡村旅游诸多的优惠政策。2013年俄罗斯政府批准的联邦发展目标为："2014—2017年要保证农村区域的稳固持续发展直到2020年。"2015年2月俄罗斯政府核准了"到2030年为止，俄罗斯联邦的乡村地区可持续发展战略"。2011—2018年，俄罗斯联邦旅游发展的目标指定为乡村旅游，乡村旅游是国家优先发展的事项。2014年，俄罗斯联邦发展区域部门提交了全俄罗斯农村地区的发展方案，该方案是基于乡村旅游和有机农业进行的规划。这些关于乡村旅游的优惠政策很大程度上推动了俄罗斯地区的乡村旅游发展，带动了俄罗斯国内发展乡村旅游的热潮（维多利亚，2016）。

3.3.4 农村基础设施建设政策

农村基础设施建设的不断完善,可以提高农民生活水平,同时为农村其他方面的发展提供坚实有效的基础。

3.3.4.1 中国农村基础设施建设政策

首先,国务院下发了《国务院办公厅关于创新农村基础设施投融资体制机制的指导意见》(国办发〔2017〕17号),要求中国农业发展银行结合自身职能定位和业务范围,创新建设和运营模式,加大对农村基础设施建设的支持力度。这些政策战略的实施为中国农业发展银行带来了前所未有的政策机遇,也为农村基础设施业务发展提供了更好的发展环境(专题研究班,2017)。同时,北京市委、市政府制定了《实施乡村振兴战略扎实推进美丽乡村建设专项行动计划(2018—2020年)》,市政协、市委统战部围绕市委、市政府重点工作开展协商议政。强调加强乡村基础设施建设,建设美丽乡村(王宏崑,2018)。

3.3.4.2 俄罗斯农村基础设施建设政策

2011年7月25日,第260号联邦法《关于农业保险领域的国家支助和联邦农业发展法修正案》中提出要改善俄罗斯基础设施建设,包括在农村地区建立医疗和产科点网络和(或)农村地区全科医生办公室、平面体育设施网络、文化和休闲设施网络、发展道路网络,集中农村定居点,改善生产和加工农产品的基础设施。《2020年俄罗斯联邦农村地区可持续发展的概念》中提出要改善网络设施、供暖设备、公路运输服务、电信和邮政服务等基础设施的建设。

3.4 中俄农业政策支持水平分析

经济合作与发展组织（OECD）开发的评估农业支持水平的工具和测度方法，能全面反映一国的农业政策支持情况。因此，笔者选择 OECD 政策评价方法，对中国和俄罗斯的农业支持政策的水平以及内部结构进行系统分析。

3.4.1 OECD 农业政策支持水平测评指标

伴随着 OECD 农业政策的改革，政策评价措施的数量和复杂性显著增加，使得 OECD 政策措施的分类不断变化。2007 年《OECD 成员国农业政策监测和评价》报告中提出了最新的政策分类和政策评价指标体系。该报告将与农业支持政策相关的支持总量分为三个指标类别：生产者支持估计值（PSE）、一般服务支持估计值（GSSE）和消费者支持估计值（CSE）。本书针对农业支持政策水平的评价分析，主要选取以下指标：

3.4.1.1 绝对值指标——TSE、PSE、CSE、GSSE

总支持水平估计值（TSE）是指由政策措施所产生，纳税人和消费者向农业生产者转移支付的总价值。TSE 的值为 PSE、GSSE 与 TCT（为 CSE 的一部分，表示纳税人转移到农产品消费者的金额）三者之和。

生产者支持估计值（PSE）是指由政策措施所产生，每年由消费者和纳税人转移给农产品生产者的价值总量，包括基于农产品产出的支持（A 项）；基于投入使用的支持（B 项）；基于当前种植面积、牲畜数量、收入、收益，以生产为基础的支持（C 项）；基于非当前种植面积、牲畜数量、收入、收益,以生产为基础的支持(D项);基于非当前种植面积、牲畜数量、收入、收益,不以生产为基础的支持(E项);基于非商品标准的支持(F项)以及其他支持(G项)。

消费者支持估计值(CSE)是指受政策措施所影响,消费者获得的转移支付总量,包括消费者购买国内生产农产品,通过对市场价格的支持而形成的对生产者的转移支付;消费者向政府财政预算、向进口商,或者同时对二者进行的价值转移;纳税人向消费者的转移支付;通过市场价格支持对国产饲料的转移支付。若消费者支持估计值为正值,说明消费者获得纳税人和农业生产者的补贴;若为负值,说明消费者被隐性征税。

一般服务支持估计值(GSSE)是指由于私人或公共部门对农业部门实施一般性(或公共性)服务政策而引起的价值转移,包括农业知识与创新体系、检验与控制、基础设施的开发与维护、农产品营销推广、公共持股成本以及因信息缺乏而无法归类的杂项。

3.4.1.2 相对值指标——%TSE、%PSE、%CSE、%GSSE

%TSE表示农业总支持水平估计值(TSE)占GDP的比重。比重越高,表示国内收入用于支持农业的比重越高;反之则越低。

%PSE表示生产者支持估计值(PSE)占以农场价格计算的农场总收入的百分比。

%CSE表示消费者支持估计值(CSE)占以国际市场价格计算的消费支出的百分比。

%GSSE表示一般服务支持估计值(GSSE)占农业总支持水平估计值(TSE)的比重。比重越高,表示农业支持政策对农产品生产者的生产行为影响越小,农产品贸易扭曲程度越低;比重越低,表示农业支持政策对农产品生产者的生产行为影响越大,农产品贸易扭曲程度越高。

3.4.2 中国农业政策支持情况

3.4.2.1 农业总支持水平和结构

农业的基础性、弱质性和风险性决定了政府必须从根本上重视农业，不断加大财政对农业的支持力度，建立有效的农业保护机制，以提高农业的产业竞争力。中国是农业大国，一直以来，中国政府都十分关注农业问题，重视对农业的政策支持，农业总支持水平长期高于OECD国家的平均水平。具体数据如表3-7所示。

表3-7　　　　　中国1995—2016年农业总支持水平

年份	TSE（百万美元）	%TSE（%）	%TSE（OECD）（%）
1995	13273	2.37	1.62
1996	6744	0.99	1.45
1997	10089	1.19	1.21
1998	13873	1.51	1.20
1999	8369	0.82	1.20
2000	23612	1.80	1.03
2001	28867	1.93	0.88
2002	33291	2.13	0.89
2003	33388	2.27	0.93
2004	32164	2.04	0.99
2005	37456	2.04	0.91
2006	52888	2.41	0.83
2007	54581	2.10	0.77
2008	36449	1.16	0.82
2009	75785	2.06	0.80
2010	98683	2.14	0.78
2011	89765	1.65	0.80

续表

年份	TSE（百万美元）	%TSE（%）	%TSE（OECD）（%）
2012	157409	2.36	0.79
2013	175403	2.40	0.75
2014	183596	2.33	0.70
2015	247788	2.52	0.58
2016	223298	2.22	0.60

数据来源：OECD 数据库。

中国的农业支持政策大致经历了三个阶段：1949 年以前是适应计划经济阶段，农业支持政策以计划性和被动性为特征。中华人民共和国成立后到加入 WTO 之前是中国从计划经济向市场经济过渡阶段，农业支持政策以市场性和辅助性为特征。因此，在 2001 年以前，中国的农业总体支持水平相对较低，部分年份低于 OECD 成员国平均水平。2001 年加入 WTO 之后，中国进入深化市场经济阶段，农业支持政策体现出反哺性、主导性和制度化的特点，农业总体支持水平出现明显提高。但由于 WTO 的一系列补贴削减要求，在加入 WTO 初期，中国的农业总体支持水平出现了小幅度的波动。2004 年以来，中国政府每年颁布的"中央一号"文件均是关于农业发展，提出在 WTO 框架下的一系列强农惠农政策，不断加大农业政策支持力度，农业总体支持水平由 2004 年的 321.64 亿美元提高到 2016 年的 2232.98 亿美元，增长了约 6.9 倍，平均高出 OECD 成员国平均水平 2.79 倍。

如图 3-3 所示，中国的农业总支持中，生产者支持（PSE）自 2001 年起占有很大比重，并呈现出增长的趋势，2009—2014 年的 6 年间基本稳定在 110% 左右，2014 年之后稍有下降，说明中国政府的农业政策支持更倾向于对农业生产者的支持。1999 年中国的一般服务支持（GSSE）占农业总支持（TSE）的 118%，到 2016 年仅占 15.56%，总体呈现波动性下降趋势，说明中国政府用于支持一般服务的资金在逐年减少，这可能与中国逐渐完善的基础设施建设和农业服务体系有关。纳税人转移到农产品消费者的金额（TCT）占农业总支持的比重除1999—2002年为正向比重，其余年份均为负向比重，呈现出波动性态势，截至2016年TCT的占比为-10.59%。

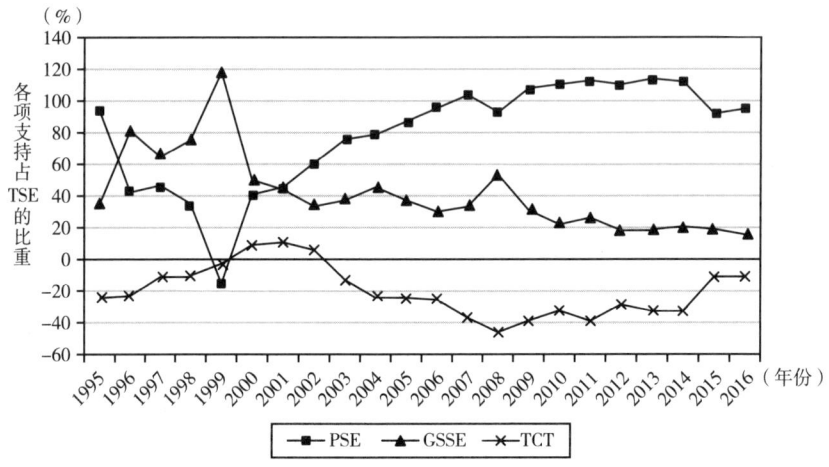

图3-3 1995—2016年中国PSE、GSSE、TCT分别占TSE的比重
说明：TSE = PSE + GSSE + TCT。
数据来源：OECD数据库。

3.4.2.2 农业生产者支持水平和结构

加入WTO之后，中国对农业生产者的支持一直处于较高水平，并持续增长，由2001年的131.04亿美元增加到2016年的2121.82亿美元，年均增长率为19.01%。2008年受全球金融危机的影响，农业生产者支持（PSE）出现一定程度减少。对农业生产者支持（PSE）占农场总收益（GFR）的比重（%PSE）自2001年起也大致呈现出上升的趋势。2012年起一直保持在14%以上。长期以来，中国的农业生产者支持水平始终低于OECD成员国的平均水平，说明中国农业生产者的收入中源于政策支持的部分相较于OECD成员国平均水平是偏低的。具体数据如表3-8所示。

表 3-8　　　　中国 1995—2016 年农业生产者支持水平

年份	PSE（百万美元）	%PSE（%）	%PSE（OECD）（%）
1995	12454	5.6	31.9
1996	2848	1.1	30.3
1997	4697	1.8	28.8
1998	4878	1.8	32.4
1999	-1280	-0.5	35.6
2000	9654	3.7	32.9
2001	13104	4.7	29.3
2002	20262	7.0	30.9
2003	25292	8.3	29.6
2004	25338	6.7	29.2
2005	32616	7.7	27.6
2006	50490	11.5	25.6
2007	56630	10.0	20.9
2008	33836	4.6	20.6
2009	81848	10.6	21.7
2010	109031	12.3	19.9
2011	101281	9.3	18.6
2012	173740	14.2	19.1
2013	199857	14.7	17.9
2014	205792	14.5	17.9
2015	227837	15.7	17.9
2016	212182	14.5	18.8

数据来源：OECD 数据库。

OECD 将农业生产者支持（PSE）分为 7 项内容：A 项"基于农产品产出的支持"，在中国该项是农业生产者支持（PSE）中占比最大的项目，基本占 70% 以上，其中市场价格支持（MPS）占绝大部分。事实上，基于农产品产出的支持是农业支持中最低效和最扭曲的方式，应当逐步消除。B 项"基于投入使用的支持"，中国大致呈现出上升趋势，由 2012 年的 156.98 亿美元增加到 2015 年的 246.76 亿美元。C 项"基于当前种植面积、牲畜数量、收入、收益的，以生产为基础的支持",中国在2016年为259.91亿美元，占农业生产者支持（PSE）约12.25%。E项"基于非当前种植面积、牲畜数量、收入、收益的，不以生产为基础的支持"和F项"基于非商品标准的支持"在中国此两项在农业生产者支持（PSE）中占较小部分，D项"基于非商品标准的支持"和G项"其他支持"，中国的数据均为0。具体占比数据如表3-9所示。

表3-9　　　　2012—2016年中国农业生产者支持结构　　　　单位：百万美元

	2012年	2013年	2014年	2015年	2016年
生产者支持估计值（PSE）	173740	199857	205792	227837	212182
A：基于农产品产出的支持	132957	158024	148514	173964	157291
B：基于投入使用的支持	15698	15889	22304	24676	21362
C：基于当前种植面积、牲畜数量、收入、收益的，以生产为基础的支持	21115	21706	29134	23349	25991
D：基于非当前种植面积、牲畜数量、收入、收益的，以生产为基础的支持	0	0	0	0	0
E：基于非当前种植面积、牲畜数量、收入、收益的，不以生产为基础的支持	1976	2437	3332	3319	5095
F：基于非商品标准的支持	1991	1801	2508	2527	2442
G：其他支持	0	0	0	0	0

数据来源：通过OECD历年农业政策监测与评价报告分析整理。

3.4.2.3　农业消费者支持水平及结构

进入21世纪前，中国有较长一段时间的消费者支持（CSE）为正向，说明这一阶段中国的农产品消费者获得了纳税人和农业生产者的补贴，且在1996—1999年的4年间基本处于增长趋势。从2000年起，中国的消费者支持（CSE）长期为负向支持，意味着进入21世纪以后，中国的农产品消费者长期被隐性征税。与OECD成员国平均水平相比，进入21世纪以来，2000—2011 年中国的%CSE 值大于 OECD 成员国平均的%CSE 值，2012 年起则小于 OECD 成员国平均水平，说明 OECD 成员国的农产品消费者被隐性征税的程度不断降低，而中国的农产品消费者被隐性征税的情况有不断扩大的趋势。具体数据如表 3 - 10 所示。

表 3 - 10　　　　　1995—2016 年中国农业消费者支持水平

年份	CSE（百万美元）	%CSE（%）	%CSE（OECD）（%）
1995	-10160	-4.6	-26.3
1996	2037	0.8	-23.8
1997	1508	0.6	-22.1
1998	4492	1.7	-22.5
1999	8977	3.5	-28.5
2000	-936	-0.4	-23.7
2001	-3222	-1.2	-18.9
2002	-11269	-3.8	-21.4
2003	-17279	-5.5	-19.9
2004	-8637	-2.3	-19.3
2005	-12292	-3.0	-17.0
2006	-25914	-5.7	-14.8
2007	-26193	-4.5	-11.4
2008	-857	-0.1	-9.7
2009	-49901	-6.5	-10.1
2010	-83733	-9.4	-9.3
2011	-57884	-5.4	-7.8
2012	-130642	-10.7	-8.7
2013	-151897	-11.2	-7.0
2014	-148888	-10.7	-7.2
2015	-170983	-12.1	-8.3
2016	-160849	-11.2	-7.3

数据来源：OECD 数据库。

在中国的农业消费者支持（CSE）当中，A项"从消费者到生产者的转移支付"基本占所有消费者支持的90%以上。其次为B项"消费者的其他转移支付"，基本占所有消费者支持的12%。D项"其他饲料成本"在农业消费者支持（CSE）中为正向支持。C项"从纳税人到消费者的转移支付"则为0（如图3-4所示）。

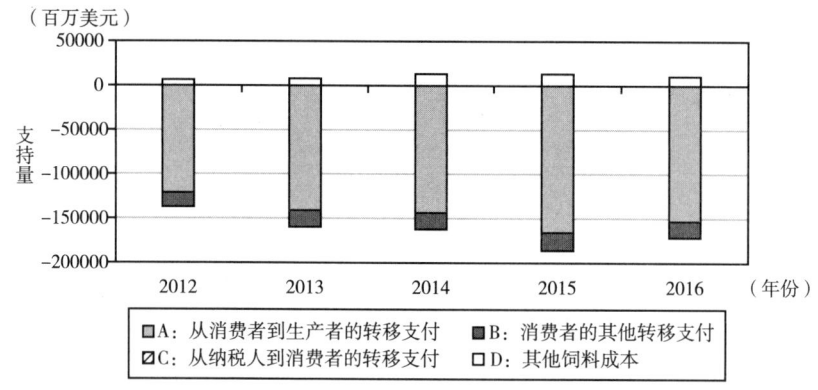

图3-4　2012—2016年中国农业消费者支持结构

数据来源：通过OECD历年农业政策监测与评价报告分析整理。

3.4.2.4　农业一般服务支持水平与结构

中国政府对农业一般服务的支持金额逐年增加，2016年已经达到347.51亿美元，比1995年增长了约8.54倍。但从农业一般服务支持（GSSE）占农业总支持（TSE）的比重来看，反而在1999年以后呈现出大幅度的下降趋势，由1999年的110.7%下降到12.6%，这说明中国政府的农业支持政策对生产者生产行为的影响在扩大，农产品贸易扭曲程度在增加。目前中国政府的农业一般服务支持水平与OECD成员国的平均水平相当。具体数据如表3-11所示。

中国的农业一般服务支持（GSSE）主要集中在A项"农业知识与创新体系"、C项"基础设施的开发与维护"和E项"公共持股成本"三个方面，占到了农业一般服务支持（GSSE）的90%以上，其中用于基础设

表 3-11　　1995—2016 年中国农业一般服务支持水平

年份	GSSE（百万美元）	%GSSE（%）	%GSSE（OECD）（%）
1995	4609	26.6	14.0
1996	5471	63.9	13.0
1997	6511	56.9	13.8
1998	10425	67.2	13.1
1999	9875	110.7	11.4
2000	11824	54.3	12.0
2001	12665	49.0	13.1
2002	11094	35.4	12.4
2003	12413	32.9	12.1
2004	14608	36.6	11.3
2005	13923	29.9	12.1
2006	15882	23.9	12.6
2007	18097	24.2	13.3
2008	19438	36.5	14.8
2009	23424	22.2	13.5
2010	21667	16.6	13.1
2011	23538	18.9	13.0
2012	28583	14.1	12.3
2013	32989	14.2	13.6
2014	37803	15.5	12.8
2015	47039	17.1	13.6
2016	34751	12.6	12.6

数据来源：OECD 数据库。

施的开发与维护的支持比重呈现出减小趋势，而用于公共持股成本的资金支持正不断扩大。B项"检验与控制"与D项"营销推广"在农业一般服务支持（GSSE）中占较小比重，并且对农产品营销推广的支持比重不断减小。F项"其他"为0。具体数据如表3-12所示。

表3-12　　　　2012—2016年中国农业一般服务支持结构　　　单位：百万美元

	2012年	2013年	2014年	2015年	2016年
一般服务支持估计值（GSSE）	28583	32989	37803	47039	34751
A：农业知识与创新体系	8361	9449	10095	9365	7709
B：检验与控制	1954	2106	2315	2296	1821
C：基础设施的开发与维护	11402	11676	12406	11438	9162
D：营销推广	691	776	618	656	421
E：公共持股成本	6174	8982	12369	23282	15367
F：其他	0	0	0	0	0

数据来源：通过OECD历年农业政策监测与评价报告分析整理。

3.4.3　俄罗斯农业政策支持情况

3.4.3.1　农业总支持水平和结构

20世纪末，俄罗斯的农业总支持水平陷入低谷，1999年俄罗斯农业出现了负向支持。2000年以来，俄罗斯逐步增加了对农业部门的支持和补贴，农业总支持（TSE）不断增加，特别是2007年，俄罗斯开始实施《联邦农业发展法》（又称《新农业法》），重新认识和确立了农业的重要地位，完善了其农业政策体系，农业支持力度大幅度增加。2016年，俄罗斯的农业总支持（TSE）达到125.14亿美元，与2000年相比提高了约12.58倍。然而，俄罗斯的%TSE在2000—2016年间却呈现出波动的态势，这与其经济增长波动有关。受金融危机的影响，2009年俄罗斯的GDP较2008年减少了2.38亿卢布。2015—2016年，俄罗斯的GDP再次出现负增长。但长期来看，俄罗斯的农业总体支持水平仍高于OECD成员国的平均水平。具体数据见表3-13。

表 3-13　　1995—2016 年俄罗斯农业总支持水平

年份	TSE（百万美元）	%TSE（%）	%TSE（OECD）（%）
1995	5624	2.08	1.62
1996	6103	1.86	1.45
1997	9246	2.43	1.21
1998	3239	1.25	1.20
1999	-311	-0.16	1.20
2000	995	0.33	1.03
2001	4142	1.14	0.88
2002	4058	1.04	0.89
2003	4986	1.23	0.93
2004	7947	1.57	0.99
2005	6096	0.93	0.91
2006	8480	1.01	0.83
2007	10202	1.01	0.77
2008	17357	1.43	0.82
2009	15479	1.65	0.80
2010	14627	1.19	0.78
2011	11971	0.82	0.80
2012	12845	0.77	0.79
2013	13660	0.81	0.75
2014	11632	0.76	0.70
2015	9954	0.84	0.58
2016	12514	1.09	0.60

数据来源：OECD 数据库。

1995 年以来，俄罗斯的农业支持政策框架并没有大幅度变动，一直倾向于对农业生产者的支持，除 1999 年外，俄罗斯政府对农业生产者的支持（PSE）比重长期在 100% 左右浮动，一般服务支持（GSSE）比重长期在 20% 左右浮动，纳税人转移到消费者的金额（TCT）长期在 -20% 左右的水平浮动。这说明俄罗斯的农业支持政策具有一定的稳定性（如图3-5所示）。

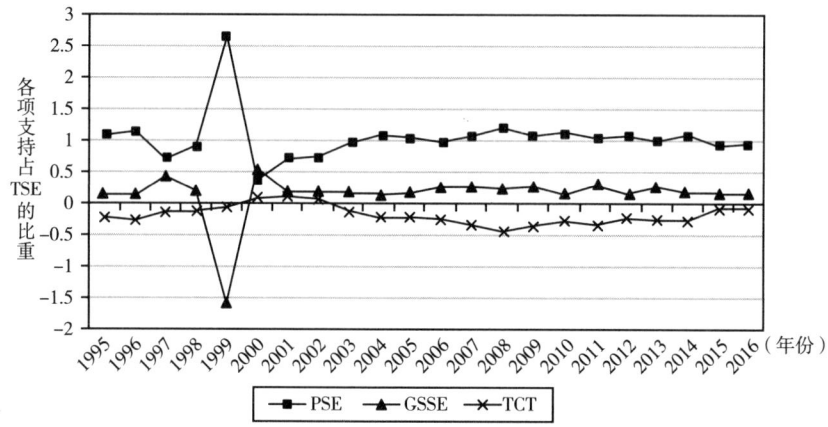

图3-5　1995—2016年俄罗斯PSE、GSSE、TCT分别占TSE的比重
说明：TSE = PSE + GSSE + TCT。
数据来源：OECD数据库。

3.4.3.2　农业生产者支持水平和结构

俄罗斯的农业生产者支持水平长期低于OECD成员国的平均水平，2000年仅为OECD成员国平均水平的约4.6%。从农业生产者支持估计值（PSE）来看，2000—2008年，俄罗斯的农业生产者支持处于增长阶段，年均增长率为77.99%，2009年起则大致呈现出下降趋势，2016年为119.28亿美元，这可能与俄罗斯在西方经济制裁和油价下跌的双重打击下经济形势严峻有关。从农业生产者支持（PSE）占农场总收益（GFR）的比重（%PSE）来看，2002—2010年俄罗斯的%PSE大致呈现增长的趋势，2010年达到22.4%。2011年起，俄罗斯的%PSE稳定在13%左右。2016年俄罗斯的%PSE为16.2%，意味着当地的农业生产者每赚100美元中有16.2美元来自俄罗斯政府的政策支持。具体数据见表3-14。

表 3-14　　1995—2016 年俄罗斯农业生产者支持水平

年份	PSE（百万美元）	%PSE（%）	%PSE（OECD）（%）
1995	6091	15.4	31.9
1996	6985	18.3	30.3
1997	6490	26.9	28.8
1998	2968	11.9	32.4
1999	-825	-3.7	35.6
2000	369	1.5	32.9
2001	2922	9.9	29.3
2002	3032	10.4	30.9
2003	4760	14.9	29.6
2004	8642	21.2	29.2
2005	6409	14.7	27.6
2006	8305	16.1	25.6
2007	10942	16.2	20.9
2008	20884	21.6	20.6
2009	16685	22.2	21.7
2010	16619	22.4	19.9
2011	12478	12.6	18.6
2012	13814	14.7	19.1
2013	13595	13.2	17.9
2014	12733	13.2	17.9
2015	9125	12.2	17.9
2016	11928	16.2	18.8

数据来源：OECD 数据库。

俄罗斯的 A 项"基于农产品产出的支持"和 B 项"基于投入使用的支持"占到农业生产者支持的 90% 左右。其中，基于农产品产出的支持比重逐渐增加，特别是农产品的市场价格支持（MPS），2016 年俄罗斯的 MPS 占基于农产品产出支持的 95.26%。基于投入使用的支持比重不断减少，2016 年的支持金额为 25.42 亿美元。C 项"基于当前种植面积、牲畜数量、收入、收益的，以生产为基础的支持"占农业生产者支持的比重相对较小，2012—2016年平均在6.27%左右。D项"基于非当前种植面积、牲畜数量、收入、收益的，以生产为基础的支持"、E项"基于非当前种植面积、牲畜数量、收入、收益的，不以生产为基础的支持"以及F项"基于非商品标准的支持"均为0。2014年以前，俄罗斯的生产者支持中并没有G项"其他支付"，但2014年起存在其他支持款项，这可能是由地方政府提供的农业生产者支持。具体数据见表3-15。

表3-15　　　　2012—2016年俄罗斯农业生产者支持结构　　　单位：百万美元

	2012年	2013年	2014年	2015年	2016年
生产者支持估计值（PSE）	13814	13595	12733	9125	11928
A：基于农产品产出的支持	7154	6385	7815	5628	8434
B：基于投入使用的支持	6465	5799	3823	2424	2541
C：基于当前种植面积、牲畜数量、收入、收益的，以生产为基础的支持	195	1529	829	668	580
D：基于非当前种植面积、牲畜数量、收入、收益的，以生产为基础的支持	0	0	0	0	0
E：基于非当前种植面积、牲畜数量、收入、收益的，不以生产为基础的支持	0	0	0	0	0
F：基于非商品标准的支持	0	0	0	0	0
G：其他支付	0	0	266	141	373

数据来源：通过OECD历年农业政策监测与评价报告分析整理。

3.4.3.3　农业消费者支持水平和结构

俄罗斯的农业消费者支持（CSE）长期为负向支持，仅1995年、1999年和2000年为正向支持，说明长期以来俄罗斯的农产品消费者都被隐性征税。2000—2008年，俄罗斯农业消费者支持的负向程度大幅度扩大，达到-255.99亿美元。2009年以后，农产品消费者被隐性征税的程度有所减缓，2016年为-117.9亿美元。俄罗斯1995—2016年%CSE的变化趋势与农业消费者支持（CSE）变化趋势大致相同。与OECD成员国平均水平相比，俄罗斯的%CSE在2005年以前大致偏高，2006年起则偏低，说明在2005年以后，俄罗斯的农产品消费者被隐性征税的程度大于OECD成员国的平均水平。具体数据见表3-16。

表3-16　1995—2016年俄罗斯农业消费者支持水平

年份	CSE（百万美元）	%CSE（%）	%CSE（OECD）（%）
1995	2785	7.3	-26.3
1996	-2104	-5.2	-23.8
1997	-5363	-20.2	-22.1
1998	-1920	-5.8	-22.5
1999	2898	11.0	-28.5
2000	1243	4.5	-23.7
2001	-2568	-7.6	-18.9
2002	-3789	-10.8	-21.4
2003	-5112	-13.6	-19.9
2004	-8407	-18.4	-19.3
2005	-7569	-14.1	-17.0
2006	-10234	-16.2	-14.8
2007	-12078	-15.2	-11.4
2008	-25599	-23.8	-9.7
2009	-18663	-22.0	-10.1
2010	-17726	-19.2	-9.3
2011	-11183	-10.2	-7.8
2012	-11091	-10.0	-8.7
2013	-8535	-7.8	-7.0
2014	-10454	-10.4	-7.2
2015	-6916	-9.3	-8.3
2016	-11790	-15.8	-7.3

数据来源：OECD数据库。

俄罗斯的农业消费者支持（CSE）中，A项"从消费者到生产者的转移支付"和B项"消费者的其他转移支付"占绝大部分，其中从消费者到生产者的转移支付逐年增加，2016年已达到农业消费者支持的87.63%，而消费者的其他转移支付所占比重逐年减少，2016年仅为11.22%。C项"从纳税人到消费者的转移支付"是农业消费者支持中的正向支持，5年内最高达到8.9亿美元。同时，俄罗斯还存在D项"其他饲料成本"，除2013年为正向支持外，其他均为负向支持（见图3-6）。

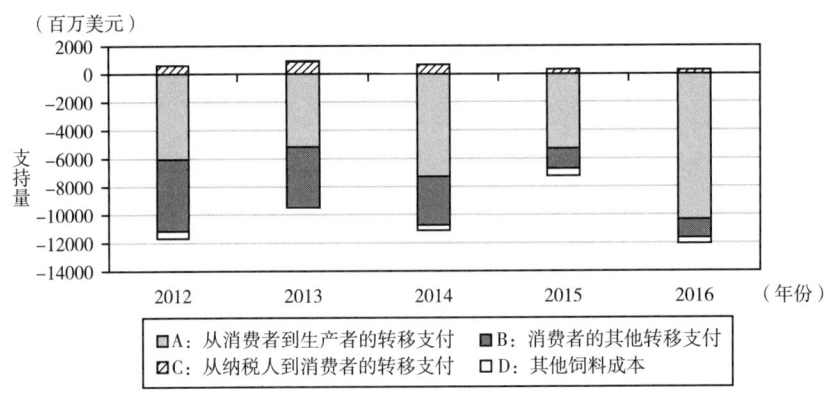

图3-6 2012—2016年俄罗斯农业消费者支持结构

数据来源：通过OECD历年农业政策监测与评价报告分析整理。

3.4.3.4 农业一般服务支持水平和结构

俄罗斯的农业一般服务支持（GSSE）水平自1995年以来有较大波动。1997年，俄罗斯政府的农业一般服务支持达到了39.88亿美元，但1998—2005年都处于较低的水平。2005—2009年，农业一般服务支持再次出现大幅度增长，年均增长率为33.16%，之后则呈现出波动性态势，2016年仅为17.3亿美元。农业一般服务支持（GSSE）占农业总支持（TSE）的比重（%GSSE）在2000年达到59.6%，进入21世纪后，俄罗斯的农业一般服务支持水平除个别年份外基本与OECD成员国平均水平持平。具体数据见表3-17。

表 3-17　　1995—2016 年俄罗斯农业一般服务支持水平

年份	GSSE（百万美元）	%GSSE（%）	%GSSE（OECD）（%）
1995	781	11.4	14.0
1996	762	9.8	13.0
1997	3988	38.1	13.8
1998	654	18.1	13.1
1999	494	-149.1	11.4
2000	547	59.6	12.0
2001	765	20.6	13.1
2002	739	19.3	12.4
2003	801	14.2	12.1
2004	1114	11.3	11.3
2005	1009	13.3	12.1
2006	2251	21.1	12.6
2007	2736	19.6	13.3
2008	4169	16.4	14.8
2009	4224	19.6	13.5
2010	2102	10.9	13.1
2011	3511	21.1	13.0
2012	2042	12.4	12.3
2013	3657	20.2	13.6
2014	2027	13.1	12.8
2015	1559	14.1	13.3
2016	1730	12.5	12.6

数据来源：OECD 数据库。

俄罗斯的农业一般服务支持（GSSE）主要集中在 A 项"农业知识与创新体系"、B 项"检验与控制"、C 项"基础设施的开发与维护"以及因信息缺乏而无法归类的项目 F 项"其他"。对农业知识与创新体系的支持平均占所有农业一般服务支持的 33%，B 项"检验与控制"的占比在 2016 年大幅度下降到 9.7%。C 项"基础设施的开发与维护"的占比呈现大幅度增长趋势，2016 年增至 22.73%，比 2012 年扩大了约 2 倍，这可能与俄罗斯农业基础设施缺乏、部分基础设施存在年久失修有关。D项"营销推广"在2016年有所增加，达到3000万美元。2013年，俄罗斯新增加了E项"公共持股成本"类的农业一般服务支持，并呈现出逐渐增长的趋势。具体数据见表3-18。

表3-18　　　2012—2016年俄罗斯农业一般服务支持结构　　　单位：百万美元

	2012年	2013年	2014年	2015年	2016年
一般服务支持估计值（GSSE）	2042	3657	2027	1559	1730
A：农业知识与创新体系	992	1208	680	537	567
B：检验与控制	662	710	611	361	168
C：基础设施的开发与维护	230	441	241	240	393
D：营销推广	2	14	14	13	30
E：公共持股成本	0	16	51	62	75
F：其他	157	1267	431	345	422

数据来源：通过OECD历年农业政策监测与评价报告分析整理。

3.4.4　中俄农业政策支持水平比较

中国的农业政策支持水平从总体上看远高于俄罗斯的农业政策支持水平，进入21世纪以来，中国农业总支持占国内生产总值（GDP）的比重（%TSE）平均为俄罗斯的2.29倍。两国在20世纪末的农业总支持结构均出现了较大波动，但从2000年开始，俄罗斯的农业支持表现出一定的政策稳定性，农业支持结构并未出现较大变革；中国则呈现出农业生产者支持不断扩大、农业一般服务支持逐渐缩小的态势。

就农业生产者支持而言，2011年以前，俄罗斯的农业生产者支持占农场总收入的比重（%PSE）远高于中国，平均为中国的4.25倍，特别是2008年，俄罗斯的%PSE比中国多出17%，说明2011年以前，俄罗斯的农业生产者由于农业政策支持获得的收益要多于中国的农业生产者。2011—2016年，中国与俄罗斯农业生产者支持占农场总收入比重基本持平，但均略低于 OECD 成员国的平均水平。两国在农业生产者支持的结构上有所不同，中国的农业生产者支持涉及 A、B、C、E、F 五项内容，而俄罗斯涉及 A、B、C、G 四项内容，但两国基于农产品产出的支持均占农业生产者支持的较大部分，2016 年均达到 70% 以上。

中国与俄罗斯近 15 年间的农业消费者支持均为负向支持，意味着两国的农产品消费者都存在被隐性征税的情况。不同的是，中国在 1996—1999 年出现了正向的农业消费者支持，俄罗斯的正向农业消费者支持出现在 1995 年、1999 年和 2000 年。当农业消费者支持（CSE）为正值时，说明两国的农产品消费者在当时获得了纳税人和农业生产者的补贴。从农业消费者支持结构来看，两国的不同之处在于中国没有 C 项"从纳税人到消费者的转移支付"的支持内容，且 D 项"其他饲料成本"为正向支持。俄罗斯的农业消费者支持涉及 A~D 所有类别，并且除 2013 年外，其 D 项"其他饲料成本"均为负向支持。

长期以来，中国农业一般服务支持占农业总支持的比重（%GSSE）基本高于俄罗斯，特别是 2001—2008 年，中国的 %GSSE 约为俄罗斯的 2.1 倍。进入 21 世纪后，中国的农业一般服务支持水平不断降低，而俄罗斯基本处于 OECD 成员国平均水平。2016 年，两国的 %GSSE 基本持平。中国的农业一般服务支持涉及 A~E 项，其中 A、C、E 三项的支持比重占 90% 以上，而俄罗斯涉及 A~F 项，存在因信息缺乏而无法归类的项目。中国与俄罗斯对 E 项"公共持股成本"的支持均呈现增加的趋势，但不同的是，中国对基础设施开发与维修的支持比重在不断缩小，而俄罗斯这一项目的支持占农业一般服务支持的比重呈现出大幅度增长的趋势。

本章编写：魏凤

第4章 中俄农业发展与国民经济

4.1 总体情况

4.1.1 农业发展状况

在2017年底,中国共产党第十九次全国人民代表大会确立了乡村振兴的发展战略。从国家层面可以看出,"农业、农村和农民"的发展仍然受到重视。农业是第一产业,在国民经济中占有基础性地位,农业产值的增长与经济增长更是息息相关。中国当前正逐步加快现代农业建设步伐,进一步解放和发展农村生产力,利用机械化设备提高农业的生产效率,促进农村经济社会全面发展。

在中国的农业生产中,水稻和小麦等农作物生产已经初步实现机械化和半机械化。但是与农业发达的国家相比,中国农业机械化水平仍然处于起步阶段,并且由于政策、农业分布情况和发展情况等因素的限制,中国的农业机械化生产难以得到有效的发展,从而影响了农业的发展。在几十年间,中国农业获得了巨大的发展成果,中国的耕地面积仅占世界耕地面积的7%,却可以供养全球五分之一的人口。但随着农业现代化的发展,出现了资源匮乏、肥力下降和机械化程度较低等一系列问题,限制着中国农业的发展。因此,加强对农业现状的研究,制定科学的对策来改善农业的发展情况,可以较好地促进中国农业的发展。

近年来,俄罗斯农业增长及农产品贸易出口成为俄罗斯经济中的一大亮点。自俄罗斯经济受到欧美经济制裁以来，为了满足国内市场的需求和开拓新的出口市场，俄罗斯大力发展本国的农业、农产品和食品加工业。在农业领域，中俄合作也在不断加强，农产品贸易已经成为中俄农业贸易新的增长点。由于气候条件的限制，俄罗斯耕地面积仅占土地总面积的7.3%，为1.25亿公顷，与中国的耕地面积相当。但由于人口较少，人均占有耕地几乎是中国的10倍。由于地广人稀和气候相对湿润，俄罗斯的森林覆盖率高达45%，其畜牧业与种植业并重，二者产值相当。俄罗斯与中国的农业现代化水平都不高，每千公顷耕地拖拉机使用量均为6台，远低于世界平均的19台，但俄罗斯人少地多，实际农事机械作业率明显高于中国。随着俄罗斯与中亚各国经济的恢复发展和未来欧亚大陆桥的贯通，中俄两国扩大农产品贸易规模的前景良好。

4.1.2 国民经济发展状况

在世界经济增长放缓的背景下，中国经济运行在合理区间保持平稳较快发展。总的来看，中国经济发展长期向好的基本面没有变；经济韧性好、潜力足、回旋余地大的基本特征没有变；持续增长的良好支撑基础和条件没有变；经济结构调整优化的前进态势没有变。

中国国家统计局公布的2018年国民经济和社会发展统计公报中的数据显示，2018年年末大陆总人口139538万人，比上年末增加530万人，其中城镇常住人口83137万人，占总人口比重（常住人口城镇化率）为59.58%，比上年末提高1.06个百分点，可以看出中国的城市化进程依然在不断推进，流动人口数更是达到2.41亿人。

2018年中国生产总值达900309亿元，比上年增长6.6%（见图4-1），其中第一产业增加值64734亿元，比上年增长了3.5%，说明中国农业的基础地位不可动摇，农业的发展进一步带动国民经济的发展。

随着供给侧结构性改革深入推进，2018年中国工业产能利用率达到

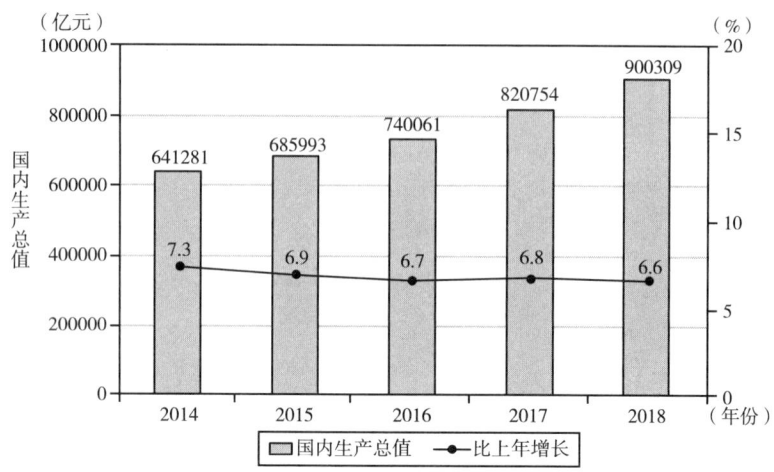

图 4-1 2014—2018 年中国国内生产总值及其增长速度

数据来源：国家统计局：《2018 年国民经济和社会发展统计公报》。

76.5%。其中，煤炭开采和洗选业产能利用率为 70.6%，比上年提高 2.4 个百分点；黑色金属冶炼和压延加工业产能利用率为 78.0%，提高 2.2 个百分点。年末商品房待售面积 52414 万平方米，比上年末减少 6510 万平方米。其中，商品住宅待售面积 25091 万平方米，减少 5072 万平方米。年末规模以上工业企业资产负债率为 56.5%，比上年末下降 0.5 个百分点。全年规模以上工业企业每百元主营业务收入中的成本为 83.88 元，比上年下降 0.20 元。全年生态保护和环境治理业、农业固定资产投资（不含农户）分别比上年增长 43.0% 和 15.4%。

中国经济运行平稳，质量效益稳步提升，人民生活持续改善，保持了经济持续健康发展和社会大局稳定，朝着实现全面建成小康社会的目标迈出了新的步伐。

俄罗斯作为原苏联地区经济实力最强的国家，当前在世界仍属于经济大国。根据 2018 年俄罗斯联邦国家统计局的官方数据，2018 年俄罗斯的国内生产总值总量约为 103.88 万亿卢布，比上年增长了 11.77 万亿卢布。其中，劳动者的工资占国内生产总值的比重为 46.4%，进出口纯税占国内生产总值的比重为 11.8%，经济总收益和混合收入占国内生产总值的比重为41.8%。进出口税和经济总收益及混合收入在国内生产总值中所占比重较上年均有所增加，说明2018年俄罗斯对外贸易对国内生产总值的增加起到了贡献作用，俄罗斯外贸的良好发展也对国际贸易的稳定具有重要意义。

据统计，到2018年底，俄罗斯总人口为14690万人，新出生人口总数为160.43万人，死亡人口总数为182.89万人。其中，城市人口达到10930万人，占总人口比重74%；农村人口达到3760万人，占总人口比重26%。较2017年，总人口数和城市人口总数均有所增加，农村人口总数下降，但人口比重不变。到2018年年末俄罗斯15～72岁人口就业率达到65.6%，比上年增长了1%（见图4-2）。就业率的增长也可以从一定程度上反映俄罗斯国内生产总值的增加和国民经济的发展，可以进一步带动人民收入、政府财政收入的增加，对社会稳定具有较好的促进作用。

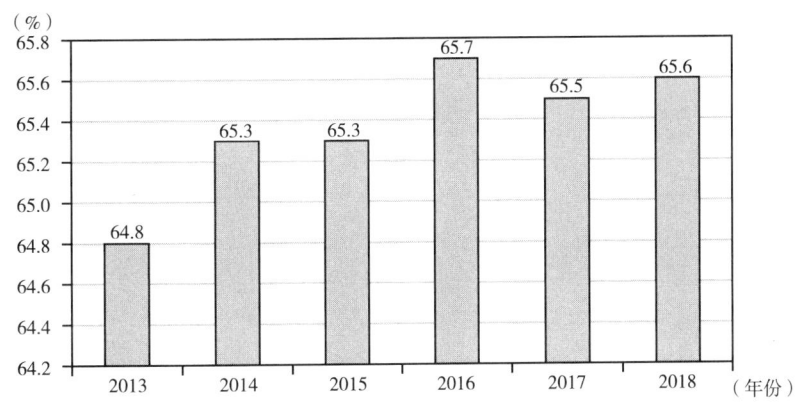

图4-2　2013—2018年俄罗斯联邦15～72岁人口就业率

数据来源：俄罗斯联邦国家统计局。

俄罗斯农业主体为种植业和畜牧业。2018年俄罗斯的粮豆作物收获总额达11325.5万吨，种植面积在所有类别农场中占58.2%，其中农业组织所提供的粮豆生产资源远远高于农民农场和家庭；饲料作物收获总额达6211.1万吨，种植面积在所有类别农场中占20.2%，不同于粮豆作物，家庭为饲料作物提供的生产资源占比最高，也从侧面反映了畜牧业在俄罗斯农业中占有重要地位。

4.2 农业对国民经济的贡献

农业是中国国民经济的基础，是中国各产业中的第一产业。农业部门是工业化最重要的要素提供者，或者说，农业部门是工业化启动所需资源的主要提供者，在这一点上也是其他产业部门所不能替代的。农业部门是其他产业部门重要的市场。农业部门对生活消费品和生产资料的购买形成了对非农产业部门产品的需求，并且随着农业的发展，农民收入逐步增加，农民对非农产品的需求也在逐步提高，这扩大了工业等非农产业部门的市场，刺激了非农产业部门产量的增长。虽然农业产值占中国国内生产总值（GDP）的比重远不及第二、第三产业所占比重（见图4-3），但经济发展对农业地位的影响并不大，农业一直是中国的基础性产业，近些年在GDP中所占的比例虽然有所下降，但影响不大。

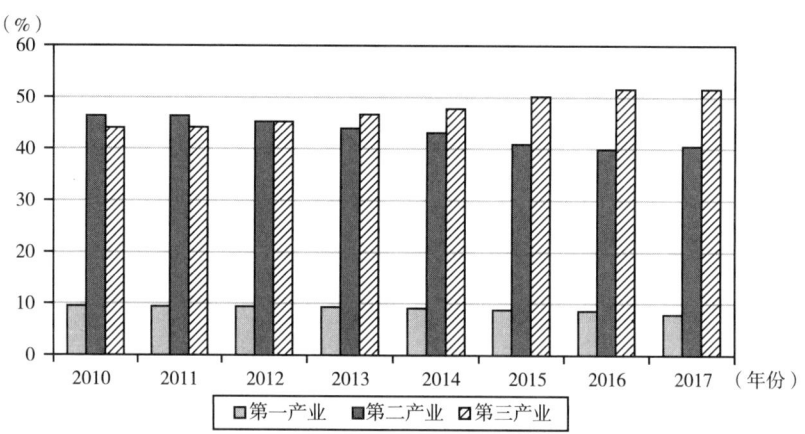

图4-3　2010—2017年中国各产业占GDP比重

数据来源：《中国统计年鉴2018》。

俄罗斯地跨欧亚两大洲，传统上是一个农业大国。俄罗斯农业部部长戈尔德耶夫曾在罗马举行的粮食峰会上说："俄罗斯经常被认为是世界军事强国,但其实,俄罗斯也是一个农业大国,这一点可能比其他任何身份都重要。"现阶段俄罗斯粮食生产基本可以满足国内需求,还可部分出口,但畜产品及蔬菜水果生产还不能满足国内需求,需依赖进口。可以说,俄罗斯的农业是影响其整个国家经济发展的一个重要因素。只有农业得到了发展,才有充足的工业原料和贸易品供给,从而进一步带动俄罗斯的经济增长。

4.2.1 农业产品贡献

农产品剩余是农业部门为其他非农产业部门的发展从而为整个经济增长所做的产品贡献,同时也是最原始的贡献。一般来说,农产品剩余越多,农业部门的产品贡献也就越大。农业部门的产品贡献主要包括两个部分:一是满足非农产业部门人口的粮食需求;二是为非农产业提供原料。

中国的农业提供了以粮食为代表的各种食品,用以满足城乡居民的日常所需,以此来保障整个国民经济的稳步发展。因此,农业产品的贡献始终是国民经济发展的基础。除了粮食的供给以外,渔业、林业、畜牧业等也在中国的农业中占有一定地位,给社会的生产生活提供了丰富的产品,以此来满足各种生产、生活需求。农业还为中国的工业提供了主要的原料,促进了工业的发展。总体来看,2007—2017年,中国粮食和油料作物的年产量表现出上升趋势,粮食产量的增长满足了人民生活的温饱,油料作物为其他产业的生产提供了原料,促进经济发展。棉花和麻类产量表现出下降趋势,一是受市场价格的影响,种植效益低,农民自主减少这些作物的种值面积;二是生产技术和初加工技术不够先进,以苎麻为例,大部分地区的收获技术仍停留在手工或者半手工阶段,初加工技术也相对落后,苎麻的初加工大多仍以化学脱胶为主,对环境影响严重。2007—2017年中国主要农产品产量如表4-1所示。

表 4-1　　　　　　　2007—2017年主要农产品产量　　　　　　单位：万吨

年份	粮食	棉花	油料	麻类
2007	50413.90	759.70	2787.00	66.10
2008	53434.30	723.20	3036.80	56.10
2009	53940.90	623.60	3139.40	31.90
2010	55911.30	577.00	3156.80	24.20
2011	58849.30	651.90	3212.50	22.30
2012	61222.60	660.80	3285.60	19.60
2013	63048.20	628.20	3287.40	17.60
2014	63964.80	629.90	3371.90	16.50
2015	66060.30	590.70	3390.50	15.60
2016	66043.50	534.30	3400.00	18.10
2017	66160.70	565.30	3475.20	21.80

数据来源：《中国统计年鉴2018》。

受自然条件的制约，俄罗斯种植业部门较少，作物结构也比较单一，主要有谷物和豆科作物、经济作物、蔬菜以及饲料作物。在谷物和豆料作物中，小麦产量占比最高，其次是大麦、燕麦等。这与俄罗斯气候条件不稳定有一定的关系，小麦的适应性强，因而能成为俄罗斯粮食结构中的主要粮食作物。经济作物以油料作物、亚麻和甜菜为主，油料作物为其他生产部门提供了原材料，既满足俄罗斯的国内需求，又具有了一定的出口能力。另外，饲料作物在种植业中也占有一定比例，促进了俄罗斯畜牧业的发展，使俄罗斯具有辽阔的草原这一自然条件优势得以利用。据统计数据表明，近些年来，俄罗斯谷物作物的产量逐年递增，2017年产量为135.5万吨，特别是在2014—2016年，小麦的产量急剧增加。俄罗斯粮食作物在总体上基本可以满足其国内人口的需求，还可以部分出口。此外，饲料作物产量在农作物总产量中所占比重仅次于粮食作物，为俄罗斯的畜牧业的发展提供了产品。2011—2017年俄罗斯各类种植作物年产量如图4-4所示。

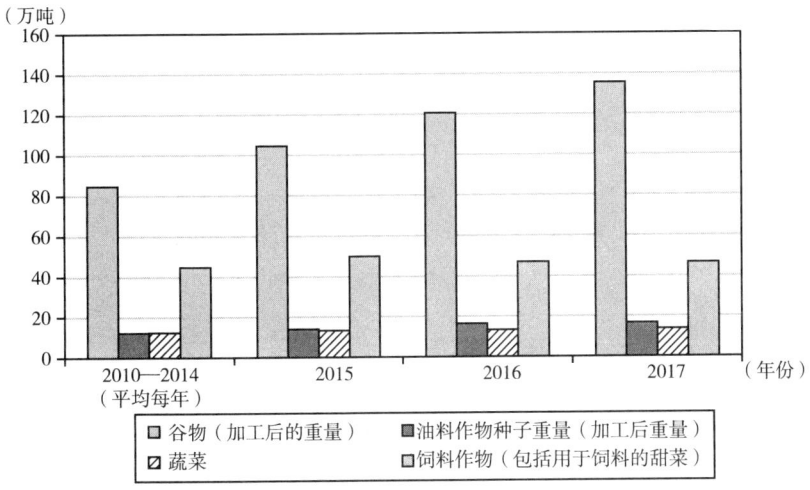

图 4-4 2011—2017 年俄罗斯各类种植作物年产量

数据来源：《俄罗斯统计年鉴》。

4.2.2 农业要素贡献

中国改革开放后，随着农村经济体制的改革和进步，生产力发展快速，劳动生产率和土地生产率的提高带动了乡镇企业的发展。由于经济资本的不断积累，农民也会考虑向城市工业转型，通过拥有的资本要素和劳动力要素进行转型，农民既为工业提供了资金和大量的劳动力，也带动了工业的经济发展，增强了工业的实力。农业的要素贡献，还表现在为国家工业化提供了大量的土地及其他自然资源等。

中华人民共和国成立以来，虽然进行了大量的垦荒和复垦，但由于工业化和城市化占用了大量的耕地，中国耕地面积总体趋势仍然在减少，由 1949 年的 9788.1 万公顷，减少至 1996 年的 9544.6 万公顷，减少了 2.5%。中国耕地面积呈增加走势的有两个时期，一是 1949—1957 年，由于对战争等因素造成的弃拼地进行复垦，加上组织了大规模的开荒，耕地面积增加，到 1957 年达到高峰值 11183 万公顷，比 1949 年增长 14.3%；

二是在国民经济调整时期,由于大办农业,大办粮食,使耕地面积呈恢复性增加。中国耕地面积减少较多的时期,一是"大跃进"时期,大炼钢铁,兴起各种大办,耕地面积迅速减少,1958年净减492.9万公顷,1959年净减232.1万公顷,1961年净减155.1万公顷;二是在"三五"计划时期,由于重工轻农战略复轨,耕地减少量较大,其中1968年净减101.1万公顷;三是"六五"时期,由于经济过热,导致大量耕地向非农部门转移,其中1985年净减100.8万公顷。减少的耕地中多是城镇附近或交通便利的高产地块,严重影响了农业的发展。近年来,耕地面积仍表现出减少的趋势,中国在稳定发展时期,对第二、第三产业的发展更为关注,农业耕地面积的减少为其他产业的发展提供了一定的土地资本。中国各时期耕地面积变化数据如表4-2所示。

表4-2　　　　中国各时期耕地面积变化情况　　　　单位:万公顷

时期	增减面积	年平均增减面积
恢复时期	1003.73	334.58
"一五"时期	391.13	78.23
"二五"时期	-892.67	-178.53
1963—1965年	69.07	23.02
"三五"时期	-245.93	-49.19
"四五"时期	-142.67	-28.53
"五五"时期	-40.27	-8.05
"六五"时期	-245.93	-49.19
"七五"时期	-117.34	-23.47
"八五"时期	-70.20	-14.04
1997—2004年	-1047.20	-246.17
2005—2008年	-36.67	-12.22
2009—2013年	-22.12	-5.53
2014—2017年	0.12	0.04

数据来源:《中国统计年鉴2018》。

俄罗斯是全球国土面积最大的国家，总面积约17亿公顷，跟整个南美洲差不多大。其中25%的土地，即约4亿公顷都有潜在的农用价值。俄罗斯有世界上面积最大的黑土带。在2017年，俄罗斯可耕地面积大约为2.2亿公顷，仅占国土面积的12.9%。剩下可供开发的土地面积既可以用于发展种植业，生产小麦、土豆等作物，也可以开发为工业用地，相比于农业的发展要受到自然条件和气候条件的制约，工业用地的要求相对低些。总之，俄罗斯的土地资源相对较多，可以满足俄罗斯经济发展的需要。

此外，农业作为非农部门的基础，为非农部门提供了基础的劳动力。若没有农业劳动力为非农部门源源不断地提供劳动支持，后者的发展也便无法存在。

改革开放以来，中国人口迁移日趋活跃，其特点主要表现为：流动人口大量增加，属自发流动。从流动方向上看：一是从农村到城市；二是从内地省、自治区到沿海城市和工矿地区。在1980年，以农业为主的第一产业就业人数达到42361万人，占就业人口总数的68.7%。近些年来，第一产业就业人数所占比重大幅下降，第三产业就业人数所占比重大幅增加。2017年，第一产业的就业人数仅占就业人口总数的27%（见图4-5）。目

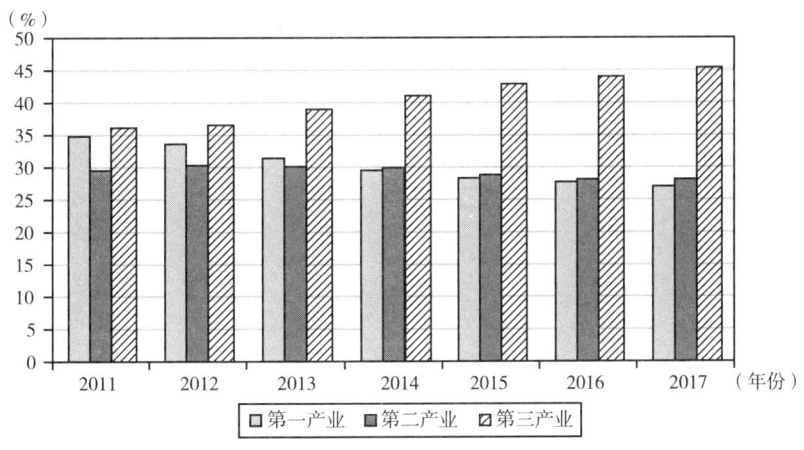

图4-5 2011—2017年中国三次产业就业人员所占比重

数据来源：《中国统计年鉴2018》。

前,中国人口大量迁移现象仍然存在,更多的农村劳动力流向城镇,满足了城镇生产生活所需的大量劳动力。

近年来俄罗斯15~72岁的人口就业率总体呈现增长趋势。观察其按不同经济类别的就业人口数发现,俄罗斯的农业、狩猎、林业和渔业的就业人口总数在2005—2016年表现为下降趋势,而采矿业的就业人口数略微有增加趋势,生产加工业的就业人口数远远高于农业类的就业人口数,且从2010—2016年,生产加工业的就业人口总数大体没有变化(见图4-6)。俄罗斯农业类就业人口数的减少,一方面是由于农业机械化水平逐步提高,所需劳动力数量减少;另一方面也是俄罗斯工业发展的需要,农业作为技术含量低的基础产业,为工业及其他产业的发展源源不断地输送着劳动力。

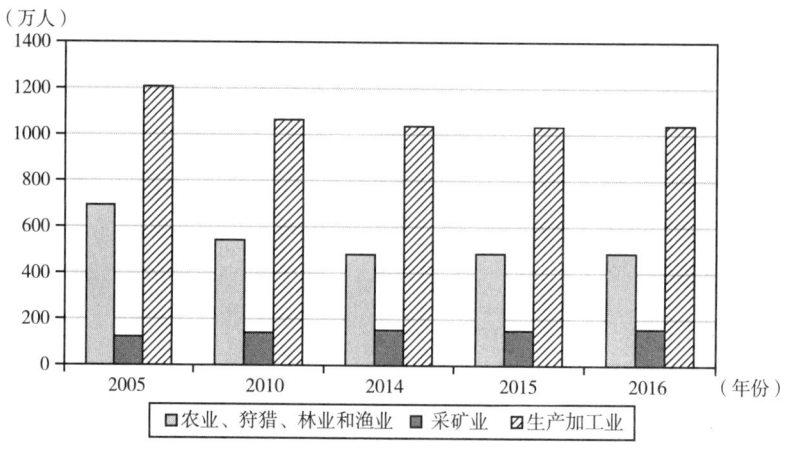

图4-6　2005—2016年俄罗斯按经济类型分类的就业人数

数据来源:2017年《俄罗斯的劳动就业》(该书自2015年起每两年出版一次)。

4.2.3　农业外汇贡献

在中国国民经济中,农业除了基础性的贡献外,还有外汇方面的贡献。国民经济建设与发展需要外汇,而出口的农产品给国家的经济发展赚取大量的外汇。目前，农产品出口是中国取得外汇的重要手段之一。在力求满足国内普通用户对农产品需求的同时，将国内一些冗余的如水果、大米、药材等用于出口。目前来看，出口换汇已逐步从农产品转向工业品，这也标志着中国经济、产品被世界逐步认可。

虽然俄罗斯种植业部门较少且种植作物比较单一，但目前俄罗斯的粮食作物产值基本可以满足其国内的粮食需求，并且还可向其他国家出口部分粮食。以小麦为例，小麦产量在俄罗斯粮食作物产量中居于前位，2012年起，俄罗斯的小麦产量急速增加。总的来说，俄罗斯作为中国农产品世界贸易中的出口市场地位保持稳定，农产品的出口为俄罗斯带来了更多的外汇，为其经济发展起到了一定的支撑和保障作用。

从以上进行的分析不难看出，农业在国民经济发展中占据重要地位，并做出重大贡献，从实质上可将其贡献分为价值形态贡献和实物形态贡献两类。实物形态贡献主要有农产品、劳动力、土地三大方面；价值形态贡献主要体现在市场、资金、外汇三大基本要素上。多种贡献通常都具有互惠性和双向性的特点。将农业作为一方，同时将国民经济中的其他部门作为另外一方，将二者从"贡献"与"受惠"进行比较分析，二者互为对象，体现出了国民经济整体性及紧密关联性的特征。总而言之，随着国民经济的发展，以及中国第二、第三产业水平的逐步提高，农业作为国民经济发展的前提和主导，必须加强其基础地位的建设。随着近两年农产品价格的不断提升，广大农民的劳动积极性也得到了大幅度上升，这就要求农业相关部门一方面要保持现有农业产品的生产优势，另一方还应将农业由过去传统单一的生产部门逐步完善成为多元化的从生产到加工再到销售的综合部门，从而走向农业产业化的道路。只有这样，农业才能获取社会平均利润，农民才能增收，进而增加农业生产资源的投入，强化中国农业发展能力，并以此来拉动中国第二、第三产业的发展市场，形成工农业协调发展的良好状态。

4.3 农业与国民收入分配

国民收入分配对政治、经济和社会领域的稳定发展发挥着基础性的作用。而较合理的收入分配制度有利于解决经济发展问题，更有利于解决社会稳定问题。农业是国民经济的重要组成部分，对粮食安全具有重要意义；农业收入是大部分农村居民的主要收入来源，是国民收入初次分配的重要组成部分。由于农业是中俄两国重要经济部分，两国政府都十分重视农业的发展，通过税收、财政支付转移、完善社会保障制度等再分配方式调节国民收入分配，扶持农业产业发展。因此，农业的发展对于国民收入分配有着重要的影响。

4.3.1 农业与国民收入初次分配

国民收入的初次分配调整涉及土地所有制的改革、国民收入分配制度等方面，与农业生产方式之间关系属于经济基础和上层建筑之间的关系。合理的分配制度可以激发农民的生产积极性，提高农业的生产效率。总体来看，国民收入初次分配注重效率，是在生产领域进行的，其中居民收入是企业支付的劳动者报酬，政府收入是企业以利润和税金形式上缴形成的国家纯收入，企业利润的另一部分由企业支配，这三者的变化表现出国民财富在政府、居民、企业之间的分配变化。其中，企业利润部分用于再生产，政府收入部分用于再分配调节国民收入分配，居民收入部分则用于储蓄和消费，而农业带来的国民收入可能存在于农民收入归于居民收入部分，也可能存在于农业企业归于企业利润部分。

4.3.1.1 中国农业与国民收入初次分配

中国经济转型的制度变迁从两个方面来进行，一方面是从传统的计划经济体制向社会主义市场经济体制转型,另一方面是从以农业为主的传统经济向以工业和服务业为主的现代经济转型。在中国的农村,经济转型表现为农业生产收入分配方式的变革,同时也带来了农村分配制度的日益市场化。

(1) 收入分配制度与农业发展

改革开放之前,中国的国民收入分配主要是计划经济下的平均主义,城乡收入差距缩小,但生产效率极为低下。而改革开放之后,尤其是1978年家庭联产承包责任制实行以来,承包制取代了人民公社制度,以农户家庭为单位的分散的生产经营逐渐取代了以人民公社和生产队为单位的统一的生产经营,农村的收入分配发生了巨大的制度变迁,逐步形成了"按劳分配为主体,多种分配方式并存"的国民收入分配格局。由于生产剩余归农户所有,农户的积极性得到了巨大的提高,农户愿意在生产经营中投入生产要素并进行充分的利用,从而极大地提高了农村的生产效率,实现了农业产出的巨大增长。从图4-7可以看到,中国的农林牧渔业总产值在改革开放之前增长缓慢,而在1978年实行承包制之后开始迅速增长,这也说明分配制度的变革对于农业发展有着重要作用。

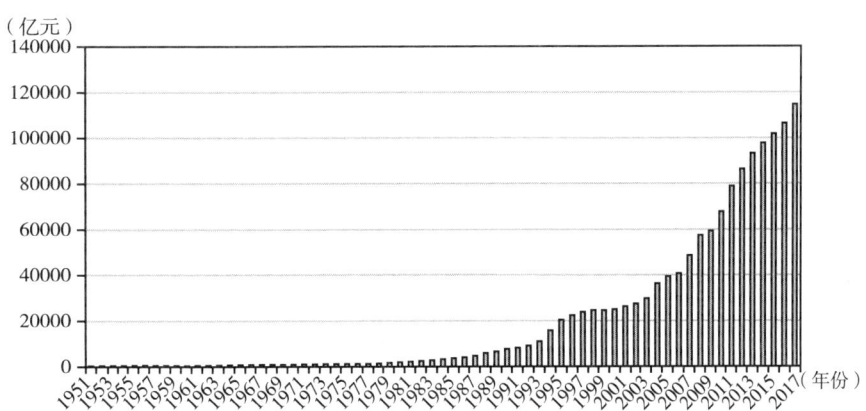

图4-7 1951—2017年中国农林牧渔业总产值的变化情况

数据来源:《中国农村统计年鉴》。

(2) 收入分配制度的市场化

改革开放后，国家大力扶持乡镇企业，这是中国农村的一场自发性的工业化运动。同国营企业相比，乡镇企业的分配制度一开始就是市场化的。尽管地方政府对乡镇企业的决策还拥有较大的发言权，但乡镇企业的收入分配制度已经遵循了市场化原则。乡镇企业职工的工资分配没有计划经济的特征，而是根据劳动力市场的供求情况，由供求双方通过市场交易来决定。乡镇企业还探索实施了集资、股份合作制等资本筹集形式。随着农产品的市场化程度不断提高，农户的收入受市场价格的影响也越来越深，农村的分配制度日益呈现出市场化的特征。

(3) 中国国民收入初次分配的格局

国民收入是由居民收入、企业收入、政府收入三部分构成的，国民收入的初次分配即为这三者的分配。由于统计指标的变化，可以得到1979—2006年的国民收入分配格局和2010年至今的居民收入占国民收入的比重，而农业部分带来的国民收入可能归于居民，也可能归于企业。

从图4-8可以看到，1978年以来，中国国民收入初次分配格局较为稳定，其演变趋势分为三个阶段。第一阶段（1978—1990年）：政府在初次分配收入所占比重比较平稳，企业初次分配收入比重则先降后升，居民

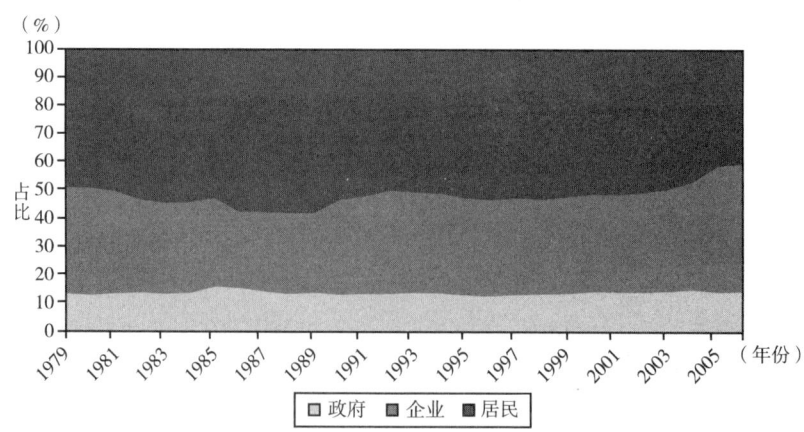

图4-8 1979—2006年中国国民收入分配格局的变化

数据来源：《中国财政统计年鉴》。

初次分配收入比重基本保持持续上升的趋势。第二阶段（1991—1999年）：政府、企业、居民初次分配收入比重均有升有降。第三阶段（2000年至今）：政府初次分配收入比重稳定保持在14%左右，但企业和居民初次分配收入比重波动较大，企业初次分配收入比重上升了10.8个百分点，居民初次分配收入比重相应地下降了10.8个百分点。从图4-9来看，近年来中国的居民收入占国民收入的比重有一定程度的上升，但变化幅度较小，这也间接说明近年来中国的国民收入分配变化较小。

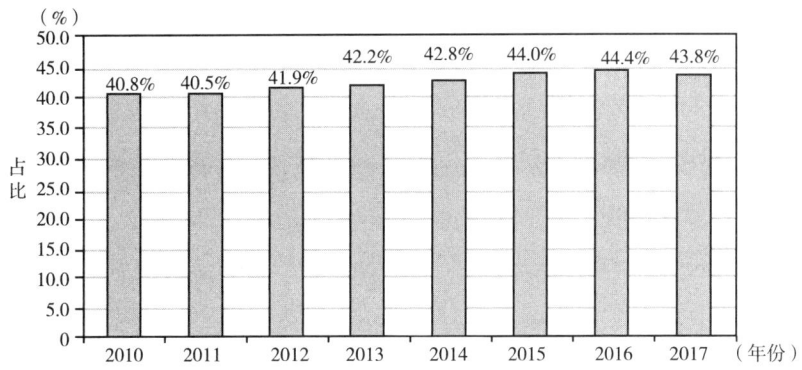

图4-9　2010—2017年中国居民收入占国民收入比重的变化

数据来源：《中国统计年鉴2018》。

4.3.1.2　俄罗斯农业与国民收入初次分配

（1）收入分配制度和土地流转与农业发展

苏联时代实行的是高度集中的计划经济体制，公有经济比重大，大中型企业多，重工业发达，产业结构失衡严重，传统经济管理体制的影响深，市场经济的作用范围小，这些对于之后俄罗斯的经济体制改革、国民收入分配有着巨大的影响。叶利钦政府开始农地私有化改革，但只是确立了产权形式，而未能发挥农地产权的激励效应。普京政府通过《俄罗斯联邦农地流转法》，建立私有产权的自由流转制度，极大地提升了农业生产效率。计划经济时代的大平均主义让位于私有经济的分配制度，同时土地流转制度的顺利开展，使得俄罗斯的农业收入分配制度对于农业生产的促进作用越来越显著。

（2）俄罗斯国民收入初次分配的格局

由于统计口径的不同，俄罗斯国民收入分为毛利润和混合收入、劳动报酬、非俄罗斯居民收入、生产和进口税、生产和出口补贴以及俄罗斯居民在他国的财产收入。其中，俄罗斯的国民收入要减去非俄罗斯居民收入，因此非俄罗斯居民收入为负值。根据国民收入的分配格局，毛利润和混合收入属于企业部分，劳动报酬属于居民部分，而生产和进口税以及生产和出口补贴属于政府部分。从图4-10可以看到，在俄罗斯的国民收入中，毛利润和混合收入占比约为40%，劳动报酬占比也约为40%，余下各项中占比最高的为生产和进口税。各个部分在俄罗斯国民收入的占比相对稳定，其中劳动报酬的占比越来越大。

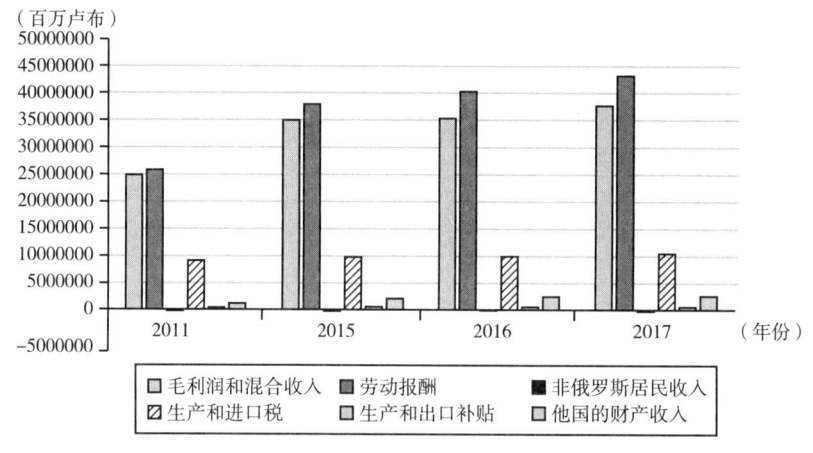

图4-10　俄罗斯国民收入组成

数据来源：《俄罗斯统计年鉴2018》。

4.3.2　农业与国民收入再分配

国民收入再分配是国民收入继初次分配之后在整个社会范围内进行的

分配,是指国家的各级政府以社会管理者的身份主要通过税收和财政支出的形式参与国民收入分配的过程。国民收入在初次分配的基础上经过再分配形成了政府、企业、居民的可支配收入,可支配收入是可以直接用于消费、投资或储蓄的收入。再分配的主要形式有财政支出、信贷和价格,其中,财政支出是最主要的。通过财政预算,一方面以利润和税金的形式集中一部分国民收入;另一方面又把集中起来的国民收入通过财政补贴、支付非生产部门劳动者工资等形式分配到各部门、各地区去,以满足社会生产,发展科学、文化、教育事业,进行行政管理和加强国防等方面的需要,而财政支出与财政收入密切相关,财政收入与财政支出的关系也影响着国民收入再分配的格局。

4.3.2.1 中国农业与国民收入的再分配

中国的收入初次分配改革和收入再分配改革同时进行,且相对于俄罗斯,初次分配改革更为重要,同时中国的国民收入再分配主要形式为财政支出形式,财政支出的资金来源于财政收入。中国的国家财政收入来源分别为税收收入、国有资产收益、国债收入、收费收入以及其他收入等。在财政收入中,税收收入占据主导地位,但2007年起,税收在财政收入中所占比重大体上表现为下降的趋势,2017年又上升了一些,约占84%(见图4-11)。据财政部公布2018年前四个月财政收支情况显示,全国一般公共预算收入为69019亿元,同比增长12.9%;全国政府性基金预算收入20559亿元,同比增长33.7%。其中,全国一般公共预算收入中,税收收入60898亿元,同比增长16.5%;非税收入8121亿元,同比下降8.8%,全国财政收入延续2017年的上行势头,继续保持较快增长。

从社会资源的配置角度来说,财政支出结构直接关系到政府动员社会资源的程度,对市场经济运行的影响可能比财政支出规模的影响更大。不仅如此,一国财政支出结构的现状及其变化表明了该国政府正在履行的重点职能的变化趋势。中国进行再分配的主要形式之一就是国家财政支出。

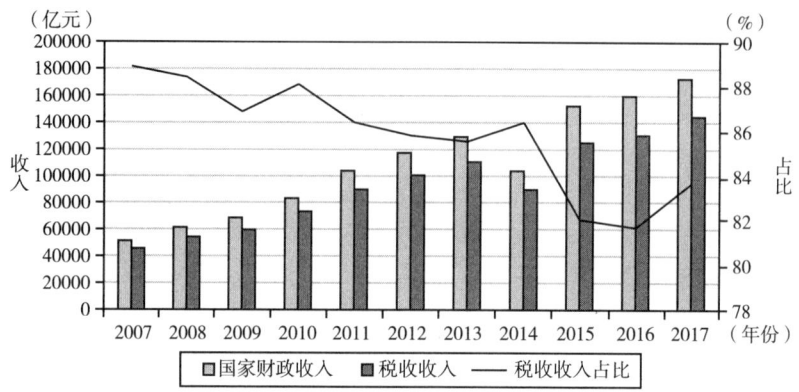

图 4–11　2007—2017 年中国财政收入、税收收入及其构成

数据来源：《中国统计年鉴 2018》。

目前，中国的财政支出面临着两个问题——支出增长过快和支出不足。财政支出需求刚性增强，但财政包揽过多的问题还没有解决，导致财政支出增长过快。从表 4–3 可以看出，2007—2017 年中国财政支出持续增长，由 2007 年的 49781.35 亿元增长到 2015 年的 175877.8 亿元，约增长 308%，增长过快。2017 年，国家财政支出总额达 203330 亿元，其中农林水事务支出为 18493.8 亿元，仅占财政支出总额的 9.10%，教育支出、城乡社区事务支出占比较大。从图 4–12 可以看出，2007—2017 年，农林水事务支出额呈递增趋势，但增长速度远不及国家财政支出总额的增长速度，因而农林水事务支出在其中所占的比重表现出不断下降的趋势，且下降速度越来越快。

表 4–3　　2007—2017 年中国主要国家财政支出及项目表　　单位：亿元

年份	国家财政支出	一般公共服务支出	国防支出	公共安全支出	教育支出	城乡社区事务支出	农林水事务支出
2007	49781.35	8514.24	3554.91	3486.16	7122.32	3244.69	3404.70
2008	62592.66	9795.92	4178.76	4059.76	9010.21	4206.14	4544.01
2009	76299.93	9164.21	4951.10	4744.09	10437.54	5107.66	6720.41
2010	89874.16	9337.16	5333.37	5517.70	12550.02	5987.38	8129.58
2011	109247.80	10987.78	6027.91	6304.27	16497.33	7620.55	9937.55

续表

年份	国家财政支出	一般公共服务支出	国防支出	公共安全支出	教育支出	城乡社区事务支出	农林水事务支出
2012	125953.00	12700.46	6691.92	7111.60	21242.10	9079.12	11973.88
2013	140212.10	13755.13	7410.62	7786.78	22001.76	11165.57	13349.55
2014	151785.60	13267.50	8289.50	8357.23	23041.70	12959.50	14173.80
2015	175877.80	13547.79	9087.84	9379.96	26271.88	15886.36	17380.49
2016	187755.20	14790.50	9765.80	11031.98	28072.80	18394.60	18587.40
2017	203330.00	16956.50	10432.70	—	30259.50	21255.10	18493.80

数据来源：《中国统计年鉴2018》。

由于中国取消了农业税且加大对农业的补贴，农业在国民收入的贡献方面基本偏小，中国的财政支出主要用于教育、医疗和城镇领域，对农业重视程度较低，这表明财政支出主导的国民收入再分配体系对于农业等的发展支持度相对较低。

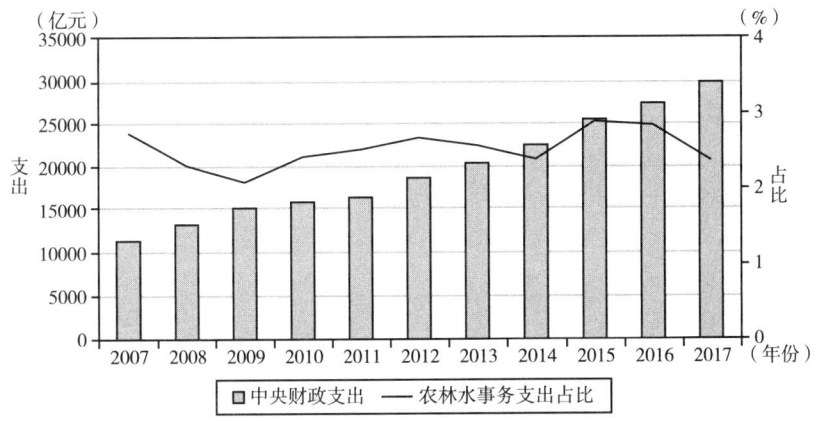

图4-12 2007—2017年中国中央财政支出及其中农林水务支出占比变化

数据来源：《中国统计年鉴2018》。

4.3.2.2 俄罗斯农业与国民收入的再分配

（1）俄罗斯国民收入再分配制度

俄罗斯的收入分配制度经历了复杂的制度变迁，俄罗斯政府一直致力于缓解收入分配差距,其主要的制度安排包括退休养老金制度、社会保障税制度、所得税制度和社会福利与救济制度,从养老、税收和社会福利等角度,努力调整国民收入分配格局。

①退休养老金制度。在2001年,俄罗斯议会通过了《劳动老残恤金法》和《强制老残恤葬保险法》,对养老金制度进行了改革,新制度安排的主要内容包括:引入积累原则,由过去的统筹分配方式,改为建立个人账户;改变养老金的发放条件;改变未来养老金数额的确定方式,使被保险人未来领取的养老金与其缴费年限和工资水平挂钩。这样可以使退休工人享有比较良好的养老金保障,在一定程度上缓解社会矛盾。

②社会保障税制度。俄罗斯从2002年开始正式实行"统一社会税"制度,实行统一上缴额度、统一核算和监督形式以及统一惩治违法措施,同时小幅降低社会税率,从原来占工资的39%降到35%,既达到精简税种、减轻税负的目的,又提高了政府的征税工作效率,使税种、税制进一步与国际社会实现了"接轨"。俄罗斯的社会保障税具有很强的收入再分配特征。统一社会税使用递减税率,引入三级税率替代原有的四级税率,并不断调低税率。

③所得税制度。2000年,俄罗斯国家杜马通过了政府的税制改革方案。改革的主要目标是简化并改善税收结构,降低整体税收负担水平,税种从200多种减为28种,同时对个人所得税实施单一税制,对居民纳税人获得的绝大部分收入(如工资、薪金等)实行13%的单一税率。这是欧洲范围内最低的个人所得税税率水平。此外,俄罗斯还针对非居民纳税人和某些高收入者设置了30%和35%两档补充税率。俄罗斯还取消了绝大部分减免税政策,使得很多暴富者和高收入者不再享受税收优惠。通过税收调节收入分配差距的做法取得了较好的效果,既减轻了穷人的税负,又使得高收入者能够缴纳较多的税款。

④社会福利与救济制度。俄罗斯的经济衰退和社会动荡使一部分人沦为贫困者,一段时期内贫困问题非常严重。对此,俄联邦政府给予了高度

关注，并将对社会弱势群体的扶助和完善社会福利与救济制度作为政府的重要工作。目前，俄罗斯的社会福利和救济资金来源于中央和地方政府预算及专项基金，由中央和地方政府管理。补助的项目有食品补贴、贫困家庭补助、老年人和残疾人的福利等。具体实施社会福利和救济的是地方政府。由于俄罗斯各地经济发达程度和政府财力的差异，实际执行的标准与联邦政府的政策规定存在或多或少的距离。社会救助力度的不断加大，使俄罗斯贫困阶层规模已经比20世纪90年代有了明显的下降，人民生活水平有了提高。

（2）俄罗斯财政支出中的国民收入再分配

财政农业支出是俄罗斯政府对农业领域进行调控的重要手段，合理的财政支出结构保证着农业领域市场有序与健康的发展。现阶段，俄罗斯国民经济支出包括农业渔业支出、燃料能源支出、交通运输支出等方面，总体而言，农业渔业支出在其中占比相对较高。但自2005年起，农业渔业支出在俄罗斯国民经济支出中的占比大体上表现出逐渐下降的趋势（见图4-13）。在2016年，农业渔业支出在俄罗斯国民经济支出中仅占8.53%，而工业燃料能源支出占比约为1.69%，两者之比约为5:1，而在2005年两者之比

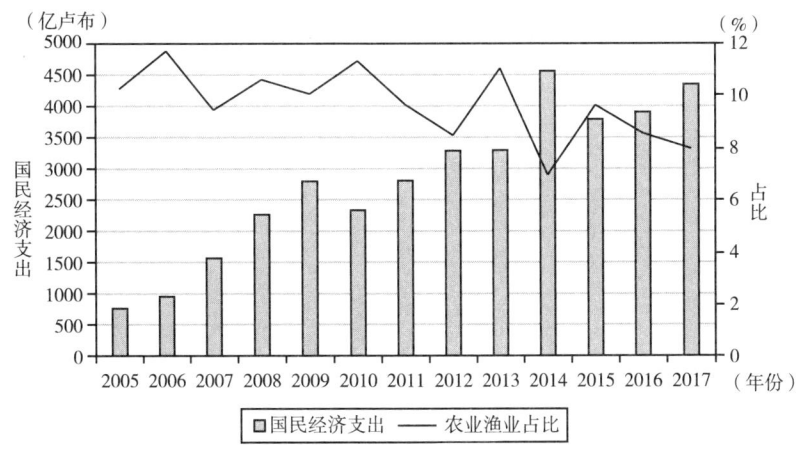

图4-13 2005—2017年俄罗斯国民经济支出及其中农渔业支出占比变化

数据来源：《俄罗斯统计年鉴2018》。

约为7.5∶1,可见俄罗斯工业能源方面的支出额和农业渔业支出额的差距逐渐缩小,工业发展速度增加。

俄罗斯财政支出的结构既有苏联时期重工业轻农业导致农业发展缓慢,粮食产量不能自给的影响,又有俄罗斯的农业资源相比中国更为丰富,投资于农业发展的效率更高的原因。总体而言,俄罗斯相较于中国,农业资源更为丰富,财政支出倾斜力度更大,因此农业发展十分迅速,但是由于农业科技、农业现代化和劳动力的影响,俄罗斯农业发展还有许多问题需要解决。

4.3.3 中俄人均可支配收入的构成

可支配收入既包括现金收入,也包括实物收入。按照收入的来源,可支配收入包含四项,分别为工资性收入、经营性净收入、财产性净收入和转移性净收入,是国民经济的重要指标,也是一国富裕发达程度的重要指标,可支配收入构成的变化可以侧面反应一国经济发展、分配制度的变化。

4.3.3.1 中国农村居民人均可支配收入的构成

中国农村居民的可支配收入包括工资性收入、经营性净收入、财产性净收入和转移性净收入四部分,其中经营性净收入包括第一产业经营性净收入、第二产业经营性净收入、第三产业经营性净收入。在中国农村居民的可支配收入中,工资性收入的占比越来越高,而经营性净收入则持续下降,尤其是第一产业经营性收入占比不断下滑,财产性和转移性收入则有一定程度的上升。2017年中国农村居民的可支配收入中工资性占比最高,为41%,经营性净收入为38%,财产净收入占比较小为2%,还包括19%的转移性净收入(见图4-14)。这反映出中国农村居民的经济结构的不断调整,一方面农民收入多元化,另一方面对土地和农业的依赖程度有所下降,农业对于中国乡村居民收入的贡献越来越低。

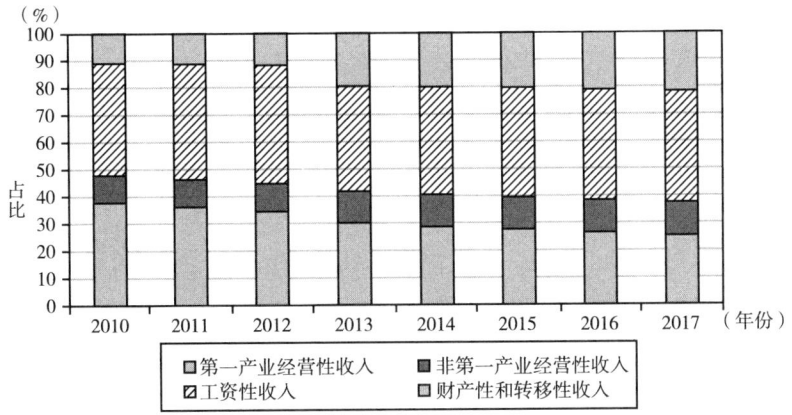

图 4-14　2010—2017 年中国农村居民可支配收入变化总体情况

数据来源：《中国统计年鉴 2018》。

总体来看，中国乡村人口就业人数不断下降，中国乡村人口中第一产业从业人数不断下降，而非第一产业就业人数则开始上升（见图 4-15）。同时，中国乡村人口外出务工人员占比的上涨导致工资性收入的上涨和第一产业经营性收入的下降，这也导致了工资性收入占比较高，而经营性收入占比下降。

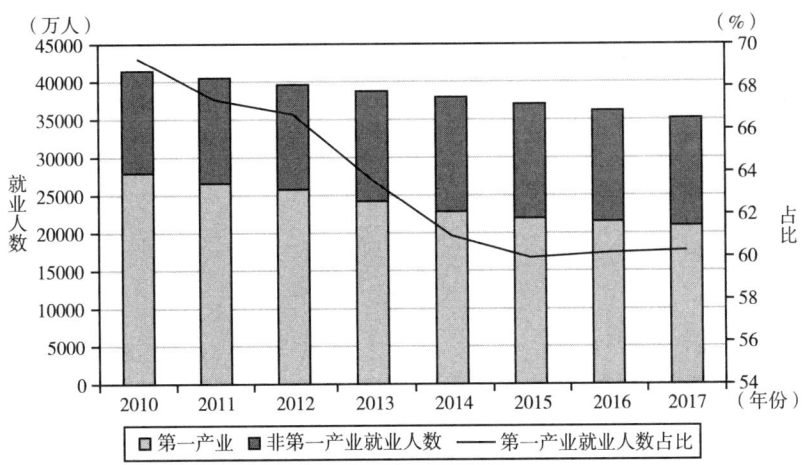

图 4-15　2010—2017 年中国乡村人口就业情况

数据来源：《中国统计年鉴 2018》。

近年来，由于小农经济的局限性，中国正在尝试改革土地流转制度，推动农业规模化发展，这同时也带来了收入分配制度的变革，劳动力作为一种生产要素在收入分配中的比重开始下降，而土地作为另一种生产要素在收入分配中所占的比重开始上升。从图4-16可以看出，近年来第一产业经营性收入的占比不断下降，同时政府给予农民一定数额的土地流转补贴，农村居民可支配收入中财产性和转移性的收入不断上升。这表明农村居民自己经营土地生产开始减小，土地流转市场逐渐活跃，农业的生产方式进一步变革，走向现代化农场模式生产，而农业生产方式发生变革也带来了国民收入分配的改变。

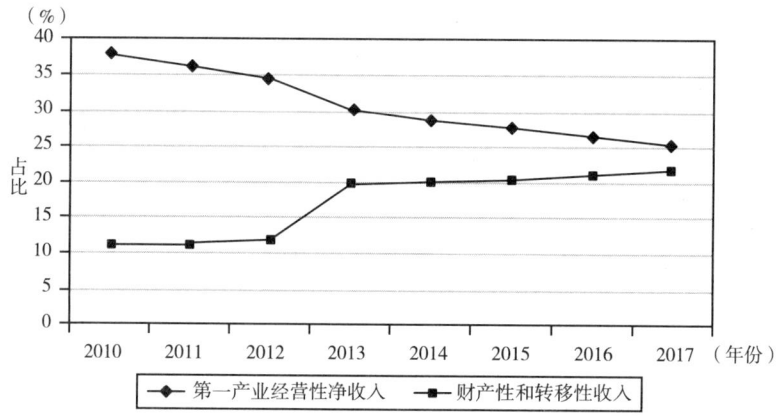

图4-16 2010—2017年中国农村居民可支配收入构成的变化

数据来源：《中国统计年鉴2018》。

4.3.3.2 俄罗斯居民可支配收入的构成

由于俄罗斯的重工业相对于轻工业和农业来说更为发达，同时其城市人口占比非常高，约占全国的73%，城镇化率极高。俄罗斯居民的可支配收入中劳动报酬占比非常高，近年来由于重视农业、轻工业发展和普京政府的经济改革，劳动报酬的占比有一定程度的下降，但是仍旧是俄罗斯居民可支配收入的主要和最重要组成部分。

从图 4-17 可以看出，俄罗斯居民可支配收入中，在 1992 年，劳动报酬的占比大于 70%，而财产收入的占比约为 1%，之后在 1995 年左右，劳动报酬的占比下降至不足 70%，而财产收入占比上升至 8% 左右，并开始保持稳定。这表明俄罗斯居民人均可支配收入变动在 1995 年基本结束，这之后基本构成趋向稳定，劳动报酬在国民收入中占比巨大，而财产性收入占比较小。在俄罗斯，土地等要素的重要性相对较低，劳动力更为稀缺，因此劳动力的工资收入在国民收入中占比较高。对于俄罗斯而言，其农业资源较中国更为丰富，劳动力更为紧缺，因此表现在国民收入构成中，财产性收入相比中国更低。此外，由于中国分配制度不断完善清晰，进一步实施农业土地流转制度的改革，而俄罗斯的土地制度私有化早已完成，因此中国的国民收入构成中，财产性和转移性收入的占比将会继续上升，相比俄罗斯的差距将会进一步扩大。

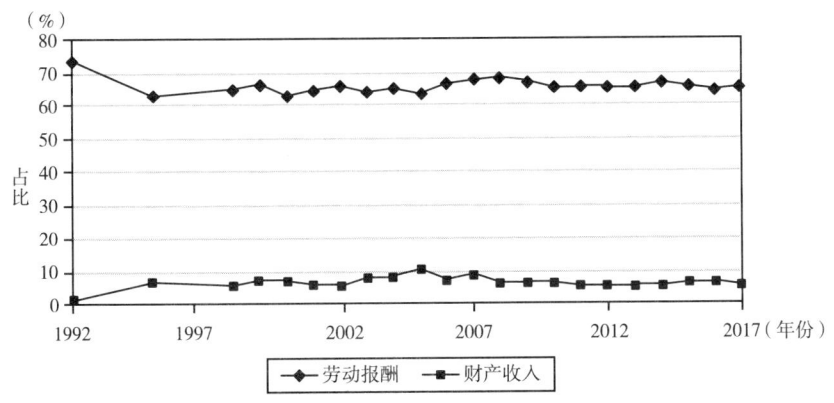

图 4-17　俄罗斯居民可支配收入的构成变化

数据来源：《俄罗斯统计年鉴 2018》。

4.3.4　中俄居民收入差异现状

4.3.4.1　中国的居民收入差异

中国的居民收入主要来源于劳动者报酬。虽然中国已经逐步建立和健全了劳动、资本、技术、管理等生产要素按贡献参与分配的收入分配制度，但仍然是以按劳分配为主体，居民所获得的收入大部分来自劳动收入。中国的收入差距既存在于城乡居民之间、城市居民之间、农村居民之间，也存在于不同行业、不同所有制企业、不同地区之间。

（1）城乡差异

改革开放以来，中国居民收入差距呈不断扩大的趋势，城镇居民人均可支配收入与农民人均纯收入比从2000年的2.79∶1扩大到2008年的3.31∶1，绝对差距已经超过1.1万元。2003—2017年，城乡居民可支配收入的差距呈现出逐渐增大的趋势，是国民收入分配不均的直接体现（见图4-18）。库兹涅茨倒U形曲线理论说明一个国家的国民收入差距会出现一个从扩大到收敛的过程，中国居民收入差距正处于不断扩大的阶段。

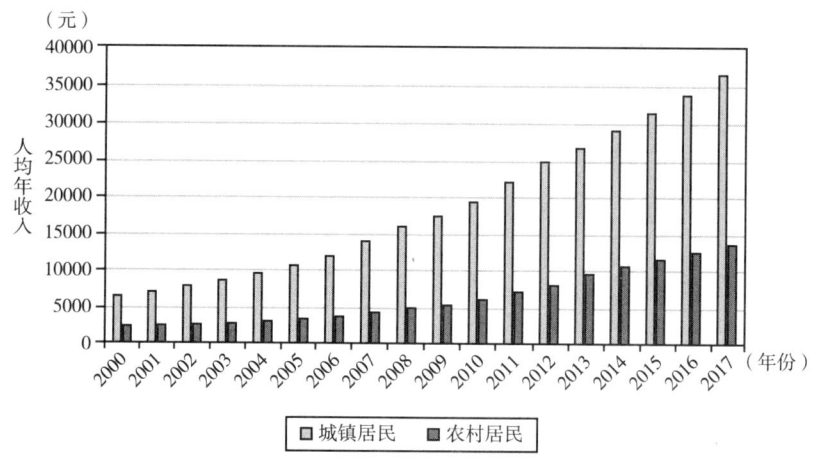

图4-18 2000—2017年中国城乡居民收入情况

数据来源：《中国统计年鉴2018》。

（2）行业差异

就业人员的收入差距也在扩大，2000—2008年，在城镇职工中，国有单位、集体单位、其他单位职工实际工资分别增长1.75倍、1.48倍和1.18倍；行业门类间的工资差距由2000年的2.60倍，扩大到2007年的4.46倍。通过观察2005—2017年的数据可以发现，包括农业在内的从事农林牧渔业的就业人员的工资总额在总工资额中所占的比重逐渐下降（见图4-19）。2005年农林牧渔业的就业人员工资总额为368.7亿元，在行业工资总额中占1.8%，2017年所占比重下降到了0.735%，且农林牧渔业的就业人员工资总额远少于其他行业，如采矿业、制造业等。从事制造业的人员工资在工资总额中所占比重较大，且所占比例呈现逐年上升的趋势，这也从侧面说明中国的工业发展取得了一定的成果。

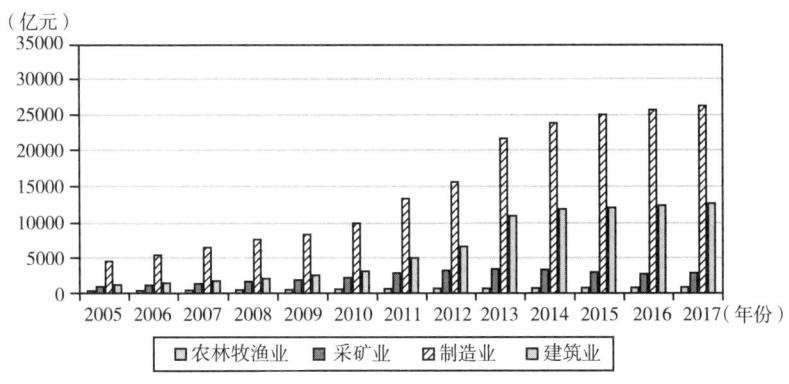

图4-19　2005—2017年中国分行业工资总额情况

数据来源：《中国统计年鉴2018》。

4.3.4.2　俄罗斯居民收入差异

自俄罗斯社会转型以来，居民的收入差距明显加大了，主要表现在两个方面：一是地区间（包括城乡之间）的收入差距加大，二是各种经济组织和各行业之间的收入差距加大。

（1）行业差异

虽然农林牧渔业的工资总体呈上涨趋势，但是俄罗斯的农业从业人口的工资长期低于平均工资，更落后于高收入的矿业从业人员，并且差距逐渐扩大。2017年农林牧渔业的平均工资相比总体平均工资差额为13496卢布，相差34%，而与高工资的矿业对比，差额为48803卢布，是矿业平均工资的 34%。这是造成俄罗斯居民收入差异的原因之一。2010—2017 年俄罗斯分行业工资情况如图 4-20 所示。

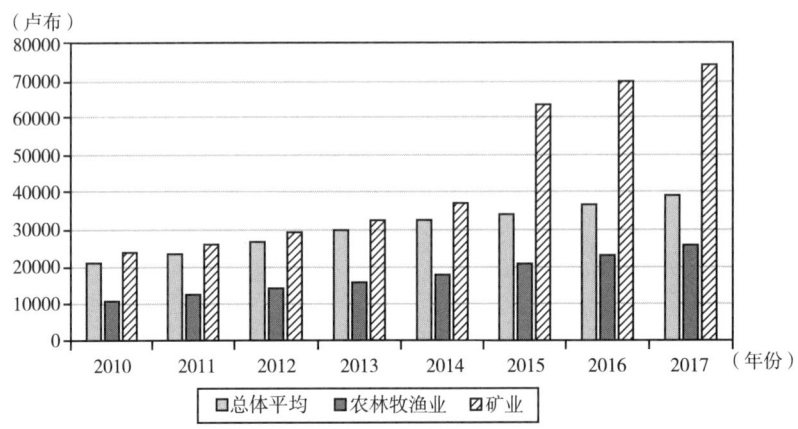

图 4-20　2010—2017 年俄罗斯分行业工资情况

数据来源：《俄罗斯统计年鉴 2018》。

（2）地区差异

区域差异是俄罗斯居民收入差异的重要原因之一，偏远地区与富裕地区收入差异较大，东西差异明显。就区域来看，俄罗斯中央联邦管区居民人均月收入最高，西伯利亚联邦管区人均月收入最低。其中，中央联邦管区人均月收入始终处于全国首位。俄罗斯各管区居民人均月收入基本呈增长趋势，且增长速度逐渐放缓，2016 年多个管区出现负增长的情况。相比而言，2008 年以前，俄罗斯各管区人均收入增长较快，同比增幅在 20%~40%；2010 年以后，各管区人均收入增长明显放缓。南方联邦管区居民人均月收入同比增长最快（927.26%），乌拉尔联邦管区居民月收入同比增长最慢，仅为 599.27%。2002—2017 年，俄罗斯各管区居民人均月收入差距拉大，极差从每月人均 2723 卢布扩大到 16918 卢布，西伯利亚联邦管区地区每月人均收入最低为 23925 卢布，而中央联邦管区收入最高为 40843 卢布（见图 4-21）。

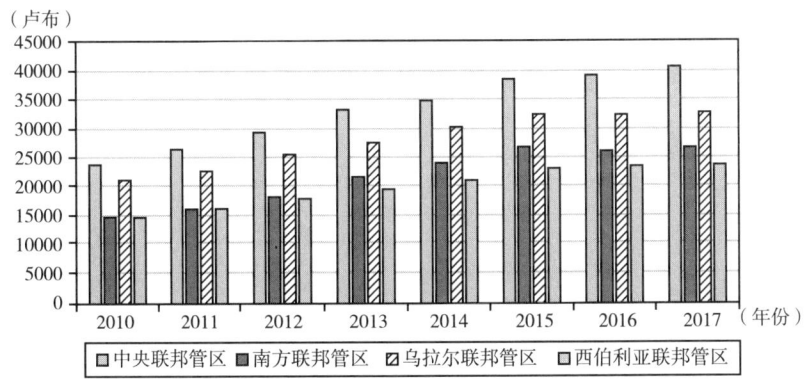

图 4-21　2010—2017 年俄罗斯部分地区人均收入情况

数据来源:《俄罗斯统计年鉴 2018》。

4.3.5　中俄贫富差异现象及原因分析

贫富差异是中俄共有的经济现象之一,是国民收入分配的结果。贫富收入差距能够反映社会的协调发展程度,并且会进一步影响经济整体的健康和持续发展。国际上常用基尼系数定量测定社会居民收入分配的差异程度。从理论上来讲基尼系数的最低值为 0,最高值为 1。一般认为,系数在 0.2 以下为绝对平均,0.2~0.3 为比较平均,0.3~0.4 为比较合理,0.4~0.5 为差距较大,0.5 以上为差距悬殊。市场体制完善的经济发达国家,居民收入的基尼系数一般不超过 0.4 的水平。

4.3.5.1　中国的贫富差异现状

(1) 中国的基尼系数

从图 4-22 观察中国 1981—2017 年的基尼系数可以发现,近年来,中国的基尼系数呈现一定程度的稳定趋势,2017 年达到 0.467,相比 2008 年的 0.491 有一定程度的缩小。从国际经验看,基尼系数的警戒线为 0.4,超过 0.5,收入分配差距就比较悬殊。有学者认为,根据中国国情,中国承受水平可能要高一些,但收入差距的程度很有可能被低估了,真实的基尼系数可能已经触及影响社会稳定的警戒线。国家发展和改革委员会的问卷调查显示,被调查人员中对收入分配状况不满意的已经超过70%。

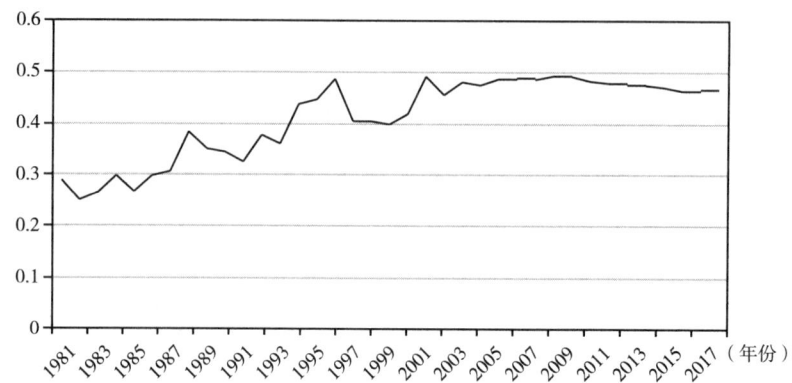

图4-22　中国的基尼系数变化情况

数据来源:《中国统计年鉴2018》。

(2) 中国的贫困人口

从图4-23可以看出,在收入分配制度改革之后,中国的贫困人口大幅度下降。以2010年2300元不变价为基准,1978年中国尚有7.7亿的贫困人口,贫困发生率高达97.5%,经过多年的努力,到2017年贫困人口

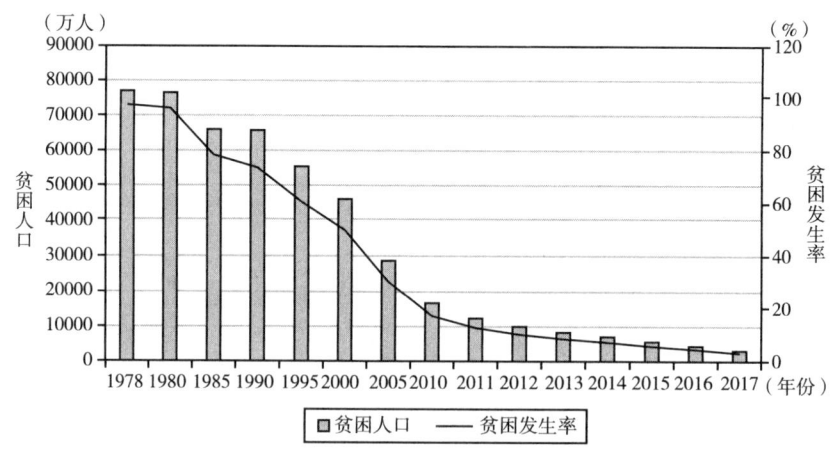

图4-23　1978—2017年中国贫困人口及贫困发生率变化

数据来源:《中国农村统计年鉴》。

为3046万,贫困发生率为3.1%。中国贫困人口的大幅度下降,其中收入分配制度改革、国民收入再分配向贫困人口倾斜是重要原因。此外,中国扶贫攻坚工程的展开,将在2020年消除贫困问题。

4.3.5.2 俄罗斯的贫富差异现状

从俄罗斯国家统计委员会公布的数字来看,俄罗斯1998年的基尼系数为0.289,而到了2000年升至0.395,2013年的数字最高,达到了0.418,其他年份接近0.4,2017年为0.41(见图4-24)。在转轨初期俄罗斯居民的收入分配差距是不断扩大的。从俄罗斯的人口收入分布来看,1991年底俄罗斯10%的最高收入者与10%的最低收入者的收入比是4.5倍,到1992年底就扩大到7.5~8倍,1993年底扩大到11倍,1995年则扩大到13.5倍。同时从俄罗斯人口收入分布可以看出,俄罗斯的人口收入差异有一定程度的减少(见图4-25)。

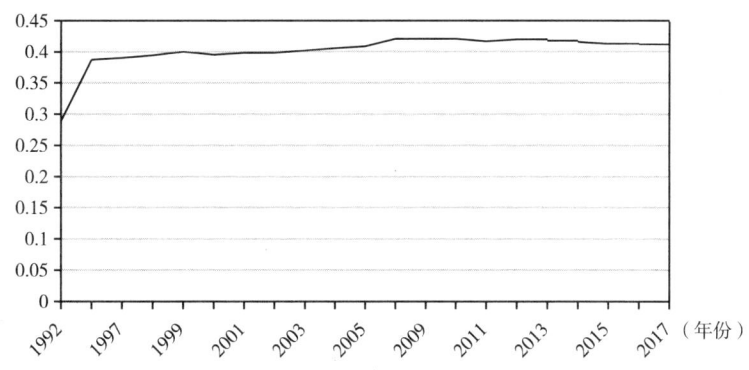

图4-24 俄罗斯基尼系数变化情况

数据来源:《俄罗斯统计年鉴2018》。

4.3.5.3 中俄贫富差异原因分析

(1)中国贫富收入差异的影响因素分析

①收入分配制度不完备。中国收入分配制度仍存在不合理之处。第一,改革开放以来,"先富带后富"发展理念的提出,使得无论是地区之

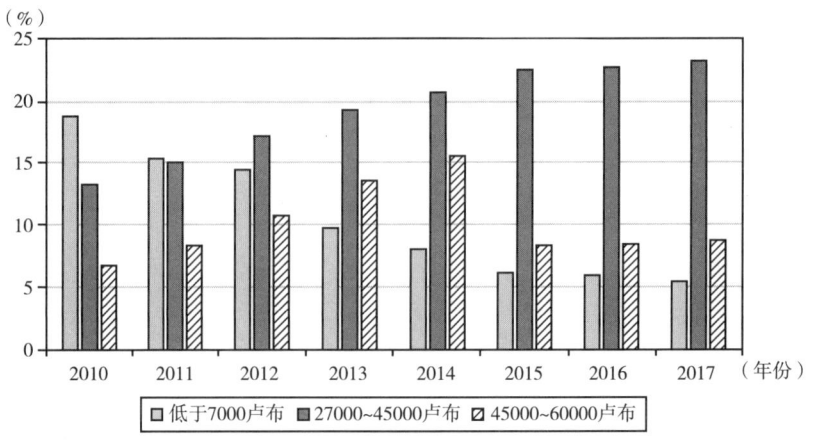

图4-25　2010—2017年俄罗斯人口收入分布

数据来源：《俄罗斯统计年鉴2018》。

间，还是城乡之间，居民收入差距都在不断加大。第二，由于各地政府优先发展城市经济，加上农村地区生产要素结构的简单化，以致大量农民纷纷涌进城市，使得农民工劳动力市场供大于求，极大降低了劳动力价格，最终成为廉价劳动力，而这种廉价劳动力和其创造的价值往往存在很大差距。第三，在公平和效率的问题上没有把握好两者之间的平衡点，过分追求效率，从而忽视了公平。

②社会体制不完备。一是社会保障体制方面。近年来，随着中国农村现代化建设进程的不断推进，虽然部分社会保障体制已涉及农村，然而，就保障内容的全面性及覆盖的广泛性而言，农村地区的保障水平明显落后于城市地区。因而不健全的社会保障体制在一定程度上加剧了城乡居民收入差距。二是社会福利方面。相对于农村居民，城市居民拥有更完备的福利体制，而部分农村居民仍然只享有土地承包权，两者福利水平还存在着较大差距。三是教育方面。尽管目前中国已实行九年义务教育，然而在实际情况中，部分农村地区由于种种原因，使得教育工作不能有效开展。

③政府对"三农"的投入不足。自改革开放以来，中国政府虽然在

"三农"方面财政的投入力度不断加大，且已经形成稳定的投入增长机制以及强农惠农的政策体系，但中国财政支农投入仍处于一般水平，并且投资结构方面也存在一定的不合理性。一方面，从投入总量看，中国相较于发达国家，财政投入仍处于低水平阶段。农业投入的不足，往往是中国农业生产力水平落后于第二、第三产业的主要原因。同时，也是城乡居民收入差距扩大的重要原因。另一方面，财政支农结构的不合理性。财政投资明显偏向城市和工业，而对农村地区和农业的投入则较少。在对农村的投入资金中，大部分主要用于农村事业及行政开支，这对农民增收而言作用并不大。

④长期二元经济结构的影响。就中国发展特点及国情来看，农村地区落后于城市地区不仅是一个现实问题，同时也是一个历史现象。在中国的建设过程中，由于对工业化发展的过分强调，尤其是在改革开放前期，中国实行的"农村支持城市、农业支撑工业"的城市偏向政策和严格的城乡分割户籍制度，使得城市和农村形成两个相对独立的社会个体，从而出现了"中国的二元经济社会"现象。而这种长期存在的二元经济体制就是城乡收入差距的主要原因之一。即使在中国建立市场经济体制后，因为二元经济结构的改革不能及时跟上经济发展的速度，农村的收入水平还远远落后于城市地区。如果这种二元管理体制不能得到根本性的改变，那么其将会继续对城乡居民的收入差距带来不利影响。

（2）俄罗斯城乡居民收入差距的影响因素分析

①地区发展不协调。地区（主要是东、西部）发展不协调。这是当前俄罗斯经济发展中的突出矛盾。地区间经济发展不平衡主要表现为：一是不同的工业化历史进程形成了迥然不同的工业发展机制，西部地区工业化起步较早，生产力水平远远高于东部。二是西部是改革受益的地区。市场经济给俄罗斯欧洲部分的人们提供了更大、更多的发展机会，社会中的精英和巨富大多集中在这一地区。同时，广大的北极、西伯利亚和远东地区资源丰富，但气候条件恶劣，劳动者工资相对较高，而物价也高，因此实

际收入水平呈恶化趋势。苏联解体以来，西部地区在工业化进程中已形成发达的对外经济联系，获得了比东部地区优越的聚集资金的环境，外资投入和出口带动成为西部地区工业化加速发展的强大拉力。目前，仅欧盟在俄罗斯外贸总额中就占有约40%的份额，在外资投入中占60%以上。东部地区由于位置偏远，其邻国大多是一些经济欠发达国家（日本、韩国除外），所以东部地区缺乏西部那样发达的对外经济联系，缺乏外资投入（远东的萨哈林州除外）和出口带动（远东出口多，但多为转口贸易，而且波动大）。三是要素禀赋差异，西部地区由于资本和劳动力相对丰富，储蓄率和资本积累率相对较高，人均收入高于东部。由传统体制和市场化因素引发的俄罗斯地区发展不协调问题，使以扭曲要素和产品价格体系所形成的西部地区经济上的比较优势与东部地区资源结构上的比较优势相背离，这种明显的比较优势差距，是地区之间收入差距扩大的主要原因。

②隐性收入。俄罗斯居民收入差距拉大的一个非常重要的原因是隐性收入的差距大。在当代俄罗斯，隐性收入已经变成个人致富的非常重要的手段，1993年俄罗斯的隐性收入大约占到了国内生产总值的5%，1996年已经达到了11%。由于大量隐性收入的存在，统计的平均收入水平就无法代表俄罗斯居民的真实收入水平，尤其是无法考察巨富层的收入水平，甚至无法考察一般的富人和有保障阶层的收入水平。

③城乡差距。地区差别，特别是莫斯科与其余广大地区之间的差别不仅严重阻碍了地区间的经济交流与合作，也阻滞了正常的社会流动，其影响将是深远的。俄罗斯农村居民收入水平普遍较低，贫困问题严重。俄罗斯共有3300万居民生活在贫困线以下，而其中75.6%居住在农村。此外，农村基础设施老化严重，社会保障水平也较低，农村居民的教育、医疗和住房条件都大大低于城市水平。这导致大量年轻人从农村转移到城市，农村人口出现数量下降、老龄化严重的现象。

④二元市场结构矛盾比较明显。所谓二元市场结构，是指某一产业中大企业与中小企业（尤其是小企业）在生产规模、技术水平和市场力量等

方面的差距。作为处于转型之中的"追赶型"国家,俄罗斯存在明显的二元结构,2006年以来这种趋势进一步强化。一是政府通过司法程序或扩大国家控股监管国家财产,即加强对战略性部门的控制,能源和军工大型企业是其中的代表。这样,市场中形成了所谓的国家垄断。二是国家尽可能减少对小企业的控制,或者将其私有化,或者下放给地方管理。在俄罗斯经济转轨过程中,由于体制不健全,二元市场结构的矛盾有利于国家垄断部门获取垄断租金,促进了部分人的收入增长,但同时也扩大了行业之间的收入差距,减少了贫困人口获得收入的机会和能力。此外,小企业交易成本的扩大,造成企业债务负担沉重,同样影响居民收入。

⑤私有化。由于私有化导致社会财产的重新划分,结果是国家的主要资源落到了极少数人手里,造就了一个一夜暴富的阶层。按俄罗斯联邦共产党的估计,价值2000亿美元的500家大型国有企业,仅卖了实际价值的3%,约70亿美元。社会变革时期的国家政策因素是俄罗斯陷于贫富两极分化的根本原因。

4.4 工农业发展关系

4.4.1 工农业关系的内涵及政策

工农业关系主要指工农业增长比例关系。工农业增长比例是一个动态过程,不同经济体制下和不同工业化阶段是不一样的。比例大小直接反映的是两者的关系是否协调,而内中解释的则是政策、投入和科技强弱以及对两者关系认识的程度。工农业关系的实质是资源在工农业两大部门间的配置关系。

4.4.1.1 中国工农业关系政策

20世纪50年代初期是中国实施工业化战略的启动时期,这一时期农业政策的安排，其核心是为工业化服务。改革前的集体化改造、农产品统购统销、城乡户籍管理制度，这三大政策安排的核心均是为实施国家工业化战略服务。70年代末，中国工农业产值比由50年代初期的2∶8转变为8∶2。为适应这种变化，党的十一届三中全会以来，农业政策在国民经济政策中的定位发生了变化，较以往显著区别有三点：一是把发展农业生产的具体政策措施与工业化脱钩，从产业协调发展层面考虑，要求工农业协调发展。二是改革前阐述农业的发展与工业化的关系，而改革后则拓展了农业的基础作用，讲农业与国民经济的关系，而不单讲工农业的关系。三是改革前侧重讲农业对工业的支援，而党的十一届三中全会以后强调工业对农业的支援。21世纪以后，中国工业化总体迈入中期阶段，工农业差距和城乡差距仍不断拉大、农业相对落后、"三农"问题突出。面对这些情况，中国及时实施了工业反哺农业战略。自2004年中国出台工业反哺农业的政策以来，连续13年的中央"一号文件"均聚焦"三农"问题，特别是党的十八大工作报告提出推动城乡发展一体化，强调要坚持工业反哺农业。从中国反哺农业的实践来看，在起始阶段主要采取扩大财政支持"三农"和转移支付等方式实行间接反哺农业，以后逐渐重视工业直接反哺农业的作用，从而实现由简单型向复合型反哺过渡。

除了财政对"三农"的直接投入，政府还通过转移支付、取消农业税、农村贫困救助、增加农业补贴等方式加强反哺农业，特别是对于欠发达地区农村推行多种扶持政策。长期以来，中国还通过取消农村义务教育收费、举办农村劳动力职业技能培训及农村劳动力转移培训阳光工程等项目、发展农业水利设施、加大农业科技支持等举措反哺农业。

4.4.1.2 俄罗斯工农业关系政策

农业部门一直是俄罗斯经济中比较薄弱的部门。1991—1998年，俄罗斯农业生产全面大幅下滑，除1997年外均为负增长。这一阶段农业生产快速下滑是俄罗斯实施"休克疗法"的结果：由于实行了价格自由化政策，工农业产品价格剪刀差加大,同时,国家又大幅削减对农业的补贴,导致农业生产一路下滑,到1998年经济危机时跌至谷底。

2000年普京任总统后,吸取了叶利钦时期农业改革的教训,对农业发展道路进行了方向性变革,由着重发展市场经济体制下的小农业转向发展市场经济的大农业。普京农业政策的目标是形成发达的粮食市场,提供可靠的国家粮食保障,提高农民的收入水平,保护农业生产的自然资源,形成稳定高效的农产品生产,保证居民生活需要和食品加工企业的原料需求。农业发展的趋势是利用市场机制与国家宏观调控,在市场经济大农业框架下发展农工综合体。调整农工综合体生产结构,优先发展具有出口潜力的部门,依靠国内生产在10年内满足国内市场对禽、蛋、奶类产品的需求,同时形成这些产品的专门生产地区。发展畜牧业和渔业,提高农工综合体的经济增长速度,2005—2015年拟实现以国内市场为导向的畜牧业加速发展计划。经过结构调整,未来10年俄罗斯农业生产不仅要停止下降,而且要成为有竞争力的部门,使第一产业恢复增长。

4.4.2 工农业商品价格指数

4.4.2.1 中国农村工农业商品价格指数

工农业商品价格比价政策决定了工农业价值交换关系。2003年以前,工农业产品价格"剪刀差"较小;2003—2004年,国家对农产品实行低价收购,对农产品收购价格进行幅度相对较大的上调,这使工农业商品价格综合比价指数急剧下降;2004—2006年,农村工业品零售价格指数增幅大于农产品收购价格指数增幅,工农业商品价格综合比价指数有较大幅度的上升;到2016年,农产品收购价格比2001年提高121.1%,农村工业品零售价格指数稳定在一定水平上下波动,这使工农业商品价格综合比价指数逐步下降,但"剪刀差"仍很大。

2006年以来,工农业商品价格综合比价指数经历了由大幅度下降到缓慢波动下降再到急剧上升的三个阶段。2006—2008年,国家大幅度提高农产品收购价格,并采取措施保障了农用工业品价格的相对稳定,使工农业商品价格综合比价指数迅速下降;但自2008年开始,工农业商品价格综合比价指数持续稳定下降;自2016年开始,国家大幅度降低农产品收购价格,并采取大幅提高农用工业品价格措施,使工农业商品价格综合比价指数迅速上升。

2001—2017年中国农村工农业商品价格指数及变化趋势如表4-4、图4-26所示。

表4-4 2001—2017年中国农村工农业商品价格指数

年份	全国零售物价指数	农产品收购价格总指数	农村工业品零售价格总指数	工农业商品价格综合比价指数
2001	100.00	100.00	100.00	100.00
2002	98.69	99.70	97.79	98.09
2003	98.61	104.09	100.03	96.11
2004	101.37	117.72	106.15	90.17
2005	102.19	119.37	111.36	93.29
2006	103.21	120.80	114.71	94.95
2007	107.14	143.14	118.25	82.61
2008	113.45	163.32	126.40	77.40
2009	112.09	159.40	119.59	75.02
2010	115.56	176.78	126.17	71.37
2011	121.22	205.95	133.76	64.95
2012	123.63	211.51	131.48	62.17
2013	125.37	218.27	128.98	59.09
2014	126.62	217.84	126.54	58.09
2015	126.73	221.54	119.95	54.15
2016	127.62	229.07	118.28	51.64
2017	129.01	221.06	125.74	56.88

注:用农业生产者价格指数代替农产品收购价格指数,工业生产者出厂价格指数代替农村工业品零售价格总指数,以2001年为基期。

数据来源:《中国统计年鉴2018》。

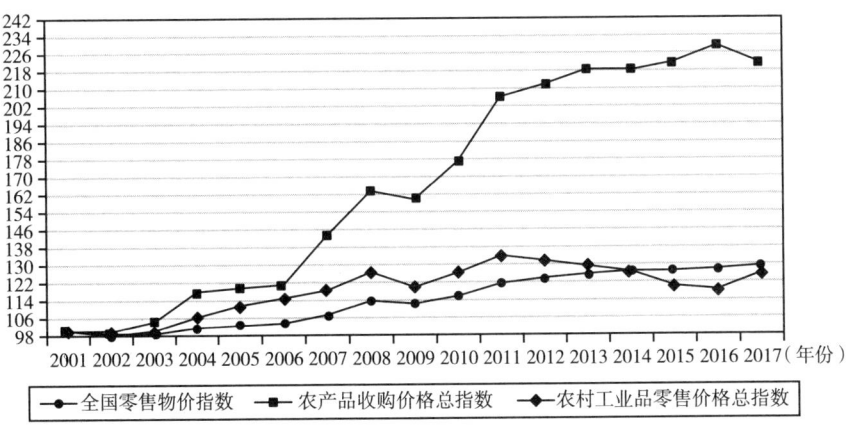

图 4-26　2001—2017 年中国农村工农业商品价格指数变化

数据来源：《中国统计年鉴 2018》。

4.4.2.2　俄罗斯农村工农业商品价格指数

2001—2016 年，俄罗斯全国零售物价指数持续稳定上涨，工农业商品价格综合比价指数波动上升。2001—2002 年，俄罗斯对农产品实行低价收购，对农产品收购价格进行幅度相对较小的下调，这使工农业商品价格综合比价指数急剧上升。2002—2003 年，俄罗斯对农产品收购价格进行幅度相对较大的上调，这使工农业商品价格综合比价指数急剧下降。2003—2006 年，工农业产品价格"剪刀差"增大，这使工农业商品价格综合比价指数上升幅度逐渐减小。2008 年以来，农产品收购价格波动上升，农村工业品零售价格总指数持续稳定上升。

21 世纪以来，俄罗斯工农业产品价格"剪刀差"逐年加大，农业企业的潜在盈利能力正逐渐受到威胁。自 2002 年以来，尽管俄罗斯农业企业的盈利面和资产利润率都在上升，但农业生产资料价格正以更快的速度上涨。农业生产用燃油和化肥价格逐渐与国际市场接轨，而俄罗斯农业机械很大程度依赖进口，且不享有定价权。据统计，农业生产所需各种工业品的价格上涨速度达 21%，远高于农产品价格 10% 的上涨速度。

工农业产品价格"剪刀差"始终是影响农业发展的重要因素。这与俄罗斯畸形的产业结构不无关系。俄罗斯装备工业落后，而进口机械设备的价格很高；俄罗斯石油资源丰富，农业机械化生产所需的燃料价格本应低廉，但国内油价却逐渐与世界接轨，由此增加了农业机械化生产的成本。而这些情况又与卢布的汇率变动以及各产品对汇率变动的弹性有关。

2001—2017年俄罗斯农村工农业商品价格指数及变化如表4-5、图4-27所示。

表4-5　　2001—2017年俄罗斯农村工农业商品价格指数

年份	全国零售物价指数	农产品收购价格总指数	农村工业品零售价格总指数	工农业商品价格综合比价指数
2001	100.00	100.00	100.00	100.00
2002	115.10	98.10	117.70	119.98
2003	128.91	122.33	132.41	108.24
2004	143.99	143.98	170.55	118.45
2005	159.69	148.30	193.40	130.41
2006	174.06	163.73	213.51	130.41
2007	194.78	213.17	267.11	125.30
2008	220.68	218.50	248.41	113.69
2009	240.10	214.57	282.94	131.86
2010	261.23	265.21	330.19	124.50
2011	277.16	251.68	369.81	146.94
2012	295.46	278.86	388.67	139.38
2013	314.66	286.39	403.05	140.73
2014	350.53	326.77	426.83	130.62
2015	395.75	354.55	472.50	133.27
2016	417.12	360.93	507.47	140.60
2017	432.56	352.63	154.85	46.045

注：用消费价格指数代替全国零售物价指数，用农业生产者价格指数代替农产品收购价格指数，用工业生产者出厂价格指数代替农村工业品零售价格总指数，以2001年为基期。

数据来源：《俄罗斯统计年鉴2018》。

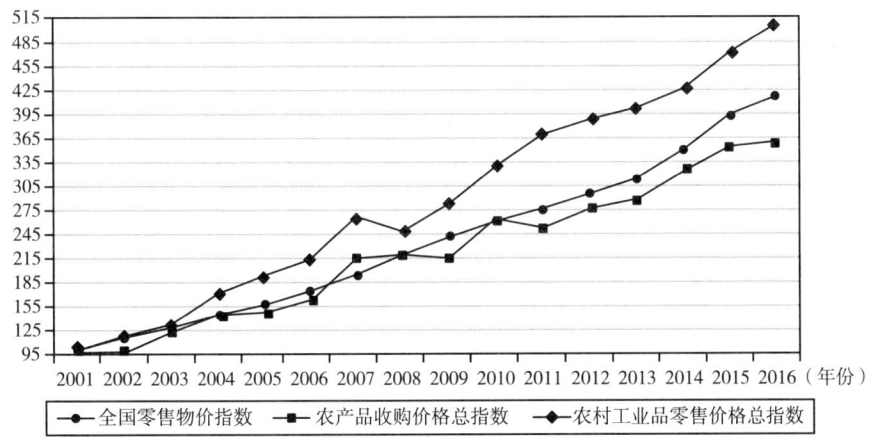

图 4－27　2001—2017 年俄罗斯农村工农业商品价格指数变化

数据来源：《俄罗斯统计年鉴 2017》。

4.4.3　工农业发展速度比

工农业发展速度比值是衡量工农业关系政策的重要指标。工农业发展速度比值是结果，其实质是反映资源在工农业两个产业部门之间的配置关系。

4.4.3.1　中国工农业发展速度比

自 2001 年起，中国农业发展始终保持着增长的趋势，但在不同阶段具有不同特点。首先，2001—2003 年的年递增率较低，增速缓慢，且 2003 年年递增率为负；其次，2004—2010 年，年递增率在不断波动，但都保持在较为稳定的水平，在 2004 年和 2010 年有显著性突破；最后，自 2011 年起，年递增率逐年降低，农业发展放缓。工业发展的变化趋势与农业大致相同，但在 2010 年之前，年递增率总体较高；从 2011 年起，同农业一样，年递增率逐年降低，发展放缓，但在 2017 年重新回暖达到 13%。将工农业发展速度进行对比，工业发展速度始终快于农业。除 2002 年、2003 年、

2017年外，其余年份工业年递增率与农业年递增率比例在2%以下（见图4-28）。

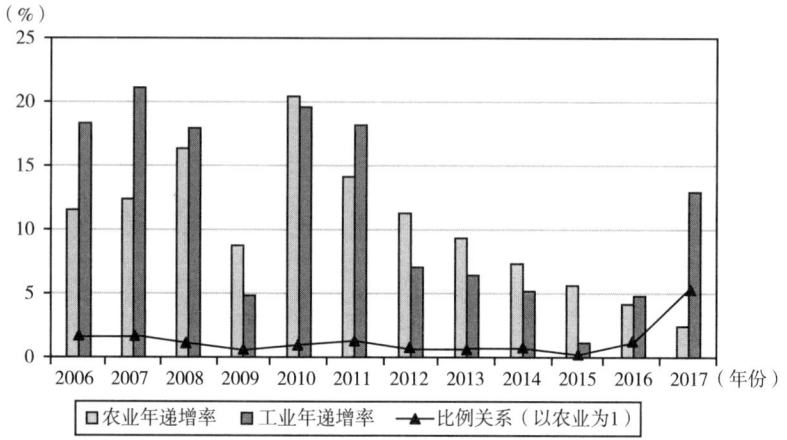

图4-28 2006—2017年中国工农业发展速度及比例关系

数据来源：《中国统计年鉴2018》。

4.4.3.2 俄罗斯工农业发展速度比

农业方面，2006—2016年根据农业年递增率的变化，俄罗斯农业发展大体可以分为三个阶段：第一阶段为2006—2008年，这一阶段农业产值增长速度较快，分别为17.6%、28.5%和26.9%。俄罗斯农业递增率为正，保持在20%以上，实现连续增长。第二阶段为2008—2010年，这一阶段农业生产增长速度出现急剧下降的趋势。这与美国次贷危机引发的国际金融危机有较大关系。然而，这次危机与1998年的危机完全不同，尽管这次危机中卢布也出现了贬值，但美元自身贬值引致大宗商品价格上涨，增加了农业生产成本，造成农业产值下滑。农业生产下滑的另一重要原因是2010年俄罗斯发生严重的旱灾，43个联邦主体的农业产值出现大幅下滑。第三阶段为2011—2016年，俄罗斯农业生产同比增长22.1%，增幅为20世纪90年代以来的最高水平，不仅弥补了2010年的降幅，还在2009年的水平上增长了8.3%。俄罗斯的农业发展十分不稳定，没有明显的变化趋势。在2006—2008年,年递增率保持在20%以上。在2009年出现负增长。此后,年递增率在不断波动。工业方面,在2006—2008年,俄罗斯工业年递增率比较稳定,在2009年出现负增长;从2010年开始,逐渐回暖,但年递增率依然在逐年下降,一直到2013年,虽然递增率较低,但仍在正常;从2014年起,年递增率为负数,工业发展较慢。将工农业发展速度进行对比,除2010年和2014年工业年递增率高于农业外,其余年份均低于农业(见图4-29)。

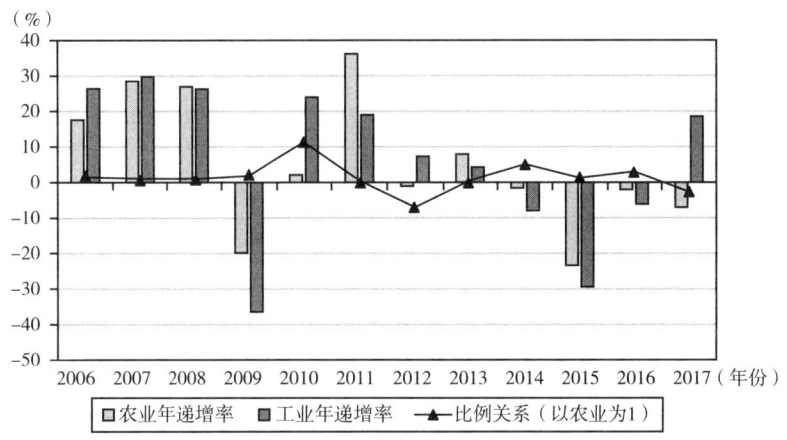

图4-29 2006—2017年俄罗斯工农业发展速度

数据来源:《俄罗斯统计年鉴2017》。

4.5 中俄居民消费差异

4.5.1 居民消费水平差异

总体来看,2017年中国城镇居民人均消费支出为24445元,2017年中国农村人均消费支出为10954.5元,城镇居民人均消费支出高于农村居民13490.5元,城镇居民人均消费支出是农村居民的2.23倍,远远高于农村居民的消费水平。表4-6展示了中国2017年度不同消费项目下城镇与农村居民人均消费支出水平的差异。从消费水平差异的数量上看,差异最大的是人均食品烟酒消费支出,2017年中国城镇居民人均食品烟酒消费支出为7001.2元,高出农村居民人均食品烟酒消费支出3585.8元。农村收入水平相比城镇较低些,因此会减少一些非必要类开支。然而,作为生活的必需品的食品消费支出,城乡之间差距如此之大,说明城乡间的基本生活水平存在严重的不平衡问题。从消费水平差异的比例上看,城镇与农村人均其他用品和服务消费支出水平差异较大。2017年中国城镇居民人均其他用品和服务消费支出为651.5元,2017年中国农村人均其他用品和服务消费支出为200.9元,城镇居民人均其他用品和服务消费支出是农村居民的3.24倍,可见城镇居民存在更多的服务支出,追求更好的生活质量。

表4-6　　2017年中国城镇与农村居民消费支出水平差异　　单位:元

居民消费支出项目	城镇金额	农村金额	城镇/农村
人均食品烟酒消费支出	7001.20	3415.40	2.05
人均衣着消费支出	1757.90	611.60	2.87
人均居住消费支出	5564.00	2353.50	2.36
人均生活用品及服务消费支出	1525.00	634.00	2.41
人均交通通信消费支出	3321.50	1509.10	2.20
人均教育文化娱乐消费支出	2846.60	1171.30	2.43
人均医疗保健消费支出	1777.40	1058.70	1.68
人均其他用品和服务消费支出	651.50	200.90	3.24
人均消费支出合计	24445.10	10954.50	2.23

数据来源:《中国统计年鉴2018》。

由表4-7可以看出,2017年度,中国城镇居民人均消费支出最高的是上海市,人均消费支出为42304.3元;2017年,中国城镇居民人均消费支出最低的是广西壮族自治区,人均消费支出为18348.6元。2017年,中国农村居民人均消费支出最高的是北京市,人均消费支出为18810.5元;中国农村居民人均消费支出最低的是甘肃省,人均消费支出为8029.7元。农村居民人均消费支出的地区极差为18063元。对比发现,中国农村居民消费水平最高的北京市农民消费支出,要高于中国城镇居民消费水平最低的广西壮族自治区城镇居民消费支出。

表 4-7　　2017 年分地区城镇与农村居民人均消费支出区域差异　　单位:元

地区	城镇	农村	地区	城镇	农村
北京	40346.30	18810.50	湖北	21275.60	11632.50
天津	30283.60	16385.90	湖南	23162.60	11533.60
河北	20600.30	10535.90	广东	30197.90	13199.60
山西	18404.00	8424.00	广西	18348.60	9436.60
内蒙古	23637.80	12184.40	海南	20371.90	9599.40
辽宁	25379.40	10787.30	重庆	22759.20	10936.10
吉林	20051.20	10279.40	四川	21990.60	11396.70
黑龙江	19269.80	10523.90	贵州	20347.80	8299.00
上海	42304.30	18089.80	云南	19559.70	8027.30
江苏	27726.30	15611.50	西藏	21087.50	6691.50
浙江	31924.20	18093.40	陕西	20388.30	9305.60
安徽	20740.20	11106.10	甘肃	20659.40	8029.70
福建	25980.30	14003.40	青海	21473.00	9902.70
江西	19244.50	9870.40	宁夏	20219.50	9982.10
山东	23072.10	10342.10	新疆	22796.90	8712.60
河南	19422.30	9211.50			

数据来源:《中国统计年鉴 2018》。

由表 4-8 可计算得出,2017 年俄罗斯人均家庭月消费水平中,不论是城镇还是农村,食品消费支出比重均在 30%~35%。城镇居民每月人均消费总支出高于农村居民,其中城镇食品消费人均支出为 6125.41 卢布,农村食品消费每月人均支出 4387.88 卢布,说明农村消费水平不及城镇高,城乡消费差距存在。同样,农村居民人均实物食品成本支出达到 1119.23 卢布,远远超过城镇居民人均 378.11 卢布(俄罗斯居民的实物食品成本支出主要包括私人附属农业和礼物及其他款项),说明农村居民消费方式落后于城镇居民,可能仍存在较多的以物换物等消费手段。此外,服务费用支出所占比重仅次于食品消费支出所占比重,2017 年城镇服务费用人均支出为 5199.04 卢布，占消费总支出的比重为 27.5%，农村服务费用支出为 2556.42 卢布，占消费总支出的比重为 20.1%，说明城镇居民的非必需消费支出远高于农村居民，城乡居民收入差距大从而产生城乡居民消费水平差距。城镇居民收入相对较高，因此非必需消费项目支出超过农村居民。总体而言，城乡居民消费差距可以通过食品消费支出和服务费用支出体现。

表 4-8　2017 年俄罗斯城镇和农村人均家庭月消费支出水平　　　单位：卢布

项目	城镇	农村
食品消费支出	6125.41	4387.88
食品成本支出	378.11	1119.23
酒精饮料支出	302.49	190.78
服务费用支出	5199.04	2556.42
每月人均消费支出	18905.60	12718.50

数据来源：《俄罗斯统计年鉴 2018》。

将俄罗斯的不同可支配收入人群按拥有的可支配资源由少增多，分为五类。观察表 4-9 发现，家庭人均月消费支出水平和其拥有的可支配资源的多少成正比，拥有的资源越少，其月消费支出越少，食品支出在其中所占的份额越高，其余类别支出所占份额越低。这说明俄罗斯消费水平差异不仅存在于城乡居民之间，在不同收入群体之间表现也很显著。

表 4-9　2017 年俄罗斯不同可支配收入人群人均家庭月消费支出水平

	人均月消费支出（卢布）	食品支出（%）	酒精饮料支出（%）	服务支出（%）
第一类（最少）	6450.80	51.50	1.00	22.90
第二类	10094.90	46.70	1.30	24.20
第三类	13604.90	42.50	1.50	25.50
第四类	19326.30	38.10	1.80	27.40
第五类（最多）	37131.10	27.10	1.70	26.70

数据来源：《俄罗斯统计年鉴 2018》。

4.5.2 居民消费结构差异

恩格尔系数表示食品支出在人均消费支出中的比重。一般认为食品作为生活的必需品,越是贫穷的家庭,食品支出在总消费支出中的比重越高;越是富裕的人,食品支出在总消费支出中的比重越低。从图4-30中可以看到,自2010年至2017年,中国城镇居民家庭恩格尔系数始终低于农村居民家庭恩格尔系数,且城镇和农村居民家庭恩格尔系数都表现出下降趋势。在2017年,中国城镇居民家庭恩格尔系数下降至28.6,农村居民家庭恩格尔系数下降至31.2。国际上通用的标准是恩格尔系数低于30最富裕,这说明在2017年,中国城镇居民家庭已达到最富裕水平,而农村居民家庭仍未实现该状态,城乡居民生活水平差异大。

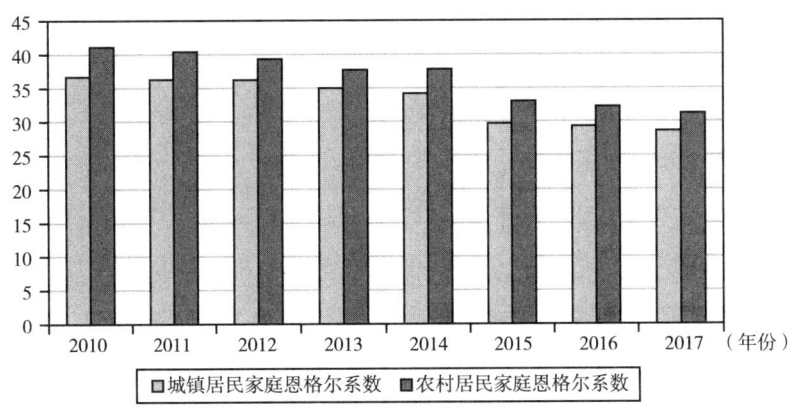

图4-30 2010—2017年中国城镇及农村居民家庭恩格尔系数

数据来源:《中国统计年鉴2018》。

中国城镇居民和农村居民的消费结构组成一致,但各类消费项目占比存在差异。农村居民人均食品烟酒消费支出高于城镇居民,城镇居民人均交通通信消费支出、人均教育文化娱乐消费支出和人均衣着消费支出高于农村居民,这符合恩格尔系数的一般规律,可见中国城镇居民比农村居民的生活品质高。除食品烟酒消费支出的比重外,在人均医疗保健消费支出的比重上,农村居民也高于城镇居民。这可能是由于农村居民的医疗保障体系不完善造成的,中国城镇居民有完善的医疗保障体系,而农村地区的医疗保障体系覆盖率低,报销范围小。

俄罗斯与中国的情况存在一些区别。2012—2017 年,俄罗斯居民家庭恩格尔系数大体先表现出上升趋势,在 2017 年有些许下降。在 2016 年,俄罗斯居民家庭恩格尔系数增至 32.3,2017 年又下降至 31.2,同年俄罗斯城镇居民家庭恩格尔系数为 32.4,农村居民家庭恩格尔系数为 34.5。这说明在 2017 年,俄罗斯城乡居民家庭生活水平差异大,但城镇居民家庭和农村居民家庭恩格尔系数均高于 30,仍未实现最富裕状态。

同样地,俄罗斯城镇居民和农村居民的消费结构组成一致,食品支出占据主要部分,服务费用支出次之(见图 4-31),且城镇居民家庭的食品消费支出低于农村居民家庭,而服务费用支出高于农村居民家庭,俄罗斯城镇和农村居民家庭收入差异大,从而消费水平差异大,这与恩格尔系数表现出来的结果一致。俄罗斯的居民家庭恩格尔系数变化规律与中国近年来居民家庭恩格尔系数逐渐下降的趋势不同,2017 年,中国的居民家庭恩

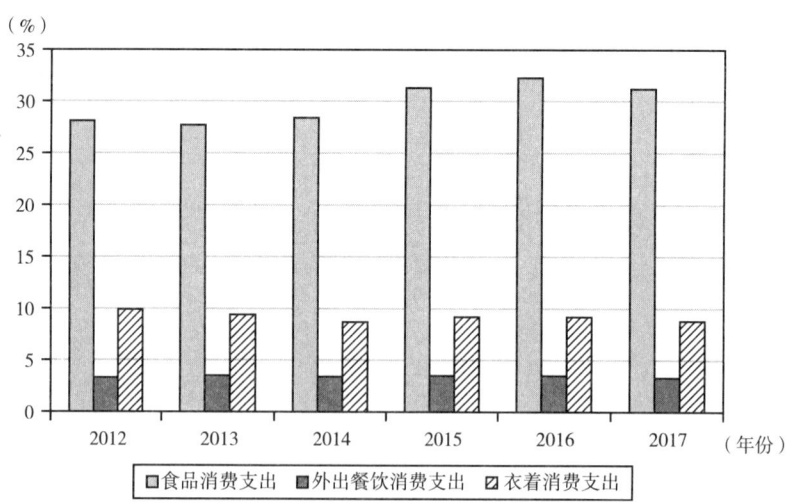

图 4-31 2012—2017 年俄罗斯各类消费支出占比

数据来源:《俄罗斯统计年鉴 2018》。

格尔系数已经低于俄罗斯居民家庭恩格尔系数，说明中国居民的生活比俄罗斯居民的生活更加富裕。

4.5.3 中俄城乡居民消费差异的影响因素分析

4.5.3.1 中国城乡居民消费差异的影响因素分析

凯恩斯的绝对收入理论认为国民的可支配收入是影响消费的最主要的因素。1978—2017年，中国城市与农村在收入上的差距总体呈现上升趋势。早期的农村改革曾一度缩小了城市与农村之间的收入差距并维持到1985年，之后便开始反弹。直至1995年农产品的收购价格被国家提高，情况才有所好转。然而，后来农产品的收购价格再次下跌又拉大了城乡二者的差距，之后这种差距便稳定在高位。中国农村居民不像城镇居民那样具有稳定且较高的收入保障，这在一定程度上约束着中国农村居民消费行为的产生。

工资性收入在城乡居民收入中的比重、增长速度等都会对整体城乡居民收入差距产生重要影响。通过表4-10可知，城乡居民工资性收入的变化趋势有较大差异：一方面，城镇居民工资性收入占比大体呈下降趋势，截至2017年其比重仍超过60%，是城镇居民最重要也是影响最大的收入来源；另一方面，工资性收入是农村居民收入的第二大来源，其比重呈逐年递增趋势，截至2017年其比重已接近41%，对农村居民纯收入的贡献逐年增加。但是，城乡居民工资性收入的绝对差距呈扩大态势，且这一差异的缩小需要较长的时间。城乡居民人均财产性收入呈逐年递增趋势。城镇居民财产性收入不论是增幅还是所占比重均大于农村。现阶段，转移性收入不仅没有起到抑制城乡收入差距的作用，反而进一步扩大了收入差距。3年来中国城乡居民人均转移性收入的绝对差距大体上呈递增态势，两者的差距由2015年的3274元上升到2017年的3921元，但上升幅度较 10 年前有所缩小。至于人均经营净收入，城镇要低于农村水平，两者的经营净收入均逐年递增。但是，由于农产品价格长期低于工业品价格，且因经济的平衡增长问题一直没有得到提高，经营性收入对农村居民纯收入的贡献较小，所以整体上农村居民的总收入远远低于城镇居民。

表 4-10　　　　　　　　　　中国城乡居民人均收入情况

		2013 年		2014 年		2015 年		2016 年		2017 年	
		人均	占比(%)	人均	占比(%)	人均	占比(%)	人均	占比(%)	人均	占比(%)
工资性收入	城镇	16617.40	63	17936.80	62	19337.10	62	20665	61	22201.90	61
	农村	3652.50	39	4152.20	40	4600.30	40	5021.80	41	5498.40	41
财产性收入	城镇	2551.50	10	2812.10	10	3041.90	10	3271.30	10	3606.90	10
	农村	194.70	2	222.10	2	251.50	2	272.10	2	303	2
转移性收入	城镇	4322.80	16	4815.90	17	5339.70	17	5909.80	18	6523.60	18
	农村	1647.50	17	1877.20	18	2066.30	18	2328.20	19	2603.20	19
经营性收入	城镇	2975.30	11	3279	11	3476.10	11	3770.10	11	4046.70	11
	农村	3934.90	42	4237.40	40	4503.60	39	4741.30	38	5027.80	37
总计	城镇	26467.00	100	28843.80	100	31194.80	100	33616.20	100	36379.10	100
	农村	9429.60	100	10488.90	100	11421.70	100	12363.40	100	13432.40	100

数据来源：《中国统计年鉴 2018》。

另外，消费环境为居民的消费提供了物质条件。近年来，中国城市的基础设施建设越来越发达，城市轨道交通线不断蔓延、电子通信设备花样百出、娱乐活动形式层出不穷、市场体系愈加完善，这些对城镇居民的消费都是利好的。而农村方面，或是由于地理位置的不佳，自然环境恶劣，导致铁路工程难开展而交通不便，水、电等硬件设施缺乏等，限制了居民的消费；或是由于历史遗留问题，交通轨道、文体设施、商业网点远远落后于城镇，使得居民消费长期处于低水平低层次。这些种种在消费环境上的差别都直接影响了农村居民的消费数量与质量，从而扩大了其与城镇居民在消费上的差距。

4.5.3.2 俄罗斯居民消费差异的影响因素分析

2000—2010年，俄罗斯居民货币总收入增长了28514亿卢布，而后以2013年为转折点，呈现先增长后减少的态势。2015年俄罗斯居民货币总收入达到53526亿卢布，此后几年俄罗斯居民货币收入继续表现出增长的趋势（见表4-11）。

表4-11　　　　　　　　俄罗斯居民货币收入　　　　　　　单位：亿卢布

年份	创业活动收入	员工薪酬	社会福利	财产收入	其他收入	货币总收入
2000	612.00	2502.00	551.00	271.00	48.00	3984.00
2010	2873.00	21190.00	5762.00	2023.00	650.00	32498.00
2015	4245.00	35105.00	9768.00	3340.00	1068.00	53526.00
2016	4209.00	34952.00	10341.00	3533.00	1082.00	54117.00
2017	4229.00	36210.00	10855.00	2967.00	1107.00	55368.00

数据来源：《俄罗斯统计年鉴2018》。

在2015—2017年俄罗斯居民货币收入构成中，员工薪酬所占比重最大。2015年俄罗斯居民货币收入构成中的劳动报酬所占比重突然下降。其主要原因为当年俄罗斯失业人口增多。据统计，俄罗斯2014年的平均失业率为5.2%，而2015年则达到5.6%。到了2017年，俄罗斯居民员工薪酬收入增长到了36210亿卢布，占总收入的65.4%。这说明俄罗斯目前仍是以劳动报酬为主的收入结构，与中国城镇居民仍以工资性收入为主的收支结构相同。2017年，财产性收入在俄罗斯居民总收入中所占比重下降，由2016年占总收入的6.53%下降至2017年占总收入的5.36%。社会福利收入总额变动不大。

城乡经济、文化发展的不平衡性和城乡居民的富裕程度、文化素质、居住环境等的差异，也会导致城乡居民在消费上的不同。一方面，历史上长期的经济短缺造成了农村居民时刻根据自己当下的收入来调整消费的行为，故其消费时更为节俭和谨慎，在消费观念转变上滞后于城镇居民，消费行为比较保守,以追求物质消费为主,对精神、文化等方面的消费没有过高奢求。另一方面,城市具备更完善的金融业服务体系,信用消费的观念在城市已普遍为大众所认同,而农村居民大部分则保留着先积累后消费的旧观念,贷款消费与超前消费的接受度不高。

4.5.4 城乡居民消费差异与国民经济发展间的关系

消费作为"生产—分配—流通—消费"循环的起点和终点,是社会再生产的重要组成部分。在中国,2018年,消费对经济增长的贡献率进一步提升,最终消费贡献率为76.2%,连续5年成为拉动经济增长"三驾马车"中的首要动力。全国居民恩格尔系数降至28.4,比2017年提高1.6个百分点。城乡二元消费结构是中国消费经济最重要的特点,而在2018年中国城乡间、区域间消费差距进一步缩小。农村居民人均消费支出同比增长10.7%,比城镇居民高近4个百分点。消费的增长可以拉动GDP的进一步增长,如果城乡居民消费水平差异大,那么单单是城镇居民消费水平的增长对GDP增长的贡献明显小得多,只有提高农村居民消费水平,缩小城乡消费差距,才能对国民经济的发展起到巨大的推动作用,促进国民经济的健康发展。

消费是经济增长的重要引擎,消费增长水平、结构甚至决定着经济增长的模式与质量。俄罗斯提出通过扩大内需,提升国内居民消费与投资需求替代资源出口依赖,增强经济增长自主性、稳定性和可持续性,从而实现经济协调增长。俄罗斯城乡居民消费差异大和贫富差距大,都是影响经济增长的不稳定因素。俄罗斯目前正通过增加就业、增加农民收入等手段增加居民消费、缩小消费差距,还通过改善社会福利保障、降低企业和居民税收负担、控制通货膨胀、维护消费者权益等来改善消费环境,促进消费,从而推动俄罗斯政治稳定、社会和谐的实现。

4.6 区域经济发展差异

4.6.1 区域经济非均衡发展现状

4.6.1.1 中国区域经济发展现状

首先，改革开放以来，中国经济发展迅速，整体经济水平大幅度提升，经济增速明显领先其他国家。在经济蓬勃发展的大环境下，中国区域经济增长的差异也十分明显，区域经济发展的差距较大。其中，东部地区的经济增长明显高于中西部地区，且以上海、青岛、北京、厦门等城市发展最为明显，这些城市凭借着优越的自然和交通条件对外发展迅速，经济增长明显。而中西部地区多为内陆地区，受限于既有的交通条件和自然环境，对外发展较慢，经济发展水平明显低于全国平均水平。中国东西中各区域的经济发展均呈上升趋势，而东西部的经济发展差异越来越明显是不争的事实（见图4-32）。特别是东北部地区，经济发展慢，GDP增长速率明显低于其他地区。区域经济差异化发展成为影响中国区域整体协调稳定发展的首要障碍。

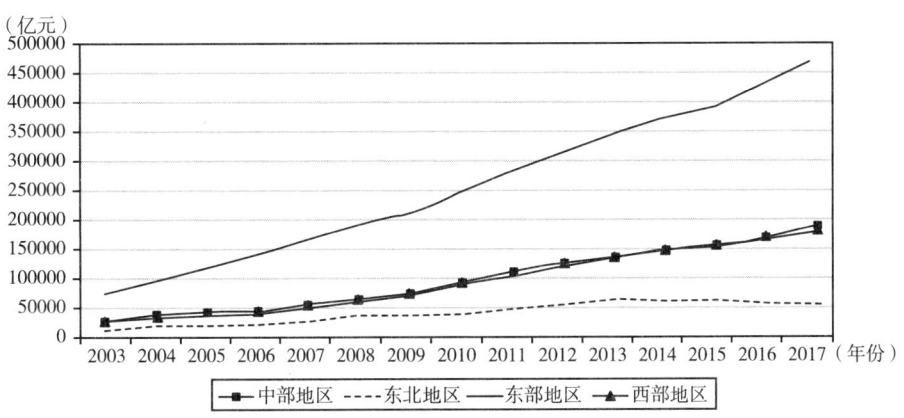

图4-32 2003—2017年中国各地区生产总值

数据来源：《中国统计年鉴2018》。

其次，中国区域间收入差距十分明显。从整体看，中国区域经济发展迅速，不同地区的人均收入均不断增长，但东西部地区的人均可支配收入却明显不同，各省间的经济增长率标准差较大。这在一定程度上导致中国区域间人均收入差距扩大，从而引发贫富冲突，影响社会稳定，并且还会导致人口的大量迁移，使得部分贫困省市发展缓慢，人才缺乏。以贵州省为例，从时间上看，贵州经济发展并不理想。在与其他省份的对比中，其依然处于落后地位。浙江、福建等南方大多数省份发展迅速，观察近年来各地区人均可支配收入数据可以发现，东部地区人均可支配收入增长明显快于中部、西部以及东北地区，与各地区间人均GDP增长差异基本相似（见图4-33）。这种区域间收入差距也是区域经济发展不协调的体现。

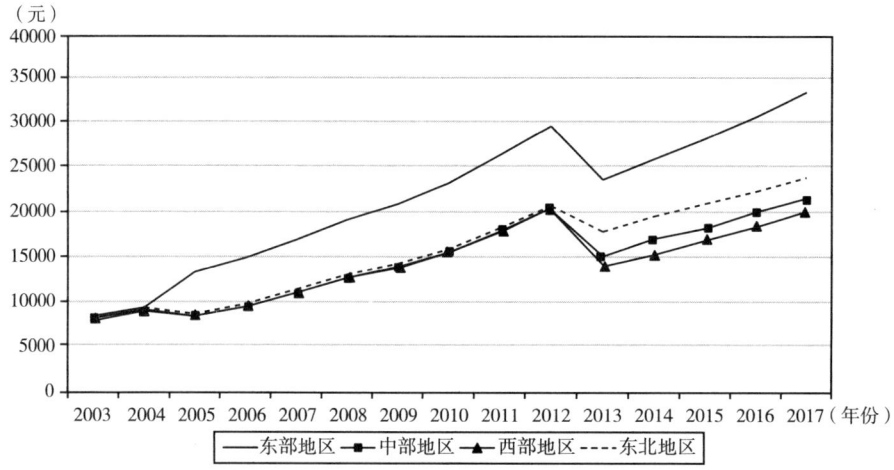

图4-33　2003—2017年中国各地区人均可支配收入

数据来源：《中国统计年鉴2018》。

除了区域经济发展的整体差异外，城乡居民收入也呈现区域性的差异。改革开放到1986年，中国区域发展差异小，城镇居民收入在区域上的差别并不明显。而经济的不断发展，特别是1986年之后，东部地区和其他区域间的差异明显增加，导致东部地区城镇居民收入大幅改观，与其他地区城乡居民的收入差距拉大。而区域经济发展的不平衡也体现为内部城乡居民收入的不平衡。农村受地理环境的制约，资源优势不足，改革开放以来，经济发展较为缓慢，农村居民收入普遍低于城镇。2003年以后，东部地区的农民家庭收入增长迅速，是其他区域农民的几倍以上。城乡收入差距也进一步导致区域经济发展的不平衡性。

4.6.1.2 俄罗斯区域经济发展现状

俄罗斯是地跨欧亚两大洲的国家，其特点在于历史悠久、地域辽阔、民族众多、资源富庶。俄罗斯多年的经济发展已形成了欧洲部分的西部地区经济发达、亚洲部分的东部地区经济发展落后的区域经济极度发展不平衡的现实，而且这种区域间的发展差距有越来越大的趋势。俄罗斯东西部地区的非均衡发展，已经严重地制约了俄罗斯经济的整体增长，成为制约俄罗斯经济发展的"瓶颈"，是普梅新政必须破解的经济发展的难题。

一是从俄罗斯的国内生产总值来看，俄罗斯工业增长主要集中在西部地区的中央、西北和南部联邦区，东部地区的工业发展较慢，直接影响了国内生产总值的排名，导致了东西部经济增长的差距。2003年起，在俄罗斯各联邦区国内生产总值的排名中，东部地区的远东联邦区位置一直居于最后。2009年，西部地区生产总值约为49065.6亿卢布，占俄罗斯联邦GDP总额的84%，其中占国土面积3.8%的中央联邦区的GDP总量最高，占全国的比重约为35%；而东部地区的西伯利亚联邦区和远东联邦区面积分别占全俄面积的30%和36.4%，GDP却仅占俄联邦GDP总额的10%和5%左右（见图4-34）。

二是从纵向数据来看，各地区经济增长速度也存在很大的差异。据有关资料，在2005年、2006年，乌拉尔联邦区GDP迅速增长，远超其他地区，之后几年内各地区GDP增长又恢复至大致相当的水平，在2010年到2011年各地区增长率均下滑，其中南部联邦区下降尤为剧烈，呈现降低趋

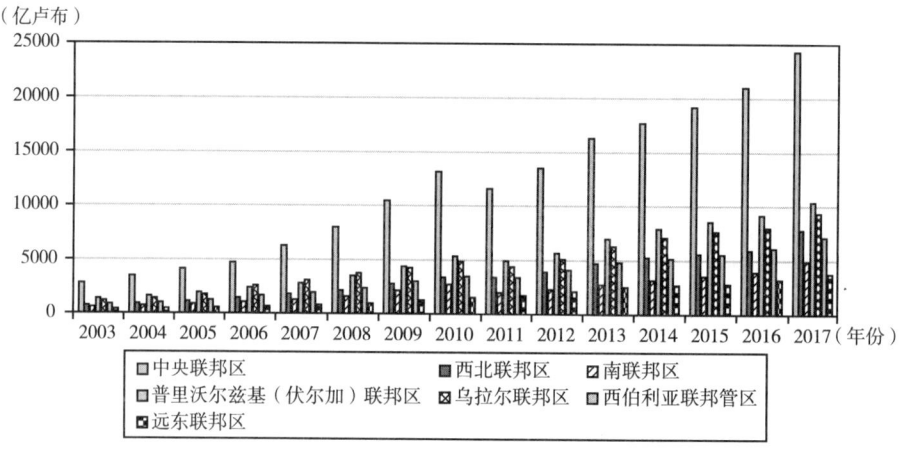

图 4 – 34　2003—2017 年俄罗斯各地区 GDP 生产总值

数据来源：《俄罗斯统计年鉴 2018》。

势，但之后各地区的 GDP 增长速度又回到大致相当的水平。且 2003—2016 年俄罗斯年均增长率最高的地区是位于西部欧洲部分的北高加索联邦区，增速达 7.2%，其次为中央联邦区和南部联邦区，年均增速为 5.5%，而位于东部地区的西伯利亚联邦区和远东联邦区的增速较低，分别为 4.0% 和 3.9%。由于增速不同，东部地区与西部地区之间的人均 GDP 绝对差距由 1999 年的 822.3 卢布扩大到 2009 年分别 35589.9 卢布。而 2006—2010 年俄罗斯东部地区 GDP 增速没有超过 5%。

三是从固定资产投资方面看，2016 年，俄罗斯社会固定资产投资总额约为 145559 亿卢布。从各联邦区来看，自 2003 年以来，中央联邦区的固定资产投资金额一直排名较高，但其 2012 年出现大幅度下降至 10%，在之后则又恢复至领先的地位，2016 年的固定资产投资高达 36730 亿卢布，而西伯利亚和远东联邦区的投资额分别只有 13828 亿卢布和 8857 亿卢布（见图 4 – 35）。其他地区占比基本保持不变，其中北高加索联邦区在 2012 年大幅度下降至 3%，而南方联邦区则在同年占比增至 16%，但之后各区域均恢复到一般水平。

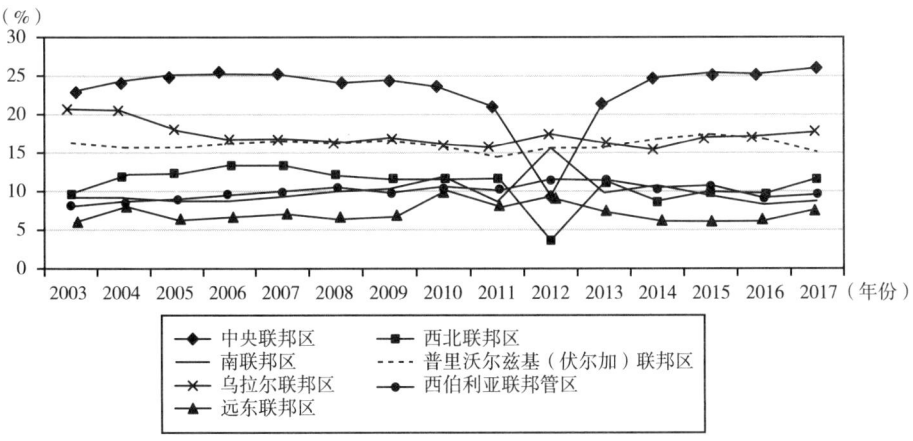

图 4-35 2003—2017 年俄罗斯各联邦地区固定资产投资占固定资产总投资比重变化

数据来源:《俄罗斯统计年鉴 2018》。

四是从对外贸易来看,俄罗斯东、西部地区差距十分悬殊。从进出口贸易方面来看,东部地区外贸总额占全俄的比重呈现下降的趋势,2005 年为 13.6%,而到 2009 年却下降到 11%。2009 年俄罗斯西部地区的外贸总额为 3951.1 亿美元,而东部地区的外贸总额则为 482.9 亿美元,西部地区的外贸总额占到全俄外贸总额的 86.4%。各地区进出口总额排名中,东部地区的西伯利亚联邦区和远东联邦区的进出口总额在全俄地区的排名中居于最后两位,分别只占全俄外贸进出口额的 7.07% 和 3.82%。俄罗斯西部地区整体经济的增长速度比东部地区较快,东西部地区经济增长速度差异也比较大,它说明了地区间的绝对差距在逐步拉大,区域间经济发展非均衡的现象越来越严重。

4.6.2 区域经济发展差异的原因及应对措施

4.6.2.1 中国区域经济发展差异的原因分析

导致中国区域经济发展差异明显的原因是多方面的,多要素综合作用导致区域发展差距越来越大。

一方面是政府政策引导的结果。改革开放以来，中国东南沿海地区作为重点发展对象，得到了政府的资金和政策帮扶，在政府的引导下，获得更优势的发展条件和资源环境等，加上其地理位置的优势，发展迅速，国家的经济重心也不断向东南沿海地区偏移。而中西部属于内陆地区，自然环境不佳，政府引导支持不足，东西部发展差异明显，市场宏观经济改革和区域经济发展间的冲突越来越明显。

另一方面是区域利益驱使下，区域地方保护主义影响的结果。地方政府加大对本地区的支持，坚持贸易保护主义，以公开或者隐蔽的方式片面支持本地区的发展。区域间资源和技术无法有效流通，商品行业垄断的问题突出。区域间商品等生产要素无法自由流动，地区和行业间的优势无法平衡，资源无法优化配置，导致国内市场的四分五裂，区域经济整体协调发展受到影响。

4.6.2.2 中国区域经济发展差异的应对举措

(1) 找准区域发展亮点，提升区域竞争力

中国幅员辽阔，区域经济发展不平衡的问题突出。想要实现区域的协调稳定发展，走区域特色化发展道路是必然。通过对区域发展亮点的分析，挖掘有潜力的产业，重点支持引导，提升区域的竞争力，带动区域经济的发展。发展中扬长避短，优劣互补，找到适合自身发展的模式和出路，才是区域发展的正确方式。例如，西部地区自然资源丰富，劳动力密集，作业成本低，必须将重心放在能源开发、基础设施建设上，提升区域的核心竞争力，形成核心经济发展地带，带动周边地区的经济发展。核心经济城市与周边城市资源优化配置，人才技术流动共享，提升发展潜能和动力。

(2) 加强政府宏观调控，资源均衡化配置

针对中国当前区域经济发展不平衡的问题，必须发挥政府的宏观调控

作用，做好区域间资源的均衡配置。充分发挥政府的宏观调控作用，促进市场发育，为社会经济发展创造更为宽松的环境，制定适当的区域经济扶持政策，有倾斜、有针对性地带动区域经济的发展。政府必须关注不发达区域的经济投资，加大对其人力、物力及财力的支持。只有发挥政府的宏观调控作用，加强区域资源的均衡优化配置，才能实现不同区域间医疗、服务、交通及社会保障各方面的平衡，缓解区域发展不平衡导致的民众矛盾，维护社会稳定，助力区域经济协调发展。

（3）倡导经济互通有无，走跨区合作之路

随着全球经济一体化趋势的加强，区域间的合作十分必要。当前国际社会倡导构建的欧盟、北美自由贸易区无疑为中国区域间的合作发展提供了指导与参考。跨区域合作成为必然，各区域经济集团也对应开放政策，促使贸易合作的深化。中国区域发展的不平衡主要体现为东西部发展的差异。对于西部地区来说，经济的腾飞必须加强与东部的互动，深化经济合作，借助东部的资源优势、技术优势和人才优势等，弥补自身发展的不足，带动自身的经济发展，在跨区域经济合作的引导下，形成更为成熟、系统的区域经济发展体，在互助合作中实现各区域资源的优化配置、优劣互补，带动区域经济的稳定持续发展。

4.6.2.3 俄罗斯区域经济发展差异的原因分析

对于俄罗斯而言，在十月革命以前，工业区主要集中在西部欧洲部分，工业生产几乎完全集中于中央区、西北区和南方区的几个工业中心。对东部资源地区则奉行掠夺性的经济政策，没有采取多少有利于当地经济发展的措施，致使其经济发展远远落后于全俄水平。在整个经济结构中，东部地区农业占绝对优势，工业产值比重较低，1913年西伯利亚工业总产值仅占全国的1.5%，远东占比更低。十月革命胜利后，苏维埃政权建立，当时由于遭到帝国主义的封锁，又面临西部地区欧洲部分和东部地区亚洲部分区域发展不平衡的现实问题，政府开始重视区域均衡发展和区域协调问题的解决。早在20世纪20年代,苏联就已经开始对区域经济进行干预,即贯彻均衡布局生产力的原则,集中力量进行大规模的国民经济建设,并希望消除各民族地区发展的不平衡。由于经济发展水平的差异及自然条件、经济发展基础条件的限制,结果是西部地区越来越富,东部地区越来越贫穷。

此外,在苏联时期,理论界已经明确地提出了非均衡发展的目标及具体的发展理论,显然西部地区与东部地区相比具备优先发展的绝对优势。在20世纪40—50年代,苏联的区域经济学专家提出了较为系统的地理分工理论。萨乌什金在继承巴朗斯基观点的基础上提出了劳动地域分工理论。与此同时,经济学家科洛索夫斯基提出了地域性生产组合的概念,后来发展成为地域生产综合体。在这样的理论背景下,无论是苏联时期,还是俄罗斯时期,重西轻东的经济发展的理念已经形成。

4.6.2.4 俄罗斯区域经济发展差异的应对举措

(1) 制定地区发展纲要

在叶利钦任总统的前两年,他把俄罗斯定位为欧洲国家,出现了向西方一边倒的局面,在1992—1994年国家只重视对西部地区的政策支持、财政投入,忽视了西伯利亚和远东地区在整个俄罗斯经济发展中的作用。随着俄罗斯与西方国家间"蜜月期"的结束,马上对现行的区域政策和战略进行了调整,先后出台了多项东部地区发展纲要,旨在促进东部地区的经济发展。2007年经修改重新出台了《2013年前远东及外贝加尔地区经济和社会发展联邦专项纲要》。梅普时期,又出台了《2020年前西伯利亚地区社会经济发展战略》和《远东和贝加尔地区2025年前经济社会发展战略》。尤其值得关注的是,在2009年9月,中俄两国元首正式批准《中国东北地区同俄罗斯远东及西伯利亚地区合作规划纲要(2009—2018)》,俄罗斯定于2012年9月在远东的符拉迪沃斯托克市举办APEC高峰会议,这一切都表明了俄罗斯对东部地区开发的决心、信心和坚定性。

（2）加大财政支持力度

在普京执政后，2007年俄罗斯政府推出大规模投资开发东部地区的计划，计划在2020年前投入9万亿卢布，其中财政拨款为1.5万亿卢布。根据《2013年前远东及外贝加尔地区经济和社会发展联邦专项纲要》，俄联邦计划5年内对远东和外贝加尔地区的财政投入总额为5673.5亿卢布，规划纲要的重点投资领域是能源与交通，分别占总投资的58%和28%。《2020年前西伯利亚地区社会经济发展战略》中提出为了该战略和联邦计划的实施，联邦政府应该在预算范围内给予支持。对西伯利亚的投资金额初步估计将达到1.5万亿卢布，近500亿美元，俄政府计划在西伯利亚投入的大型产业项目达200多个。

（3）不断完善区域政策

在叶利钦任总统期间的《2013年前远东及外贝加尔地区经济和社会发展联邦专项纲要》明确规定，将远东经济融入亚太地区经济一体化，通过国际经济合作促进东部地区的开发，并提出了东部地区吸引外资区域政策：一是国家向外国投资银行提供担保；二是修改投资法，以利于外商投资；三是通过保险和抵押机制，降低外商投资风险；四是允许外商资本和所获利润自由流动，等等。

4.6.3 区域经济均衡发展前景

4.6.3.1 中国区域经济发展前景

着眼于未来，中国区域经济协同发展的趋势将不断强化。中国经济发展水平整体提升。从2010年到现在，中国区域经济发展整体提升明显，特别是2010年，中国区域经济协同发展系数为0.126，同比增加近700%。这也说明中国区域经济协同发展取得了较为理想的预期，很大程度上得益于政府政策的支持。各区域间呈现东部带动西部，东西部互相发展的趋势，特别是西部地区，交通运输等情况得到明显改善，当地经济发展较为迅速，区域经济整体发展能力强化。而我们也应该看到，区域经济协同发展也呈现波动上升的趋势。中国经济实力大幅度提升，各地经济发展水平大幅提升，区域经济增长迅速，但是区域间的经济协调发展波动变化明显。2010年区域经济协调增长较为稳定，从2011—2013年，中国经济协同度明显降低，主要是国际金融危机对经济协同发展产生了一定负面影响。2015年以后，中国区域经济发展进入回暖期，其中江西、北京及山西等地提升明显。虽然各区域经济发展速度较快，但是发展水平依然有明显差异，协调度回升带有不稳定性，使得区域间的上升幅度差别明显。

综合来说，中国区域发展呈现良好的发展态势，但是在发展中区域经济发展不协调的问题越来越突出，区域经济发展的大环境也不断变化，要想实现中国经济的整体性腾飞与发展，就必须关注并解决区域经济发展不平衡的问题。本书在论述中国区域经济发展不平衡具体体现的基础上，对其差异产生原因进行了多尺度分析，基于问题从政府宏观调控、区域亮点的挖掘、跨区域的经济合作三方面进行了区域经济协调发展的系统论述，将为中国区域经济协调发展起到指导与参考作用，在策略的指导下，实现中国区域经济的协同稳定发展。

4.6.3.2 俄罗斯区域经济发展前景

目前俄罗斯加快北高加索地区经济社会发展，着力发展远东的政策导向将会对地区均衡发展起到一定的促进作用，但难以根本扭转俄罗斯区域经济社会发展的失衡。之所以得出上述结论，主要基于以下理由：对北高加索地区发展面临的困难估计不足。在北高加索发展战略和相关规划中，忽略了三个问题。一是影响北高加索联邦区投资吸引力的关键因素是民族宗教之间的紧张关系、失业问题和制度问题，短时期内无法根本解决。二是对土地问题的掣肘估计不足。北高加索一些联邦主体之间没有确定行政区划界限，这种状况在一定程度上成为局势紧张的因素之一。此外，北高加索联邦区土地产权问题尚待明晰。2002年7月俄罗斯颁布的101号联邦法《农用土地流转法》规定，联邦主体政府自行确定土地私有化的日程。截至目前，北高加索大部分共和国均未实行土地私有化。三是北高加索地区暴恐事件频发。北高加索地区能够稳定已实属不易，吸引投资促进经济发展则任重道远。远东发展面临隐性障碍。从超前发展区到自由港制度，远东开发的力度加大，毋庸置疑。但根植于俄罗斯民族思想深处的领土安全观、国际化思维欠缺等可能会对跨越式发展区以及自由港机制运行产生不良影响，进而影响远东地区的整体发展。如超前发展区在优先吸纳俄罗斯公民的前提下实行的企业利用外籍劳工免许可和免配额的政策就受到了俄罗斯国内一些专家的质疑。而且，俄罗斯投资环境中存在的三大问题——私有产权的弱保护、竞争水平不高、司法体系欠缺独立也将是远东发展的隐性障碍。地区发展战略实施将受资金不足的制约。《2025年前远东和贝加尔地区经济社会发展俄联邦国家纲要》确定的联邦拨款金额为38169亿卢布，但有着落的资金仅2444亿卢布。2014年4月批准的《2025年前北高加索联邦区俄联邦国家发展纲要》也仅确定2013—2020年的联邦预算拨款金额为2046亿卢布，2020—2025年的预算拨款金额尚未确定。《超前经济发展区法》则规定，建设基础设施和相关基础设施维护费由国家拨款。在国际市场石油价格低位波动、欧美制裁背景下，今后一段时期，俄罗斯整体经济恢复乏力，国防和民生方向的预算支出尚难保持之前的水平，促进区域经济发展的预算支出更是难以保证。

本章编写：阮俊虎

第5章 中俄农业科技发展状况

5.1 总体状况

在"科教兴农"发展战略的推动下，中国农业科技蓬勃发展，国家对农业领域科研投入也稳步增长。当前，中国农业科学技术整体水平与国外先进水平的差距不断缩小，特别是前沿和关键技术，如转基因、新品种选育等，整体水平上与国际同步，有些领域达到国际先进水平，在发展中国家中居领先地位。中国现阶段许多农业科技创新成果达到国际先进水平，成果转化效率已有大幅提高，农业资源节约利用技术体系创新发展，规范化、标准化和无公害技术普遍应用，农业生物灾害防控能力大大提高，农业机械化水平持续提高，设施农业推广、加工技术创新显著提升。中国农业科技进步贡献率从新中国成立初期的20%不断提升，虽有波动，但近年来持续保持在50%以上。在农业科技投入方式上，众多投、融资渠道已经逐步形成，市场机制也初步在农业科技资源配置中发挥越来越重要的作用。农业科技体制改革不断深化，相关推广机制日益完善，成果转化效率持续大幅提升，新型的农业科技体系正逐步形成。

俄罗斯的科研机构一般依托于相关的农业政府部门，主要是俄农业食品部系统和俄罗斯农业科学院，这两大系统和部门在全国各地设有科研分支机构，有数量颇多的研究单位、农业高等院校、实验和教学农场、育种中心和实验工业企业等，还有乡匹配高级研究人才，如院士和通讯院士等科技人员。这些机构根据俄罗斯本国各地土壤气候的差异条件，配套指定种植标准和技术,以及承担动植物实验育种和培育等创新科研活动。

5.2 科技资源和条件

5.2.1 农业科技投入

5.2.1.1 农业科研经费来源

国内研发支出总额(Gross Domestic Expenditure on R&D,即 GERD)是科技经费收入来源之一,主要由企业部门资助、政府部门资助、其他国家来源资助、世界其他地区资助四个部分组成。中国 GERD 的来源情况如图 5-1 所示,企业部门资助逐年增长,成为比重最大的部分。政府资助部分从 2005 年到 2011 年有所下降,之后保持基本稳定状态,占比第二。

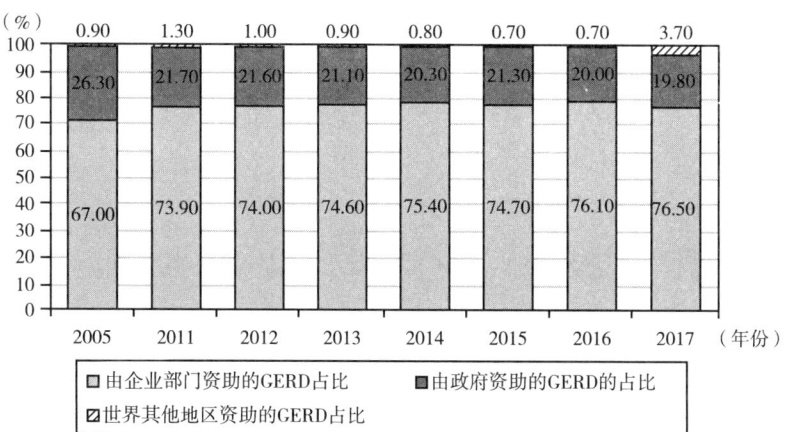

图 5-1　2011—2017 年中国国内研发支出总额(GERD)来源情况

注:选取 2005 年与 5 年前情况进行对比。

数据来源:经济合作与发展组织(OECD)数据库。

俄罗斯 GERD 的来源情况如图 5-2 所示，政府资助是 GERD 来源中占比最大的部分，2005—2011 年保持增长趋势，至 2015 年增长至 69.5% 之后，从 2016 年开始下降，分别在 2016 年下降 0.7 个百分点，在 2017 年暴跌 2 个百分点，成为 2011 年以后 7 年中占比最低点，但是仍然从整体上占有六成以上的比重；企业部门资助部分在 2005 年占到 30% 的比重，之后在 2011—2016 的 6 年间有不同程度的下降，整体在 26%~28% 之间浮动，直至 2017 年回升至 30.2%；俄罗斯还有由其他国家来源资助的 GERD，但是所占比例较小，在 1% 左右。

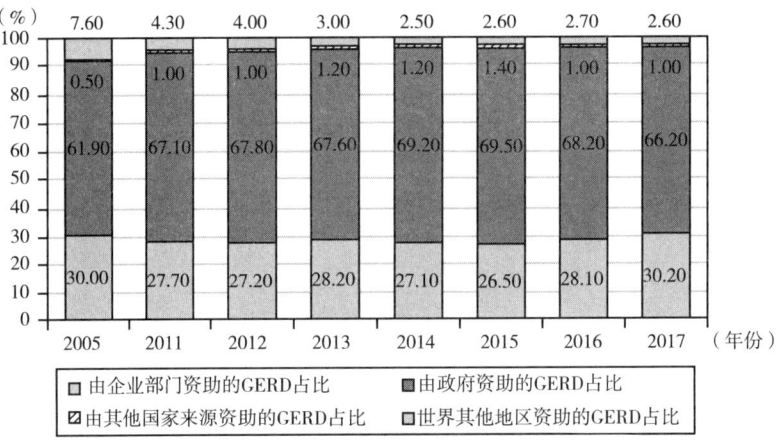

图 5-2　2011—2017 年俄罗斯国内研发支出总额（GERD）来源情况
注：选取 2005 年与 5 年前情况进行对比。
数据来源：经济合作与发展组织（OECD）数据库。

在中国，农业科研经费是农业科研机构得以有效运作的经济保障。如图 5-3 所示，中国农业科研经费受政府资金资助的比重最大，其他资金资助的比重占第二位，企业资金资助的比重排在第三位，受国外资金资助的比重最小。截至 2016 年，中国农业科技经费受政府资助的金额为 13.89 亿元，占比 87.8%；而受国外资金资助的金额仅为 0.47 亿元，占比 0.3%。

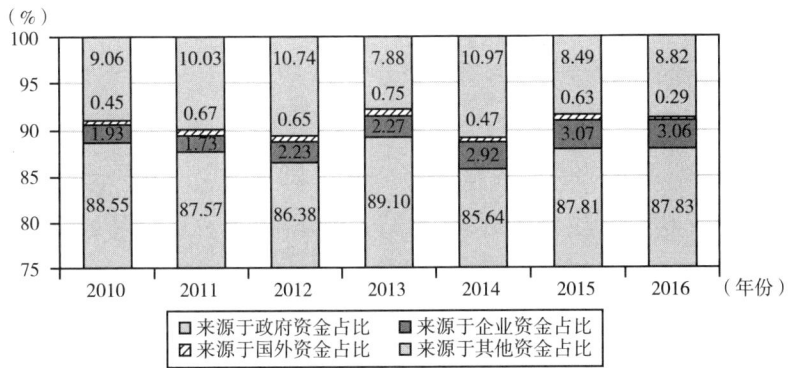

图 5-3　2010—2016 年中国农业科技经费收入来源构成变化情况

数据来源：《中国科技统计年鉴》。

5.2.1.2　农业科技研发支出

"国内研发支出（GERD）占国内生产总值（GDP）的百分比"和"按当前价格和购买力计算的人均研发国内总支出"可以反映国家科研投入的力度。由图 5-4 可以看出，中国的 GERD 占 GDP 的百分比呈增长趋势，俄罗斯基本稳定保持。具体来看，2005 年中国 GERD 在 GDP 中占比为 1.31%，2017 年增至 2.13%；而俄罗斯在 2005 年，占比为 0.99%，之后基本保持平稳，2017 年为 1.11%。

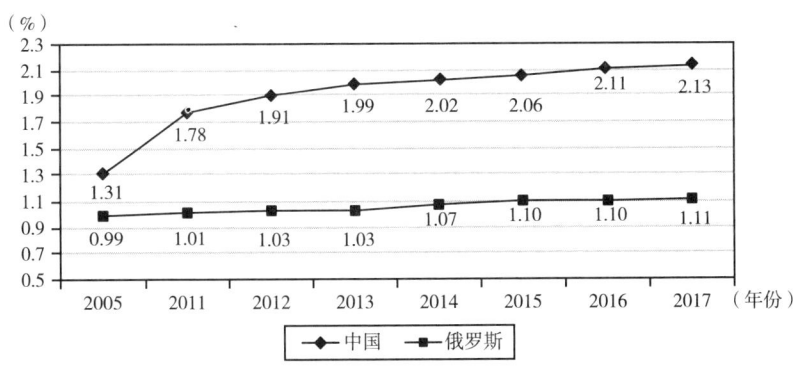

图 5-4　2011—2017 年中俄两国 GERD 占 GDP 的百分比变化情况

注：选取 2005 年与 5 年前情况进行对比。

数据来源：经济合作与发展组织（OECD）数据库。

由图 5-5 可以看出，关于按当前价格和购买力计算的人均研发国内总支出，中俄两国在 2011 年以后均高出 2005 年两倍以上的水平。从 2011 年开始，俄罗斯连续 5 年领先中国，但高出水平每年在逐渐下降，从高出中国约 60 美元/人降至约高出 3 美元/人，直至 2016 年，被中国反超。中国一直保持增长趋势，在 2016 年以高出约 27 美元/人首次超过俄罗斯，到 2017 年高出约 103 美元/人。

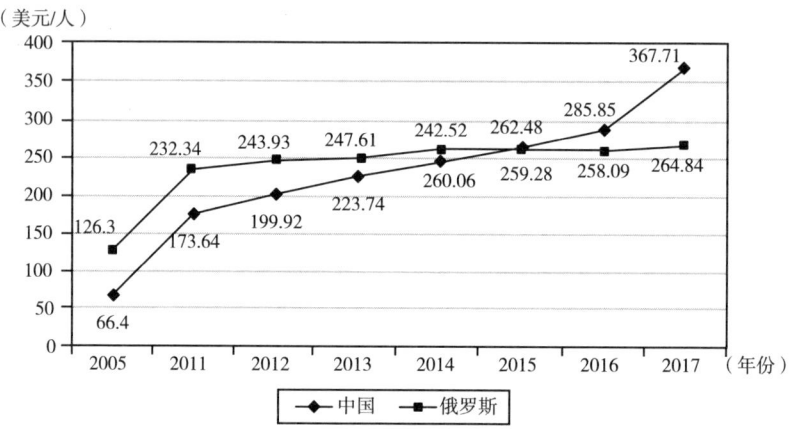

图 5-5　2011—2017 年中俄两国按当前价格和购买力计算的人均研发国内总支出
注：选取 2005 年与 5 年前情况进行对比。
数据来源：经济合作与发展组织（OECD）数据库。

具体来看，国内研发支出主要用于以下四个部分：企业部门研发、高等教育部门研发、政府部门研发和私营非营利部门研发。由图 5-6 和 5-7 可以看出，两国用于企业部门研发的支出是最多的，其次为政府部门研发，高等教育部门研发支出排在第三位，而私营非营利部门研发支出在俄罗斯排第四，在中国没有这项支出。

农业科研经费支出可以直接反映农业科技研发的方向，如图 5-8 所示，中国农业研发（R&D，Research and Development）经费内部支出包括以下几个方面：基础研究、应用研究、试验发展、日常性支出和资产性支出。具体来看，2010—2016 年，日常支出费用占比位于第 1 位，试验发展占比位于第 2 位。基础研究部分最低，2016 年仅支出 22.08 亿元。

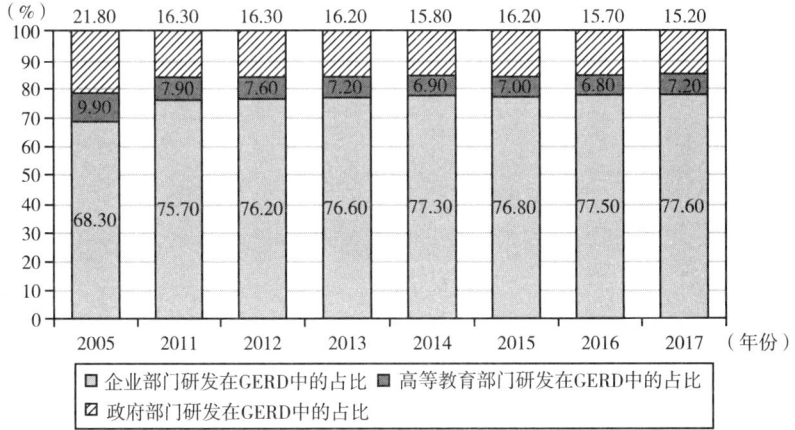

图 5-6　2011—2017 年中国国内研发支出（GERD）构成变化情况

注：选取 2005 年与 5 年前情况进行对比。

数据来源：经济合作与发展组织（OECD）数据库。

图 5-7　2011—2017 年俄罗斯国内研发支出（GERD）构成变化情况

注：选取 2005 年与 5 年前情况进行对比。

数据来源：经济合作与发展组织（OECD）数据库。

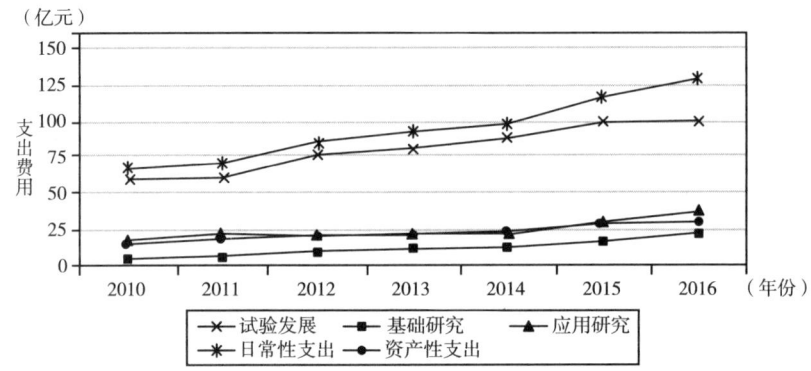

图 5-8　2011—2016 年中国农业科研经费支出结构变化情况

数据来源：2011—2017 年《中国科技统计年鉴》。

5.2.1.3　农业科技人才培养与投入

（1）农业科研人员培养

随着经济的快速增长，农业慢慢地从传统农业向现代农业发展，相应地农业人才培养也日益重要。近 7 年来，中国农业科研人员综合素质不断提升，中国农业科研人员整体学历水平也在不断提高。如图 5-9 所示，中国从事农业科研的工作人员中本科生毕业人数最多，在 2011—2012 年有所上升，虽然在 2012 年之后一直呈现下降趋势，但是总人数仍然接近 20000

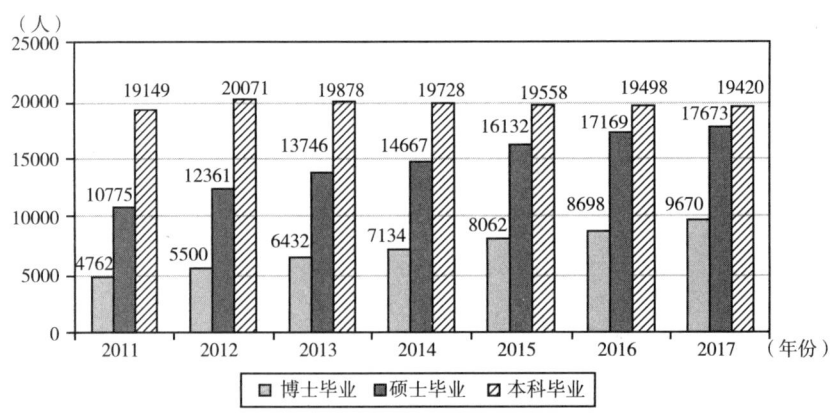

图 5-9　2011—2017 年中国农业科研人员基本情况

数据来源：中国国家统计局。

人；从事农业科研工作的博士生以较高的速度在增长，从 2011 年的 4762 人增长到 9670 人，增加了 4908 人，平均年增长率为 17.2%，与本科毕业的人数差距从 2011 年的 14387 人下降到 2017 年的 9750 人；从事农业科研的研究生人员从 2011 年 10775 人增长到 17673 人，增加了 6898 人，平均年增长率为 10.7%，比博士生增长要稍微缓慢一点，与本科生毕业人数的差距也越来越小。整体而言，本科生毕业人数与研究生毕业人数、博士生毕业人数差距在不断减小，这说明中国农业研究不断地在发展并且对人才要求越来越高。

中国始终重视农业科研发展，如图 5-10 所示，2011—2017 年数据显示，中国对农业科研的投入也是一直在增加的。具体而言，研究与开发课题数从 2011 年 15942 项增加到 2017 年 22481 项；投入人员 6 年间增加了 5646 人，2017 年投入人员达到 38776 人；科研经费平均以 18.3% 的增长率增加，2017 年相比于 2011 年投入经费翻了 1 倍多，超过 85 亿元。

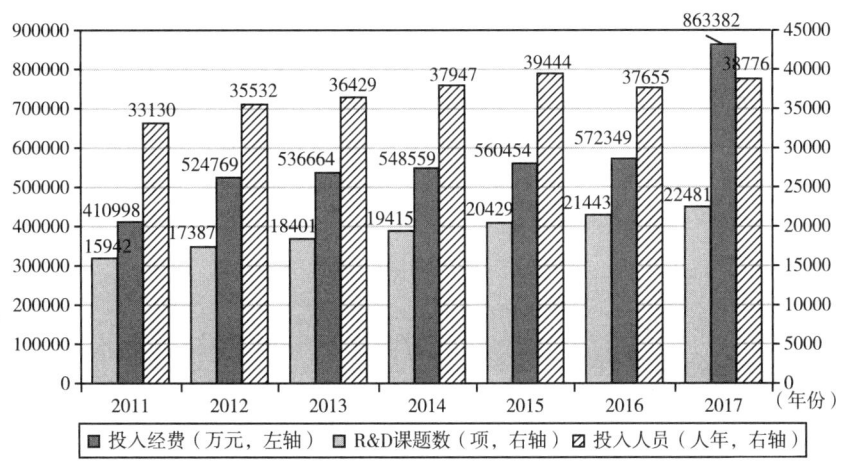

图 5-10　2011—2017 年中国农业科研基本情况

数据来源：中国国家统计局。

如图 5-11 所示，俄罗斯 2010—2011 年农业科研人员人数有小幅增长，2012 之后农业科研人员人数一直呈现下降趋势。2011 年农业领域科研人员达到最高值 12933 人，2016 年又下降到了 11066 人。相比较于中国农业近几年农业科研投入人员来说，还是较低的。近几年中国农业科研投入人员最少的时候为33130人，也比俄罗斯投入人员最多的时候多20197人。

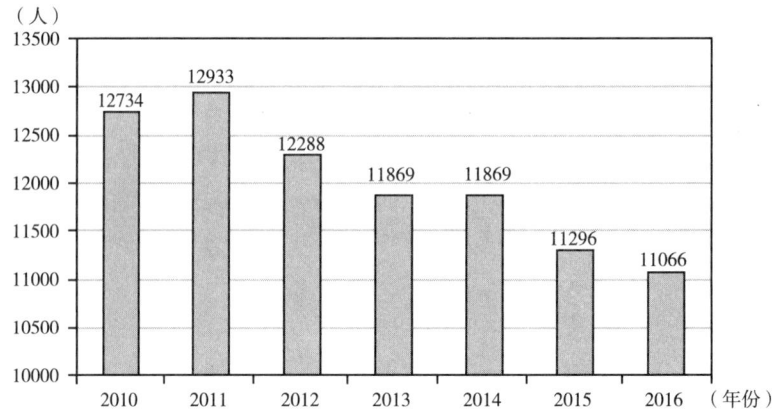

图 5-11　2010—2016 年俄罗斯农业领域研究人员情况

数据来源：俄罗斯统计年鉴数据。

（2）R&D 人员科研工作量

目前中俄两国都处于农业科技人才缺乏的状态。农业科技发展需要大量高素质的农业科技人才来支撑。但目前的情况是，无论从数量上还是质量上，中俄两国农业科技人才都与现代化农业发展的人才需求不相匹配。

全职等效（Full-time equivalents，FTE）也称相当全时工作量，是对从事科技活动人员投入量的一种测算方法。全时工作量的概念以代表一个人在一定时期内全部时间工作的计算单位为基础，用于把非全时工作人员数折算为全时工作人员的相等数量。国际比较的全时基数为每周工作40小时，一年工作52周，即 FTE 为 1，如果一个人一周工作时间为20小时，则 FTE 为 0.5。由图 5-12 可以看出，中国 R&D 人员的全职人力工时远大于俄罗斯，说明中国科研活动人员的工作投入量较大。根据现实中国农业科技发展情况来看，工作投入量虽较大，但发展情况并不是很好，证明其效率不是很高。

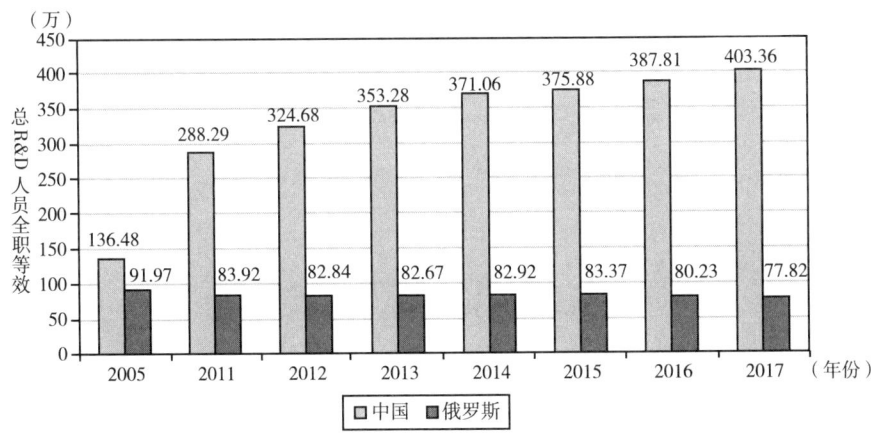

图 5-12　2011—2017 年中国和俄罗斯的总 R&D 人员全职等效变化情况

注：选取 2005 年与 5 年前情况进行对比。

数据来源：经济合作与发展组织（OECD）数据库。

5.2.2　农业科研体系

5.2.2.1　农业科技体制和结构

中国农业科技体制致力于有效地将农业科技与经济相结合，更好地服务农村和农业，有四个演变发展时期：改革初期重建农业科研院所，改革探索期人员优选分流、机构分类管理、精简机构，改革深化期分类转制，科技体系创新建立期建立农业科技产业化体系。经过多次机制与体制改革、整合科研资源、建设农业前沿和关键领域学科体系，形成了学科门类丰富的农业科研体系。

中国的农业科研体系主要由三个子系统组成。第一个子系统具有多层次和全门类的特点，以中国农业科学院为中心，是从中央到地方的三级农业科研体系；第二个子系统是中国科学院下属农业科研结构，研究农业基础理论；第三个子系统由农业高等院校组成，进行农业教育相关活动，以及农业基础理论和应用研究。

俄罗斯科技体制的组织结构按职能分为三级，是从上到下的隶属关系：一级是最高决策机构，由总统和联邦议会作为领导核心，决定重大方针政策；二级为联邦政府的科学技术管理机构，由政府科技政策委员会和联邦科技部、财政部和经济部等组成，监督相关科技政策贯彻和实施情况；三级为科学研究机构，由部门研究机构、科学院系统、高等教育学校、企业研究机构等组成，具体从事相关科研领域的研究工作。

俄罗斯科研体系有三大系统：一是科学院研究系统，以俄罗斯工程科学院、俄罗斯科学院、俄罗斯联邦工程科学院为核心，包括俄罗斯林业科学院、俄罗斯农业科学院等专业研究院，分支机构遍布全国，擅长基础理论研究，有通讯院士、科学院士和工程院士数百名，且大多在国际上拥有很高的声誉；二是工业设计研究系统，包括世界闻名的图波列夫飞机设计局、苏霍伊飞机设计局等，该系统体系完备且门类齐全，创新能力很强，与工业生产部门有紧密联系；三是高等院校附属科研系统，包括莫斯科大学、圣彼得堡科技大学、圣彼得堡大学、鲍曼科技大学等世界名校，有教学与科研结合的良好传统，既是教育中心也是科研中心，在科研工作中有独特优势。

5.2.2.2 农业高等院校分布情况

（1）中国农业高等院校分布情况

中国现有农林类高校92所，重点介绍排名靠前的39所。从地域分布来看，中国农林高等院校集中分布在东部和中部地区，东部地区有19所，北京市、广东省和山东省各3所，浙江省、江苏省和辽宁省各2所，除了海南省没有之外，东部其他各省份各有1所；中部地区有13所，黑龙江省有3所，吉林省和湖南省各2所，中部其他各省份均有1所；西部地区只有9所，云南省有2所，贵州省、青海省和重庆市没有，西部其他省份各有1所。

根据Quacquarelli Symonds（QS）教育组织发布的2019年世界大学排名，整理出中国国内排名前十的农林类高等学校在世界农林类高校300强中的排名，如表5-1所示。在综合评估学术领域的同行评价、单位教职的论文引用数、师生比例、全球雇主声誉、国际教职工比例和国际学生比例等6个方面指标后，结果显示：在世界农林类高校中，中国进入排名前50的学校有4所，其中中国农业大学世界排第10名，跻身前十行列；排名51~100的学校有3所，北京林业大学和华中农业大学都在前60名；排名101~200的学院也有3所，江南大学和上海交通大学的排名都在120之前。总体来说，中国农林类专业或学科的高等院校的国内排名和国际排名具有一致性，且逐渐在国际上做出更多的贡献。

表5-1　　　　　中国农林类学科高等教育学校排名表

学校	国内排名	世界排名
中国农业大学	1	10
南京农业大学	2	25
华南农业大学	3	45
浙江大学	4	50
北京林业大学	5	51
华中农业大学	6	57
西北农林科技大学	7	65
江南大学	8	107
上海交通大学	9	117
南京大学	10	167

数据来源：2019年Quacquarelli Symonds世界大学排名。

（2）俄罗斯农业高等院校分布情况

在俄罗斯，被其教育部认可的农业类大学有59所，主要分布在中央联邦管区和伏尔加沿岸联邦管区，其中中央联邦管区有19所农业类大学，伏尔加沿岸联邦管区有12所农业类大学；其次，还有8所分布在西伯利亚联邦区，5所在南部联邦管区；西北联邦管区、北高加索联邦管区、乌拉尔联邦管区各有4所，远东联邦管区有3所。

俄罗斯国内排名前十的农业高校如表5-2所示，分布在中央联邦管区、西伯利亚联邦区、南部联邦管区、伏尔加沿岸联邦管区、乌拉尔联邦管区。排名前十的农业高校在中央联邦管区有3所,其中有两所排在前三,分别是排名第1位的贝尔戈罗德国立农业大学和排名第3位的俄罗斯国立农业大学,沃罗涅日国立农业大学排名第8;西伯利亚联邦区也有3所,克拉斯诺亚尔斯克国立农业大学、鄂木斯克国立农业大学、新西伯利亚国立农业大学分别排在第5、6、7名;南部联邦管区有2所均排在前4位,其中斯塔夫罗波尔国立农业大学排名第2位,库班国立农业大学排名第4位;接着是伏尔加沿岸联邦管区的萨拉托夫国立农业大学列于第9位,以及中央联邦管区的巴什基尔国立农业大学列于第10位,其他3个地区没有进入俄罗斯前十的农业高校。

表5-2　　　　　　　　俄罗斯农业高学排名表

学校	国内排名	所属地区
贝尔戈罗德国立农业大学	1	中央联邦管区
斯塔夫罗波尔国立农业大学	2	南部联邦管区
俄罗斯国立农业大学	3	中央联邦管区
库班国立农业大学	4	南部联邦管区
克拉斯诺亚尔斯克国立农业大学	5	西伯利亚联邦区
鄂木斯克国立农业大学	6	西伯利亚联邦区
新西伯利亚国立农业大学	7	西伯利亚联邦区
沃罗涅日国立农业大学	8	中央联邦管区
萨拉托夫国立农业大学	9	伏尔加沿岸联邦管区
巴什基尔国立农业大学	10	乌拉尔联邦管区

数据来源:高校评价机构Unirank2019年世界大学排名。

5.2.2.3　农业科研机构和平台

中国科技基础条件建设类科技计划,主要包括国家重点实验室建设计划、科技基础条件平台专项、科技基础性工作专项、国家工程技术研究中心。

2016年中国在科技基础条件建设类计划方面的财政投入总量达到47.49亿元,较2015年的120.84亿元大幅下降,降幅为60.7%。其中,

2016年国家重点实验室建设计划的财政投入为35.79亿元，较2015年的114.81亿元减少了68.8%；2016年科技基础性工作专项的财政投入为7.97亿元，较2015年的2.3亿元增加246%；2016年科技基础条件平台专项的财政投入为2.74亿元，与2015年持平；2016年国家工程技术研究中心的财政投入为0.99亿元。

截至2016年底，共建成国家工程中心347个和分中心13个，合计360个。其中，东部地区213个、中部地区61个、西部地区62个、东北地区24个，分别占工程中心总数的59.17%、16.94%、17.22%和6.67%。2016年，国家工程中心共承担国家级项目5013项，占承担项目总数的21.04%，同比增长8.93%。其中："863"计划项目238项、科技支撑计划项目487项、"973"计划项目127项、星火计划项目20项、火炬计划项目11项、国家科技重大专项337项、国家重点研发计划666项、技术创新引导专项（基金）439项、其他国家级项目2688项。2016年，国家工程中心新建中试基地371个。

由农业部科技教育司统计资料可知，1993年中国农业科研机构数量为1142个，2014年却减少至1056个，年均降幅0.37%，整体呈微弱的递减趋势。具体而言，1993—2014年中国农业科研机构数量的变动趋势可划分为两个波动下降的阶段（1993—2002年、2002—2014年）。其中，1993—2002年中国农业科研机构数量由1142个降至1096个，年均降幅0.46%；2002—2014年中国农业科研机构数量年均降幅0.31%，此阶段农业科技机构数量先出现骤增现象，并于2003年达到研究期峰值1170个，后波动降至2014年的谷值。

当然，上述农业科研机构数量的增减是伴随着中国农业科研机构改革的进程而变化的，即中国农业科研机构数量的变动实质上是中国农业科研机构改革的直接反映。中国目前的农业科研体系正处在由计划经济体制所遗留的僵化的机制向适应市场经济体制过渡时期，私人企业的农业科技研发能力相当薄弱，相关机制尚未建立，政府附属的科研推广机构处于绝对的主导地位。尽管很多研发机构已经完成或部分完成市场化改制,但由于长期积累的思想观念、人员构成等因素,改制的效果短期内不能完全发挥。

总体来看,中国目前的农业科研机构在发展导向上集宏观性和公益性于一身,而在与企业结合、发挥市场激励机制方面还远远不够。从导向机制上看,中国现在进行的市场化为导向的农业科研体制改革,也是旨在使市场成为配置农业科学技术资源的重要方式,利用市场机制促进农业科学技术的进步。最后的发展方向同发达国家一样,达到农业科技发展的国家战略性导向、公益性导向和市场性导向的统一。

俄罗斯由于幅员辽阔,土壤气候条件差异很大,农作物种植很难执行一个统一标准或技术,对于每个具体的土壤气候带都需要因地制宜地制定种植标准和技术,为此俄罗斯农业科学院在全国各地都设置了自己的科研分支机构。俄罗斯农业食品部系统(含俄罗斯农业科学院)内就有 310 个研究单位、64 个农业高等院校、528 个试验和教学农场,有 9.4 万名科技人员从事研究工作。俄罗斯全国的农业科学院有 23 位院士、28 位通讯院士,分配在其下属的不同研究所。俄罗斯农业科学院建有 63 个育种中心、8 个生物技术中心和工艺中心、28 个设计所、405 个试验农场和 53 个实验工业企业,有试验用地 18.5 万公顷,试验牧场拥有数 10 万头优良种畜。这些实验基地成绩卓著,大田单位面积产量高于周围农场的 50.0%。牲畜产品率高 20.0%~30.0%。

5.3 科技产出成果

5.3.1 科技进步贡献率

中国农业科技进步贡献率由 2010 年的 46.50% 提高到 2017 年的 57.5%(见图 5-13),取得了超级稻、转基因抗虫棉、禽流感疫苗等一批突破性成果。中国主要农作物良种基本实现全覆盖，自主选育品种面积占比达95%，畜禽水产供种能力不断提升。2017年农作物耕种收综合机械化水平达到67%。农业高新技术产业不断壮大，带动农村新产业、新业态蓬勃发展，为保障国家粮食与食品安全、促进农民增收和农业绿色发展发挥了重要作用。展望新时代，力争到2035年，中国农业农村科技创新整体实力进入世界前列，部分关键领域居世界领先水平，若干领域引领全球农业科技发展，全面支撑中国乡村振兴战略和农业农村科技现代化发展。

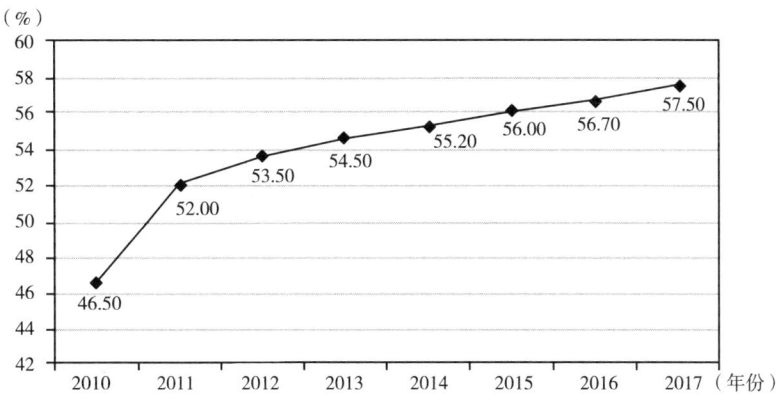

图5-13　2011—2017年中国农业科技进步贡献率

数据来源：国家统计局。

在农业科技领域，俄罗斯农业基础理论和应用研究实力雄厚、基础扎实，动植物育种、土壤生态保护、微生物研究与产品开发、病虫害生物防治等应用研究成绩显赫。据俄罗斯有关部门推算，近30年中俄罗斯育成的作物品种对增产的贡献率达到50%以上（万书波，朱建华，2014）。

5.3.2　代表性技术成果情况

5.3.2.1　中国代表性技术成果

近年来，中国农业科技整体水平加速提升，基础研究和战略高技术获突破性进展，取得大量居世界先进水平的重大创新成果。尤其是中国共产党第十八次全国代表大会以来，国家强化农业科技创新驱动作用，农业科研水平开始弯道超车领跑国际同行，农业科技在国际上的影响力已经越来越大。

首先，中国在农作物遗传发育与抗性机理、动物免疫调控、重要种质资源收集评价、土壤质量演替规律等方面创新了一批基础前沿成果。黄三文研究团队领衔国际黄瓜基因组研究，对115个黄瓜品系进行了深度重测序（Huang, et al., 2013）；中国农科院畜牧所发现了猪产肉性状基因；陈万权团队针对小麦条锈病构建了菌源基地综合治理技术体系，每年挽回小麦损失20亿千克以上（陈万权等，2013）。

其次，中国农业科技还攻克了一批产业共性关键技术，支撑玉米、水稻、小麦三大谷物单产分别比2010年提高了244克、17千克、33千克。在农业育种方面，中国选育了京红京粉蛋鸡、大恒肉鸡、华农温氏一号猪配套系等一批具有较高应用价值的畜禽牧草新品种，畜禽品种良种化、国产化比重逐年提升，奶牛良种覆盖率达到60%左右。

再次，随着农业机械化技术的不断创新，中国不仅实现小麦机械化问题基本解决，水稻种植和玉米收获的机械化也进入高速发展阶段，马铃薯收获机械化水平得到稳步提升，大宗经济作物生产机械化更是取得突破性进展。尤其是在智能农机装备方面，中国建立了农机北斗导航与智能测控信息应用平台，研发应用了智能LED植物工厂技术，创制了植保无人机精准施药技术与装备，大幅提升了作业效率。同时，中国生物技术、信息技术、材料技术和资源环境技术的广泛应用，有力地推动了中国在动植物新品种培育、种植养殖技术、病虫害防治、农产品加工贮运、农产品质量安全以及农业机械化装备等领域研究水平的不断提升。

最后，中国重要农作物功能基因发现与克隆、调控网络解析以及新一代基因组测序技术取得进展，挖掘出一批优异种质资源及基因，基本完成了水稻、小麦、玉米、棉花、大豆、谷子、番茄、黄瓜、甘蓝、白菜等主要农作物的基因图谱绘制和测序工作。分子育种技术得到普遍运用,全基因组选择技术、基因组编辑技术正趋于成熟。借助于基因组编辑技术、全基因组选择技术,动物育种效率大幅提高,基本完成了猪、牛、羊、鸡、鸭、鹅等动物的基因组测序。

5.3.2.2 俄罗斯代表性技术成果

俄罗斯农业发展的整体科研力量雄厚。

第一,俄罗斯农业科研机构的研究能力较高。依托于遍布全国各地的科研分支机构,试验农场和试验工业企业在大田单产量和牲畜成品率分别高出周围农村五成和两到三成。

第二,俄罗斯农业科学领域优先发展。从作物遗传育种、植物保护到土壤保护,从畜牧业研究到复合饲料和生物活性添加剂研究,从农业原料到蛋白质制剂,从农业生物技术到农业机械化,从食品的安全与质量管理到生态环境保护研究等,涵盖农业领域生产—加工—消费等11个领域。以作物育种为例,俄罗斯有100多个相关研究单位,作物育种的典型是产量高达6500千克/公顷的冬小麦,以及50吨/公顷的抗旱、抗病、早熟的高产马铃薯;动物育种中培育出名为"列宁格勒"的黑花奶牛,年产奶量到9000~10000千克/头,具有高产遗传潜力。

第三,俄罗斯拥有作物病虫害生物防治研究国际领先水平。俄罗斯植物保护研究所的研究员,即俄罗斯农业科学院的成员,在以下领域有很强的优势:农业生态系统有害及有益生物研究、有害生物的监测预报及农业生物群落诊断、有害生物预防的生态安全途径、自然天敌资源及食虫菌资源的研究开发与应用、植物抗虫及抗病理论基础研究等。他们基于天然食虫病原微生物,创造出10余种具有生态安全属性的生物制剂及其生产工艺和规程,还针对病虫害对化学药剂产生抗性研究出预防和应对方法。该所在研制和应用谷类作物杀真菌剂的领域(如种子包衣剂),是俄罗斯技术研发中心的代表(万书波、朱建华,2014)。另外,俄罗斯科学家还从泥炭组织微生物中，分离出能有效抑制高等植物致病真菌和细菌繁殖的新微生物品种，通过研制成相关的生物制剂，帮助农作物增强抗病性和提高产量，能增加番茄种子的生物质达10%～80%，提高小麦种子对真菌病害的抗性50%。

5.3.3 科研成果（专利和论文）产出情况

5.3.3.1 中国专利和论文产出现状

中国农业科技水平的大幅提升，离不开自主创新。"十二五"期间，科技部通过组织实施"973"、"863"、科技支撑等科技计划重点项目，主要科技创新指标跻身世界前列，国际科技论文数量连续多年稳居第2位，被引次数农业学科从第8位升至第2位，共有175项农业科技成果获得了国家奖。水稻功能基因组继续保持全方位国际领先学术地位，动植物生物反应器领域实现重大进展，大型超高压食品加工技术打破国外技术装备垄断，森林重大病虫害松材线虫综合防控技术取得重大突破。

2014—2016年，中国农业发明专利申请量全球第一，且近5年技术发展增速保持第一；同时在园艺、种植和播种技术、饲料和肥料几个领域相对技术优势排名第一；在分析化学与应用化学、农业工程以及食品科学与技术等学科领域表现突出。中国农业领域基础研究受到重视，论文产量不断提高，总发文量全球排名第二；中国农业科技论文的国际影响力较高，论文总被引频次和Q1期刊论文发表量排名全球第二，学科规范化引文影响力指标高于全球平均水平；专利全球竞争力分析结果中，中国有16家机构进入全球前50重要专利权人排名，其中中国科学院排名第二，中国农业科学院排名第四。

5.3.3.2 俄罗斯专利和论文产出现状

俄罗斯在农业科技论文方面产出低于中国，但俄罗斯在某些领域持绝对先进性和明显创造性的技术。过去10年俄罗斯共计发表农业科技论文2869件，世界排名第43位，仅占全球同期农业科技论文的0.47%，相当于中国的5.19%。2006—2013年，俄罗斯年度发文量一直在250~290件之间波动，至2014年超过330件。在农业专利申请方面，俄罗斯从2005年开始呈高速增长趋势。2004—2013年，俄罗斯共计申请专利3.36万件。在农业相关专利优先权的授权方面，俄罗斯以77.5%的授权率位居世界第一，高于中国33.9个百分点。俄罗斯的农业相关专利在32个国家取得了授权，中国相关专利在30个国家取得了授权，表明两国在农业相关专利全球布局程度相对较低。在专利引用方面，在被引11~100次的统计档中，中国有2197件，俄罗斯有223件；在被引101~250次的统计档中，中国有1件，俄罗斯有13件；在被引251~586次的统计档中，中国没有专利进入这档统计，俄罗斯有6件。俄罗斯在高引用档中占据绝对优势，一定程度上表明俄罗斯在某些领域持绝对先进性和明显创造性的技术，中国专利的绝对影响力和明显创造性有待提高（王婷等，2016）。

5.4 经济效益

5.4.1 农产品单产量及增长率

5.4.1.1 中国农产品单产量及增长率

近几年，随着农业生产技术的发展，中国粮食、糖类等主要农产品单产都有提升。如图5-14所示，糖类作物单产显著高于其他主要农作物，2011年糖类作物单产达到63576.8千克/公顷且其单产逐年递增，2017年糖类作物单产达到73618.5千克/公顷；其次是玉米单产保持在5700千克/公顷的水平上且基本上呈现递增趋势；此外，粮食作物单产自2011年起一直缓慢地增长着，2017年单产突破了5600千克/公顷；棉花单产则是这几种主要农作物当中单产最低的商品，这几年棉花单产平均水平大概在1500千克/公顷，但是棉花单产也是呈现逐年递增的趋势。

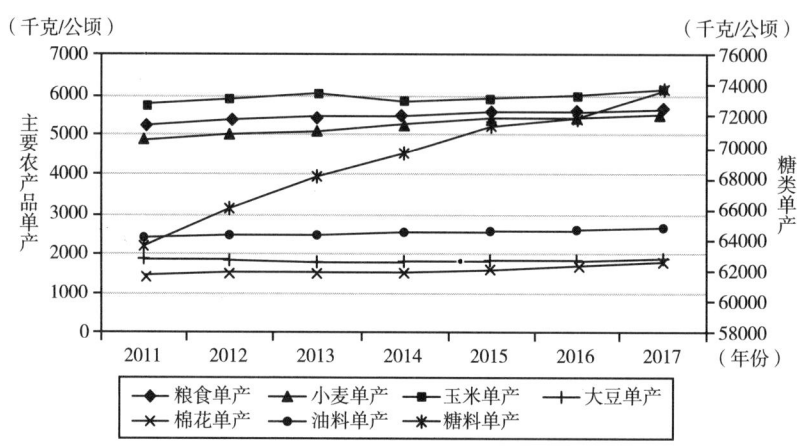

图 5-14　2011—2017年中国主要农作物单产变化情况
数据来源：中国国家统计局。

总体而言，从2011年到2017年的发展趋势来看，这7种主要的农作物单产保持着增长的态势。糖类作物是单产增幅最大的农作物，因为糖类作物不仅用于直接食用，更多地被用于食品加工。当社会需求不断增加时，市场也会相应地做出调整以追求更高的利润，因此糖类作物单产发生了巨幅提升。与此同时，玉米也不再仅仅是粮食还是动物饲料，因而玉米单产也一直保持在较高的水平。其他农作物单产虽然有增幅但并不是很大。这说明，中国当前的科技发展与政府支持对农业发展有着积极的促进作用。

5.4.1.2　俄罗斯农产品单产量及增长率

2008年之后，俄罗斯农业生产增长速度出现急剧下降趋势。在2009年和2010年的调整之后，2011年俄罗斯农业生产有了大幅度增长。不过2012年俄罗斯农业生产增长速度又下降5.35%。俄罗斯农业发展基本呈现递增的趋势，但因为种植业受自然条件的影响较大，又加上自2018年金融危机世界经济发展不是特别稳定，俄罗斯农业的发展起伏波动还是较大的。

如图5-15所示，俄罗斯农作物单产最高的同样是糖类作物甜菜，且基本呈现递增的趋势，自2010年12050千克/公顷提高到2016年23500千克/公顷。但是相对于中国来说，俄罗斯糖类作物单产还是比较低，并且生产能力也不够稳定。俄罗斯蔬菜与土豆农作物单产则一直稳定在一个水平上，增长比较缓慢；谷类作物与葵花籽更是维持在一个比较低的单产水平，谷类作物单产在1000千克/公顷上下浮动，而葵花籽单产还没超过800千克/公顷。总体而言，俄罗斯主要农作物单产在一定范围内上下波动，但整体呈增长趋势。

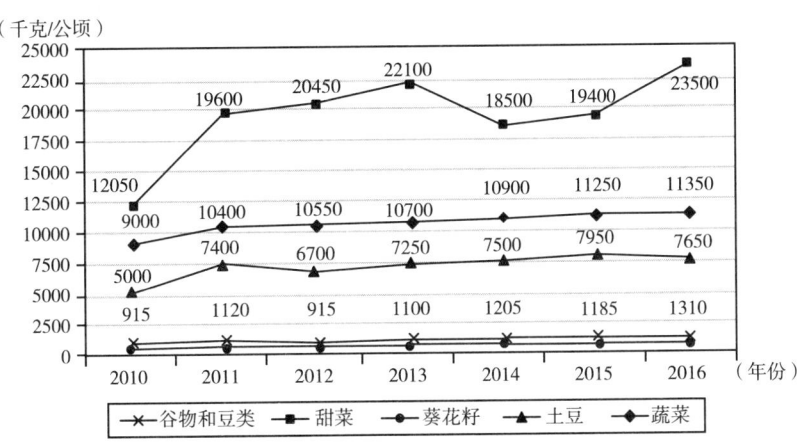

图5-15　2010—2016年俄罗斯主要农作物单产变化情况

数据来源：《俄罗斯统计年鉴》。

5.4.2　农业生产设施配备情况

5.4.2.1　中国农业有效灌溉面积覆盖率

中国近几年越来越重视生态环境，追求可持续健康发展。中国农业从业者不断提高生产技术水平，改善生产环境。如图 5-16 所示，从 2011 年起，中国有效灌溉面积就呈现稳步递增的发展趋势。2011—2017 年，7 年间中国有效灌溉面积从 61681.56 千公顷增加了 6134.01 千公顷，达到 67815.57 千公顷。与此同时，中国总耕地面积也从 2011 年的 12258.7 千公顷增长到 2017 年的 134956.6 千公顷。总地来说，中国农业有效灌溉面积覆盖率维持在 50% 左右。

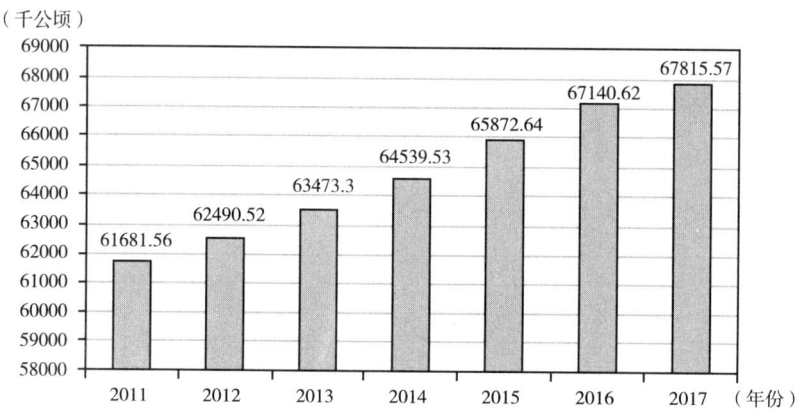

图 5-16　2010—2016 年中国有效灌溉面积变化情况

数据来源：中国国家统计局。

5.4.2.2　俄罗斯土地灌溉排水能力

俄罗斯总体灌溉与排水能力并不强，2010—2017 年数据显示，不管土地排水能力还是土地灌溉能力都在 30 千公顷以下。

如图 5-17 所示，俄罗斯土地排水能力与灌溉能力非同时处于较高水平。2013 年排水能力与灌溉能力都比较低，排水能力为 2.4 千公顷，灌溉能力为 1.4 千公顷。从 2015 年到 2017 年，俄罗斯土地灌溉能力保持稳步提升。到 2017 年时，俄罗斯排水能力与灌溉能力相对得到提升，均有 19 千公顷以上。

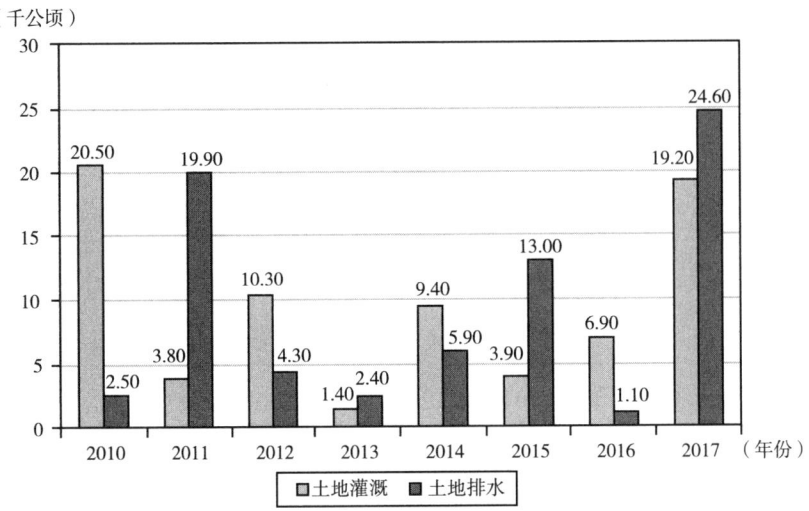

图 5-17　2010—2016 年俄罗斯土地灌溉排水能力变化情况

数据来源：《俄罗斯统计年鉴》。

5.4.3　农业科技推广应用情况

5.4.3.1　中国农业机械覆盖率

近几年中国农业机械化发展比较迅速，农业机械总动力从 2010 年的 92780.48 万千瓦逐年递增，至 2016 年增长到 97246 万千瓦，平均每年增长率为 0.8%。但是，由于中国农业耕地面积也以每年平均 1.7% 的速度增长，因此近几年农机覆盖率并非一直保持上升趋势。农机覆盖率 2011 年下降到 7.59 千瓦/公顷，2014 年提高到 8.28 千瓦/公顷，2016 年又下降到 7.32 千瓦/公顷（见图 5-18）。总体而言，农机覆盖率虽然增长趋势并不明显，但是农机覆盖率最低时也没低于 7 千瓦/公顷，这说明，中国当前农业机械发展还是取得了一定的成就。

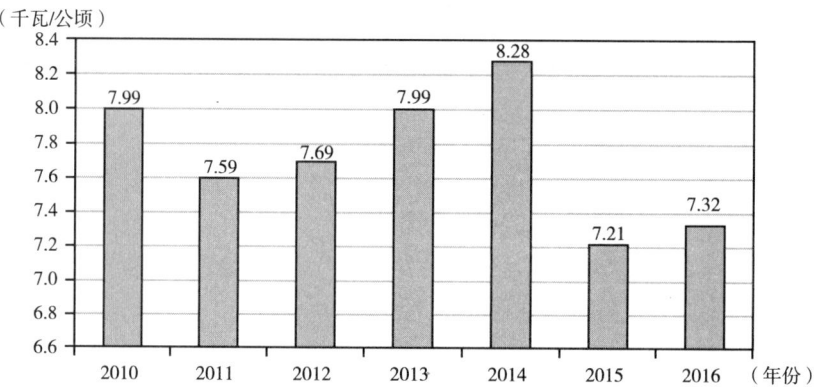

图 5-18　2010—2016 年中国农机覆盖率变化情况

数据来源：中国国家统计局。

5.4.3.2　俄罗斯农业机械覆盖率

俄罗斯地广人稀，农业机械发展相对比较重要。如图 5-19 所示，从 2010 年到 2016 年，俄罗斯每 1000 公顷耕地面积拖拉机和联合收割机总台数呈上升趋势，由 2010 年的 236 台，增加到 2015 年的 307 台；虽然 2016 年拖拉机和联合收割机总台数减少两台，但仍保持在 300 台以上。

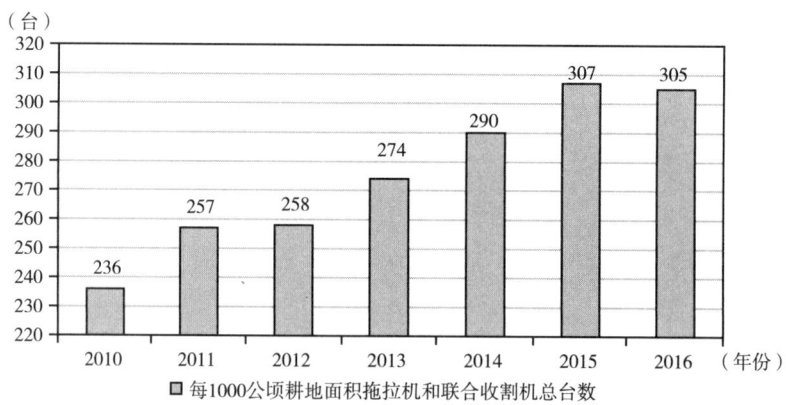

图 5-19　2010—2016 年俄国农用机械使用变化情况

数据来源：《俄罗斯统计年鉴》。

中国政府对农业科研投资占农业总产值的比重即农业投资强度严重不

足。到20世纪末，农业投资强度大致维持在0.2%，不到同期发达国家平均数的十分之一，至2021年仍未突破1%（联合国建议的发展中国家应确保的水平）。这跟发达国家平均3%以上相比，不可同日而语。而且经费归不同部门掌握，条块分割，配置不合理，难以集成使用，实际情况中又时常不能按时到位。此外，现阶段农业科技创新成果转化率长期在50%以下，而发达国家的转化率高达80%，差距显著。农业科技资源配置不够均衡的现象明显，创新要素难以向优势农产品产区聚集，科技资源在农业生产的前、中、后期的配置也极不平衡。数据表明，大约75%的经费用在了技术研究上。多行政层级领导又很大程度地削弱了经费使用效果。此外，众多科技资源主要集中在城市，农村科技发展投入不足、资源缺乏、技术落后。还存在农业科技与生产脱节严重等突出问题，企业自掏腰包投入农业科研经费、搞技术创新的积极性低，并未成为科技创新主体。目前，以国内种业企业为例，绝大部分的研发投入只占销售额的1%，这种投入下的创新作用也就极其有限了。

俄罗斯农业科研中出现的问题可以归纳成两个方面：首先，各级农业科研机构中研究人员数量正在逐年下降，这与农业从业人员收入与其他产业差距巨大有着密切的关系。其次，由于俄罗斯对农业科研的投入力度不足，俄高校、农研所的科研成果数量正在下降。基于这两个方面的原因，在短时间内如果没有得到投入上的显著变化，俄农业的科技创新能力将很难赶上世界发展的平均水平。

本章编写：赵殷钰

第6章　中俄农业合作发展趋势

随着近年来中国"一带一路"倡议的推进与实施，俄罗斯参与"一带一路"倡议建设的兴趣愈加浓厚。中俄两国的农业合作在"一带一路"倡议推动下取得了实质性进展，双边农业贸易明显增多，中国对俄罗斯农业投资明显增加，两国农业在贸易、科技、投资等领域的合作得到全面发展。但中俄农业合作发展过程中仍然存在诸如俄罗斯远东地区农业基础设施落后、投资环境欠佳、存在农产品技术贸易壁垒、农产品贸易种类偏少等问题。通过分析中俄两国农业合作的发展条件和面临的挑战，明确中俄两国农业合作发展趋势，对于推动中俄两国农业深度合作有重要的现实意义。

6.1　发展目标和任务

6.1.1　发展目标

中俄两国如何共享农业生产要素在两国资源流动中的整合效应，捕捉"一带一路"倡议及贸易自由化背景下的贸易和投资机会，是两国农业合作发展所追求的共赢目标。中俄农业合作的动态框架应该以双方各自农业产业需求为基础，以双方各自技术创新和技术进步优势为驱动力，以双方农产品贸易与农业投资结构不断优化为追求，以双方农业资源互补条件下的经济共同增长、粮食安全和环境可持续为发展目标。

6.1.2 发展任务

第一，要建立高效而稳定的农业合作政策保障体系，以较低的成本为双方投资者提供服务，以保障双方获得预期的投资收益。中国和俄罗斯应该共同在世界贸易组织规则、国际环境标准、食品卫生标准、动植物检疫标准等条件下为两国的农业投资者提供公平的政策条件和待遇，为区域和双边农业合作创造更大的稳定空间。

第二，在中俄农产品贸易结构方面，中俄双方的农产品进出口要从传统的以粮食、蔬菜、水果、茶叶等初级农产品为主过渡到以种子研发技术、深加工技术、有机农产品生产技术、动植物疾病防控等技术合作为主，逐年增加进出口农产品的科技含量和附加值，如双方合作研究有机食品技术以及天然药物开发和应用技术，以促进有机食品产业的发展，满足人民日益提高的消费需求。

第三，促进中俄在俄罗斯远东地区农业基础设施建设、农业和食品加工机械研发及生产、农业劳动力跨国流动、农业技术贸易、农工联合体建设等方面的合作，提高中国对俄罗斯农业投资的规模和效率。

6.2 发展条件与面临挑战

6.2.1 俄罗斯耕地资源丰富，但受气候和农业基础设施条件制约

6.2.1.1 耕地资源

虽然俄罗斯耕地面积占世界耕地面积的比重居世界第一，人均耕地面积居世界第二，并且拥有世界最大的黑土带，但由于俄罗斯地广人稀、农

业劳动力不足、农业机械化水平较低,近十年来约有1400万公顷耕地荒废闲置。而中国虽然耕地总面积位居世界第四,但人均占有量很小。在毗邻俄罗斯的东北、内蒙古地区,虽然耕地面积及水资源的人均占有量高于全国的平均水平,但由于近年的过度耕作及土壤污染,导致黑土地的厚度与面积不断减少,可耕地总量及质量不断下降,给这些地区农业的深度发展带来了压力。因此,中俄毗邻区的农业合作可以弥补中国上述地区耕地资源的不足。

6.2.1.2 气候条件

俄罗斯远东地区大量的耕地为粮食生产提供了丰富的土地资源,但该地区由于受寒带气候条件约束,粮食作物品种单一、产量低,只能种植土豆、小麦等少数作物,且只能一年一熟。此外,由于俄罗斯冬季气候寒冷,交通条件较差,并且粮食生产与消费地不完全对接,需要物流运输,粮食物流成本较高。考虑到粮食生产的高成本和低收益,俄罗斯农民种粮积极性不高。

6.2.1.3 农业基础设施

俄罗斯远东地区劳动力短缺,而中国东北、内蒙古地区农业人力资源丰富,尤其是青壮年农业劳动力比较多,且价格低廉,每年有大量的农村富余劳动力涌向俄罗斯承包土地,为开展农业合作提供了充足的人力资源。但由于俄远东地区耕地地块多处于较偏远的地方,基础设施差、居住条件恶劣、交通不便,耕作期间机械的燃料供应不足、农机具维修困难以及农业仓储设施条件差。这在一定程度上挫伤了我国富余农业劳动力赴俄罗斯务农的劳动热情。

6.2.2 农业投资政策趋好,但投资政策环境仍需改善

为了鼓励外商投资农业开发,俄罗斯出台了一系列优惠政策。俄罗斯

现行法律允许将土地租赁给外国人，地方政府有权将土地对外出租和调整土地租金。有的地方政府在合作前期实行土地零租金政策，或只收取象征性的租金，土地租赁期最长延至49年。此外，为了鼓励农业投资，俄罗斯调整了税收政策，降低了企业所得税和个人所得税。为了解决农业劳动力不足的问题，俄罗斯放宽了境外劳动力进入的许可政策，劳务人员可以一次性办理一年暂住证。同时，俄罗斯还实行宽松的货币兑换政策，卢布可兑换美元和人民币直接汇到中国。

虽然俄罗斯农业投资政策趋好，但由于乌克兰危机以及西方制裁，加上油价下降、卢布下跌等一系列不利因素，导致俄罗斯的国际政治经济环境复杂，加上俄罗斯各州政策不一、税收体系不完善、企业管理落后、对投资合作项目的实施缺乏监管及存在官僚主义等因素，严重影响了中国对俄罗斯的农业投资。同时，中俄两国缺乏统一的农业投资规划。由于俄罗斯的投资环境不稳定，中国大部分投资者仍对在俄罗斯投资持观望态度，中俄两国相互间农业投资合作的效率不高。

6.2.3 农产品贸易互补性强，但技术性贸易壁垒增加

随着俄罗斯小麦、玉米、大豆、葵花籽油等对中国的出口不断增长，中国肉类、水果、蔬菜和茶叶对俄罗斯出口也在不断增长。由于两国气候条件差异，中俄农产品贸易存在很强的互补性。俄罗斯蔬菜、水果产品品种不多、产量不高，难以满足居民生活需要，每年均需从国外大量进口，蔬菜、水果、茶叶大多来自中国和韩国，特别是在当前欧美对俄罗斯制裁的情况下，更需要大量从中国进口。中俄奶制品市场也具有很强互补性，当前中国对高质量奶制品的需求与日俱增。虽然在"一带一路"倡议以及俄罗斯加入世界贸易组织背景下中俄农产品贸易关税壁垒逐步减少，但中俄技术性贸易壁垒、绿色质量技术壁垒等非关税壁垒却逐步增加。

6.3 发展趋势判断

中俄两国毗邻区域在区位、农业资源、气候、交通条件等方面有着诸多的相似性与互补性，是中俄农业深度合作的前沿区域。中俄两国毗邻区域横跨中国的东北、内蒙古、新疆及俄罗斯远东、西伯利亚地区。在"一带一路"倡议合作背景下，中俄毗邻区域的农业合作正在逐步推进，但农业合作规模小、层次低、资金弱的局面并没有根本改观，这样的合作现状不符合两国的根本利益，也不符合两国的农业发展战略。因此，中俄毗邻区域应在当前农业资源互补前提下，推进农业深度合作，实现两国农业合作的战略升级。基于中俄两国农业资源禀赋状况、农业生产水平、政治经济环境、已有的合作基础判断，未来中俄两国农业发展趋势在农业重点领域的合作将不断扩大、加深，农业合作方式将不断升级。

6.3.1 农业合作优先地区及重点领域

6.3.1.1 农业合作的优先地区

中国与俄罗斯农业合作的优先选择地区是俄罗斯远东地区。主要理由如下：

（1）首先，与中国接壤的5个俄罗斯远东地区粮食种植条件与中国东北、内蒙古地区的粮食种植条件极为相似，这些区域适合小麦、水稻、马铃薯、大豆等作物种植，而这些作物当前也是黑龙江、吉林、内蒙古的主要农作物。通过合理的产业布局安排，中国的黑龙江、吉林、内蒙古与俄罗斯的远东地区将可以连片种植，具有明显的聚集扩散效应。其次，两国毗邻区域的各种新鲜果蔬、肉类等农产品不需要经过复杂的保鲜冷藏处理即可运输,此过程具有运程短、成本低、损耗小的特点。借助毗邻区域交通优势,能够大大降低物流成本,中俄双方在远东地区农业合作前景良好。

(2)中国和俄罗斯远东地区农业合作基础好。自 2003 年起,中国黑龙江垦区率先在俄罗斯远东地区探索境外农业开发,大力发展粮食、蔬菜种植,畜牧养殖和农产品加工,积累了宝贵的农业合作经验。

(3)俄罗斯远东地区土地资源丰富,邻近中国东北地区的俄罗斯滨海边疆区、哈巴罗夫斯克边疆区、阿穆尔州和萨哈林州等在增加农产品生产方面都具有潜力。但这些地区农业基础薄弱、农村劳动力严重不足、土地大量闲置,农产品自给率低,这为中俄农业合作提供了广阔市场空间。中俄农业合作也是俄罗斯远东地区摆脱发展困境的有效途径之一。

(4)俄罗斯实施远东大开发战略,将在远东地区成立 14 个经济特区,颁布税收、投资、进出口等一系列优惠政策,为中俄远东地区农业合作提供了新的发展机遇。

6.3.1.2 农业合作的重点领域

中俄两国农业生产要素互补性强,考虑到俄罗斯农业基础资源丰富、中国国内生产水平高、中国对俄罗斯投资基础好、市场需求旺盛等因素,小麦产业、大豆产业、水果蔬菜、畜产品、水产品、有机食品生产加工是当前及未来合作的重点领域。以小麦产业为例,俄罗斯种植的春小麦与中国黑龙江、内蒙古等地区种植的春小麦生产条件类似,种植的冬小麦与河南、河北等省冬小麦生产条件相似。因此,中俄双方可加强在小麦产业方面的合作。在小麦种植方面,充分利用两国种质资源,加强小麦新品种培育的合作研究;加强栽培技术、病虫害防治等方面的技术交流;加强小麦生产机械、绿色农药、有机肥等生产工具和生产资料的研发使用。在小麦深加工方面,利用中国成熟的小麦深加工技术和产业化发展经验,与俄方在小麦深加工领域开展合作,延伸产业链。

双方农业合作的重点应放在粮食作物区域化布局、产业化生产和农产品深加工上。俄罗斯耕地所处位置地广人稀，适于机械化作业，与中国接壤的东南部地区适合发展灌溉农业，因此，可以集中区域种植粮食作物，借助中国农业机械与水利方面的先进技术和经验，提高在俄罗斯粮食种植中机械化与灌溉化程度，实现粮食生产的产业化和现代化。俄罗斯的畜禽养殖业发展缓慢，其国内肉类如牛肉、猪肉、家禽肉类和奶蛋类产品供求缺口较大。中国企业可以通过与俄方合作，在种植饲料粮基础上，实现饲料种植和畜禽养殖业一体化发展，即企业将种植的饲料粮加工成饲料进行肉牛、生猪、鸡、鹅等的养殖。同时，进一步发挥中国在食品加工方面的优势，与俄方合作建立农副产品深加工园区，促进俄方食品工业和饲料工业发展，延长农业产业链，进而带动中国先进农业机械、食品加工机械及零部件出口。

6.3.2 升级农业合作方式

中俄农业合作方式一直以贸易合作、低端劳务输出为主，农业生产合作、科技交流与合作、投资开发合作比重较低。在新的粮食安全环境下，中俄双方应提升合作档次，调整合作方式。

（1）在双方合作投资开发的基础上，加强农业科技合作、农产品贸易合作和劳务输出合作。俄罗斯对中国中低端农业劳动力进入其劳务市场设置了法律限制，但对高技术人才不加限制。为了吸引高技术人才，上述法律还规定了在合同期限、薪水待遇上的优惠措施。因此，为保障农民在俄罗斯的利益，应由中方地方政府出面组成劳务技术人员输出和管理公司，加强境外务农人员生产技术、语言等方面的培训，提高对俄技术人员输出比重。在生产资料方面，俄罗斯农机使用率虽然较高，但由于农业投资不足，农机普遍陈旧，中国农机拥有率高且生产能力强，俄罗斯市场农机供给不足给中国先进农机出口俄罗斯提供了市场空间。以在俄罗斯长期租地种植水稻为例,投资企业需要建设节水灌溉基础设施,建立晾晒厂、烘干塔、仓库、机械修配厂等厂房,置办打药机、施肥机、拖拉机、收割机、无人机等大中小型机械,并且建立加工厂将种植水稻收回的大米装袋,这些投资行为会带动中国先进农业机械出口;在种植水稻过程中需要种子、农膜、农药、化肥等农资,而俄罗斯大部分农资自身供给不足需要从中国进口,这会带动中国农资出口。中俄两国的农业科技实力都比较强,各自具有优势,可以形成良性的互补。俄罗斯在粮食作物种子培育、农作物杂交技术等方面具有优势,尤其是其种子活性处理及生物活化成本要比中国低很多,目前已被中国农业部列为重点引进技术。而中国在设施果蔬种植、农作物病虫害防治方面具有明显优势,可以通过合作开发投资向俄罗斯输出这些技术,为提高双方农产品的质量与产量提供技术支持。

(2) 加强农产品生产与流通的基础设施建设合作。中国对俄罗斯农业开发合作由过去单纯的种养殖向加工、仓储、物流等多个领域延伸。目前,中国在俄罗斯投资的农业开发项目主要集中于粮食生产和种植用于出口的农作物,而俄罗斯与中国重点合作的远东地区农业生产基础设施落后,制约了农业生产效率的提高。因此,在长期租地基础上,可与俄罗斯地方政府合作投资农田灌溉设施、农用道路等农业生产基础设施建设。另外,由于生鲜农产品收获季和保质期较短,农业生产资料供应时效性强,快捷的物流是保障农业收益的重要环节。因此,中方政府与企业可通过与俄方协商,共同进行边境口岸建设和物流基础设施建设。

本章编写:王永强

参考文献

[1] David Sedik, Zvi Lerman, V. Uzun. Agricultural Policy in Russia and WTO Accession [J]. https://www.researchgate.net/publication/310447637. 2015 (4): 21-247.

[2] Jianjian Qi, Xin Liu, Sanwen Huang, et al., A genomic variation map provides insights into the genetic basis of cucumber domestication anddiversity [J]. Nature Genetics, 2013, 45 (12): 1510-1515.

[3] Автор Легина Марина, 钟欣. 俄罗斯农业发展前景探析 [J]. 世界农业, 2017 (11): 190-191.

[4] 陈鸿鹏, 张彤彤. 俄罗斯农业发展情况及加强黑俄现代农业合作的对策建议 [J]. 商业经济, 2015 (7): 10-11+36.

[5] 陈万权, 康振生, 马占鸿, 等. 中国小麦条锈病综合治理理论与实践 [J]. 中国农业科学, 2013, 46 (20): 4254-4262.

[6] 陈星贝, 周建宇. 我国农业信贷担保体系发展现状、问题与对策 [J]. 农业经济与科技, 2017 (3): 143-145.

[7] 戴宴清. 俄罗斯农业经济改革历程及主要措施 [J]. 世界农业, 2012 (10): 51-53.

[8] 董莉, 黄晶. 现阶段中国农村社会福利制度研究 [J]. 管理观察, 2016 (5): 16-18.

[9] 董亮亮. 金砖国家职业农民培育比较研究 [D]. 河北农业大学, 2014.

[10] 傅志华. 俄罗斯重新开征农业税及其启示 [J]. 地方财政研究,

2005（1）：51-54.

[11] 高际香. 俄罗斯农村地区发展：挑战与应对 [J]. 俄罗斯东欧中亚研究，2018（3）：52-66，156.

[12] 高际香. 俄罗斯区域经济社会发展：失衡与政策选择 [J]. 俄罗斯东欧中亚研究，2016（6）：68-80，157.

[13] 高云才. 怎么看中美经贸摩擦中的农业问题——访中央农办副主任、农业农村部副部长韩俊 [J]. 现代农业装备，2018（4）：6-8.

[14] 龚新蜀，刘宁. 中俄农产品产业内贸易水平与结构分析——基于丝绸之路经济带战略背景 [J]. 亚太经济，2015（2）：50-54.

[15] 关利欣. 消费成国民经济循环主要驱动力 [N]. 国际商报，2019-3-22（002）.

[16] 胡冰川. 中国农产品进口增长：原因与结果 [J]. 清华金融评论，2018（7）：48-50.

[17] 李典军. 普京农政思想与俄罗斯农政道路的形成 [J]. 俄罗斯东欧中亚研究，2018（3）：20-36，155.

[18] 李谷成，卢毓，尹朝静. 中国农产品比较优势动态变化的实证分析 [J]. 华中农业大学学报（社会科学版），2014（2）：61-67.

[19] 李强，金剑琳，姜研. 俄罗斯小农户经济的特性探究 [J]. 世界农业，2018（6）：136-142.

[20] 罗国柱. 印度俄罗斯的农产品价格管理政策对我国的启示 [J]. 金融经济，2011（10）：46-48.

[21] 罗维燕，徐欣然. 中国农业政策历史沿革及现行农业直接补贴政策效果分析 [J]. 长春金融高等专科学校学报，2014（5）：74-80.

[22] 马聪玲. 近年乡村旅游政策成效评估 [J]. 中国发展观察，2016（19-20）：55-57.

[23] 马哈，叶甫盖尼. 俄罗斯的社会保障体系与社会福利水平研究 [D]. 黑龙江大学，2014.

［24］孟雪靖.农村水污染经济问题研究［D］.东北林业大学，2007.

［25］欧阳强斌.财政农业支出研究——基于农业供给侧结构性改革视角［D］.中国财政科学研究院，2018.

［26］庞娟.中国城乡居民消费水平差异及其对国民经济的影响［J］.甘肃农业，2005（8）：16.

［27］钱镇，臧云鹏.中美贸易战中谈粮食问题［J］.中国投资，2018（17）：117-119.

［28］孙化钢，郭连成.俄罗斯农业政策评析［J］.国外社会科学，2016（6）：84-91.

［29］汤碧.中国与金砖国家农产品贸易：比较优势与合作潜力［J］.农业经济问题，2012，33（10）：67-76.

［30］佟光霁，石磊.中俄农产品贸易及其比较优势、互补性演变趋势［J］.华南农业大学学报（社会科学版），2016，15（05）：110-122.

［31］万金，祁春节.改革开放以来中国农产品对外贸易比较优势动态研究——基于NRCA方法的分析［J］.世界经济研究，2012（4）：51-57+88.

［32］万书波，朱建华.山东省与俄罗斯开展农业科技合作的优势分析——山东省农业科学院赴俄罗斯农业科技考察团报告［J］.山东农业科学，2014，46（5）：134-136.

［33］王宏崑.着力改善农村基础设施［J］.北京观察，2018（6）：22-23.

［34］王若一.机械化助推俄罗斯农业发展［J］.农经，2011（11）：79-80.

［35］王婷，郭溪川，卢垚.世界农业科技产出对比研究［M］.北京：中国农业科技出版社，2016：59-62.

［36］王亚军.俄罗斯农业保险改革之我见［J］.保险研究，1999（2）：48-49.

［37］维多利亚.中俄乡村旅游发展比较研究——以中国呼伦贝尔、俄

罗斯贝加尔湖地区为例[D].内蒙古大学,2016.

[38] 魏凤.俄罗斯粮食安全现状及其政策评价[J].农村经济,2009(8):115-119.

[39] 闻晓宇,崔芳邻,吴明轩.中国农产品价格支持政策探究[J].消费导刊,2017(3):77.

[40] 吴学君.中国和俄罗斯农产品贸易:动态及展望[J].经济经纬,2010(2):43-47.

[41] 武斌,陈棣,王桂.俄罗斯沙棘引种试验研究初报[J].中国水土保持,1996(1):24-25.

[42] 邢鹂,吴天侠,吕开宇."金砖三国"农业保险现状及其对中国的启示[J].世界农业,2010(9):1-5+6.

[43] 徐向梅.经济困境下逆势发展的俄罗斯农业[J].欧亚经济,2017(3):62-76+127-128.

[44] 杨丽华.昆明市农业局新型职业农民培育认定管理系统设计与实现[D].山东大学,2017.

[45] 杨希燕,王笛.中俄贸易互补性分析[J].世界经济研究,2005(7):71-77.

[46] 杨学峰.俄罗斯农业生产的地区差异分析[J].对外经贸,2018(7):52-54.

[47] 于津平.中国与东亚主要国家和地区间的比较优势与贸易互补性[J].世界经济,2003(5):33-40+80.

[48] 袁宇晨.我国城乡居民消费差异问题研究[J].农村金融研究,2017(8):37-42.

[49] 张红侠.俄罗斯农业经济增长的新亮点[J].俄罗斯东欧中亚研究,2018(3):37-51.

[50] 张怀波,刘瑞涵.俄罗斯农业补贴政策之解析[J].世界农业,2010(11):53-55.

[51] 张丽娟, 袁珩. 2017年俄罗斯科技创新政策综述 [J]. 全球科技经济瞭望, 2018 (1): 14-19.

[52] 张清正. 基于比较和竞争优势的中国农产品竞争力路径选择 [J]. 经济问题探索, 2014 (5): 80-85.

[53] 张素勤. 我国农产品价格支持政策研究 [J]. 价格月刊, 2016 (1): 23-25.

[54] 中国有机农业. 农业税收优惠政策 [OL]. (2014-10-17) [2019-10-12]. https://wenku.baidu.com/view/a985540371fe910ef02df86a.html.

[55] 周绍权. 俄罗斯坡耕地水保措施——专利技术简介 [J]. 水土保持应用技术, 1996 (4): 55.

[56] 周晓辉. 俄罗斯农业信贷合作社监管机制研究 [J]. 西伯利亚研究, 2014 (6): 33-36.

[57] 专题研究班第三课题组. 发挥农村基础设施业务作用全力服务农业供给侧改革 [J]. 农业发展与金融, 2017 (11): 57-59.